KB210492

뚱뚱한 예수

지은이	리사 이셔우드 Lisa Isherwood
옮긴이	이난희 유한나
초판발행	2023년 4월 3일
펴낸이	배용하
교열 교정	윤찬란 배용하 최지우
등록	제364-2008-000013호
펴낸곳	도서출판 대장간
	www.daejanggan.org
등록한곳	충청남도 논산시 가야곡면 매죽헌로1176번길 8-54
대표전화	(041) 742-1424 전송 (0303) 0959-1424
분류	기독교 l 여성 l 페미니즘
ISBN	978-89-7071-610-7 93230

 값 15,000원

뚱뚱한 예수
The Fat Jesus
Lisa Isherwood

리사 이셔우드

한국여신학자협의회 번역팀 옮김

일러두기

번역 용어는 다음과 같이 옮겼습니다.
- embodiment: '신체구현'으로 옮겼고 문맥에 따라 '몸의 구현', '몸으로 구체
  화됨'으로 번역했습니다.
- feminist/feminism: 페미니스트, 페미니즘
- size: 신체 사이즈
- sexuality: 섹슈얼리티
- gender: 젠더
- counterculture: 저항 문화, 대항 문화
- eucharist: 성만찬으로 옮겼으나, 가톨릭 맥락의 본문에서는 성체성사로 옮
  겼습니다
- Slim for Him: "그분을 위해 날씬하기"
- co-creation: 공동-창조, co-redemtion: 공동-구속

이 연구는 단순히 칼로리와 여성의 몸이라는 주제를 넘어서서
정말로 매우 어두운 영역이라고 여기는 신체 사이즈, 인종
그리고 자본주의의 관계로 나를 이끌었다.

– 리사 이셔우드 –

차 례

뚱뚱한 예수와 뚱뚱한 여성들의 행복한 여정

리사 이셔우드Lisa Isherwood라는 여성신학자를 처음 접한 것은 내가 박사과정 공부를 마치고 논문을 쓰기 시작하면서였다. 여성신학 일반에 대한 개론 및 여성의 몸과 성에 대한 그녀의 흥미로운 신학적 비판을 읽을 수 있었다. 그 후로 긴 시간이 흘렀고 2022년에 나는 대학 도서관에서 여러 영어 원서들을 찾던 중, *The Fat Jesus*라는 흥미로운 책을 발견하고 훑어보았다. 그리고 우리 사회와 교회에 몸, 다이어트, 비만 등의 주제를 다룬 대중적인 신학서적을 찾아보기 어려웠다. 나는 우리 사회에서 여성 운동, 여성 신학이나 젠더 연구가 과거에 비해 비교적 많아졌음에도 불구하고 여성의 몸과 비만, 다이어트 문화에 대한 본격적인 신학적 비판을 수행하지 않는다고 판단했다. 이러한 맥락에서 리사 이셔우드 교수의 책 *The Fat Jesus*를 한글로 번역하여 출판하는 일은 다른 무엇보다도 중요하고 시의적절하다고 여겨졌다.

리사 이셔우드는 몸과 성, 특히 여성의 몸과 성의 주제를 성육신의 관점에서 다루어 온 여성신학자이다. 그녀는 이 책에서 얼핏 단순해 보이는 인간 삶의 한 측면인 음식을 먹는 행위에 초점을 맞춘다. 그녀는 음식을 먹는 것이 단순히 물리적이고 생물학적인 것뿐 아니라 문화적, 종교적 경험이며 남성과 여성이라는 성별, 젠더gender에 따라 매우 다르게 경험됨을 밝힌다. 저자는 몸의 신학자로서 몸, 특히 여성의 몸에 대한 유물론적, 역사적 접근으로 현대 세계에서 전지구적 자본주의와 인종차별주의가 몸을 둘러싸고 각축하는 현실을 통찰력 있게 분석하고 있다. 또한 저자는 성경 구절을 오용하여 기독교적 다이어트 산업을 일으켜 여성들을 다이어트 중독에 빠뜨리면서 큰돈을 벌어들인 미국의 샘블린Shamblin 다이어트 프로그램을 사례로 제시한다. 저자는 여성의 몸을 희생시키면서 사적 이득을 취한 자본주의적 기독교 산업을 여성 신학 관점에서 신랄하게 비판하고 있다.

저자는 모든 여성과 남성까지도 자기 몸을 편안하게 인정하고 사랑하며 그 몸 안에서 하나님으로부터 받는 신적인 생명력을 지니고 풍성한 삶을 살 수 있기를 바라며, 이러한 목표를 지향하고 돕는 몸의 신학, 성육신의 신학을 발전시키고자 한다. 그녀는 '성육신은 우리의 몸이 우리의 집, 다시 말하면 우리의 신적이고/인간적인 욕망하는 거주지임을 말해 준다, 그러므로 우리의 기독론적 여정은 집을 향한 것이다. 우리의 성육신의 충만함, 우리의 육체로 이루어진 천국의 공동-구속적, 공동-창조적 현실을 향한 것이다'34쪽라고 쓰고 있다.

저자가 제시하는 핵심 곧 우리의 몸을 속박하고 통제하는 모든 억압으로부터 해방된 자유한 몸의 구원과 남성/여성이라는 기존의 틀에 갇히지 않고 하나님 안에서 해방된 자유한 여성적인 그리스도의 모습은 오늘날 우리에게도 함의하는 바가 크다고 생각된다. 저자는 이러한 신학적 탐구의 여정에서 특히 교부들의 전통 신학과 종교개혁자들의 신학, 상대적으로 많이 알려지지 않은 기독교 여성들 및 여성 신비가들의 경험에 대한 과거 기독교 교회의 역사를 날카롭게 분석하고 있다. 예컨대 알렉산드리아의 클레멘트Clement of Alexandria는 일찍이 2세기에 어머니로 표상된 그리스도에 대해 말했고, 이러한 어머니로서의 그리스도의 모습이 교회사에서 신학적으로 통용되었었던 기간이 있었음을 그녀는 제시한다. 이러한 신학적 흐름은 비록 교회와 신학의 주류를 이루지는 못했다. 그러나 20세기에 이르러 독일의 조직신학자 위르겐 몰트만J. Moltmann이 하나님 아버지로부터 아들 예수의 탄생은 어머니 같은 하나님의 모습을 보여준다고 보며 하나님의 여성성을 제시한 데까지 이어졌다.

누구나 몸이 있고 몸으로 살아간다. 그런데 "당신의 몸을 얼마나 편안하게 받아들이고 사랑하는가"라는 질문에 얼마나 많은 사람이 긍정으로 대답할지는 의문이다. 아마 많은 사람이 '아니오'라고 대답할 것이다. 텔레비전뿐 아니라 스마트폰 등 여러 매체들과 다양한 사회관계망 서비스 속에서 우리는 그야말로 몸, 살, 얼굴, 키, 성, 섹시함 특히 여성의 그것들을 강조하고 부각하는 온갖 담론과 이미지들로 폭탄을 맞고 있다. 온갖 살 빼는 약, 음식, 운동법, 의료 시술과 성형 수술까지 그야말로 우리의 몸과 외모는 그 어느 때보다 치열한 전쟁을 치르고 있다. 물론 이는 여성에게만 국한하지 않고 남성에게도 해당한다. 또한 점차 더 어린 여성, 더 앳되고 어리면서도 동시에 성적인 매력이 있는 여성을 추구함에 따라 몸, 얼굴에 대한 전쟁은 그 연령대가 더욱더 낮아지고 있다. 이는 단지 우리 사회만의 현상이 아니라 저자 역시 지적하고 있는 현상이다. 이에 따라 성형 및 외모 관련 뷰티 산업의 시장과 상품은 날이 갈수록 성장하고 있고, 성형수술로 목숨을 잃는 일들도 종종 있다.

2004년에 이른바 '선풍기 아줌마'가 텔레비전에서 방영된 적이 있었다. 그녀는 본래 가수였는데 더 예뻐지고 많은 인기를 얻기 위해 여러 차례 성형수술혹은 불법 성형수술을 했다. 성형수술을 하기 전의 그녀의 본래 얼굴을 보고 나는 깜짝 놀랐다. 너무도 아름다웠기 때문이었다. 그러나 더 예뻐지려는 그녀의 욕망은 어느새 집착으로 변하여 성형수술을 반복했고, 그에 따른 부작용과 후유증으로 재수술을 할 수밖에 없었다. 그 결과 그녀는 마치 선풍기처럼 크게 부은 기이한 얼굴이 되었고, 아직 젊은 나이에 생을 마감하고 말았다.

단지 선풍기 아줌마의 경우만은 아니다. 있는 그대로의 자기 얼굴과 몸을 받아들이지 못하고, 외부에서 주어진 규범과 기준에 따라 자신을 인위적으로 바꾸려 시도하는 사람이 얼마나 많겠는가? 이러한 사람들의 삶에서 발견되는 것은 소외이다. 우리는 진정으로 우리의 얼굴과 몸에서 소외된 현실을 말해야 할 것이다. 저자는 카를 마르크스Karl Marx를 인용해서 그가 인간이 노동으로부터 소외됨을 비판하였을 뿐 아니라, 몸이 단지 이데올로기적인 구성물이 아니라 문화적, 경제적 현실이고, 인간의 몸이 권력 구조 안에서 서로 다르게 위치함을 지적한다.

인간이 자기 몸에서 소외됨의 또 다른 측면이 곧 훈육과 자유의 상실이다. 저자가 제시하듯이 미셸 푸코M. Foucault는 근대 사회에서 어떻게 정상, 규범이라는 권력과 담론의 규율화에 따라 인간의 몸이 등급화되고 위계화되었는가를 잘 보여준다. 푸코는 또한 '어떤 가치나 신념을 믿는 사람 안에 내적인 규제가 있는데, 이는 너무도 깊게 심겨 있어서 자유 자체와 구분되지 않는다'고 지적한다.96쪽 이러한 푸코의 논의에 따르면 나의 몸과 얼굴, 생각과 가치에서 진정으로 나 자신의 고유한 영역, 자유하고 주체적인 영역을 찾는 것이 쉽지 않음을 깨닫게 된다. 그렇다면 나는 진정 누구인가....

이러한 좌절하고 답답한 상황에 대해 저자는 주디스 버틀러J. Butler

를 원용하며 또 다른 관점을 제시한다. 즉 어느 권력 체계든지 어느 담론이든지 그 체계의 취약한 지점인 주변적인 영역, 경계들이 존재하는데, 이는 주변적이어서 쉽게 전복될 수 있으므로 고도로 규제되어야 하는 한편 저항과 돌파에 취약한 지점이다. 이러한 버틀러의 논의에 따르면 우리는 우리의 몸과 살, 얼굴과 외모를 둘러싸고 규제하는 기존의 권력과 담론의 경계, 주변부, 가장자리에서 무엇인가 다른 저항과 돌파를 시도해볼 수 있다. 이처럼 저자가 제시하는 다양한 사회문화적 비판 이론들과 여성 신학자들의 논의와 인류학적 연구를 따라가다 보면 음식과 몸, 먹는 행동과 삶이라는 단순하고 쉬운 주제를 둘러싼 다층의 권력 구조들을 꿰뚫어 볼 수 있다. 나아가 어떻게 겹겹의 속박을 벗어버리고 참된 해방과 자유의 삶을 살아갈 수 있을지를 숙고하게 된다. 이 흥미롭고 즐거운 여정에 많은 독자가 함께 하기를 바라는 마음이다.

모든 것이 상품이 되고, 상품으로 평가되고, 상품으로 교환되는 시대이다. 그러나 성서의 하나님은 인간을 상품으로 대하지 않으신다. 하나님은 나를 수단이나 상품이 아니라, 나 자체를 하나님의 형상을 닮은 고귀한 존재로 보시고 사랑하신다. 내가 예쁘고 마르고 날씬해서 나를 사랑하시는 것이 아니다. 내가 더 살이 찌고, 머리가 다 희어져도 하나님은 나를 사랑하신다. 어느 신학이든지, 여성 신학이든 해방신학이든 진정한 신학이 추구하고 따를 것은 바로 이 하나님이고 이 하나님의 사랑과 구원의 역사이다. 때로는 나도 내 얼굴과 몸을 있는 그대로 바라보고 사랑하지 못하는 현실을 마주한다. 흰 머리가 계속 올라와도 아무렇지도 않고, 살이 쪄서 옷이 맞지 않아도 기분이 좋은 나를 상상해 본다. 화학성분이 덜 들어간 염색약을 검색하느라 스트레스를 받지 않아도 되고, 텔레비전 광고에 나오는 비쩍 마른 연예인들과 나를 은연중에 비교하지 않아도 되는 나 말이다. 오히려 성형수술로 예뻐 보일지 모르지만, 모두가 비슷한 병원에서 비슷한 수술을 해서 벽돌 찍어내듯이 얼굴이 다 똑같아 보이는 사람들보다는, 내 얼굴을 더 마음에 들어 하는 나를 떠올려 본다.

이 책영어 원서의 서문부터 3장의 73쪽까지는 내 이난희 박사가 번역했고 그 뒷부분은 유한나 박사가 번역했다. 편집과정에서 꼼꼼하게 점검했지만, 약간의 용어 상의 차이들이 있을 수 있다. 원서에서 자주 쓰인 용어들 가운데 body는 몸, 신체, 육체 등으로 번역하였고, power는 권력, 힘, 능력으로, self는 자기, 자아로, desire는 욕구, 욕망, 염원 등으로 번역하였다. 영어에서는 명사의 단수와 복수의 구분이 명확하지만, 한국어로 옮기는 과정에서 한국어의 문법을 따랐다. 원문의 의미를 충분히 살리고 일반 독자들이 읽기 쉽도록 번역하고자 노력하였으나, 문법과 어순, 그리고 문화의 차이로 인해 미진한 부분이 있을 것이다. 그 모든 부족한 부분들은 모두 번역자의 책임임을 또한 밝혀둔다.

이 책은 몸과 음식, 여성과 다이어트 문화라는 대중적인 주제를 다루지만, 책의 내용도 대중적으로 쉽고 재미있기만 한 것은 아니다. 이 책은 기독교 전통 신학의 사고들과 대화하며 비판적으로 성찰하고 나아가 여성의 관점에서 몸과 기독교 신학에 대해 새로운 전망을 모색하는 신학 서적이므로, 여러 독자에게 흥미로운 도전이 될 것이다. 이 책은 한국여신학자협의회의 지원과 도움으로 번역, 출판할 수 있었다. 한국여신학자협의회는 2023년에 창립 43주년을 맞이했고, 지난 역사 동안 많은 다양한 신학적 연구 작업과 출판을 해 왔으나, 영어 원서를 번역해서 내놓은 적은 없었다. 그러므로 이 책은 한국여신학자협의회가 43년의 역사 이래 처음으로 내놓는 여성신학 번역 출판 서적이라는 의미를 갖는다. 이러한 뜻깊은 작업에 참여할 수 있어서 나 개인으로도 매우 영광스럽게 생각한다. 이 책을 번역할 수 있도록 도움을 주신 여러분, 특히 한국여신학자협의회의 실행위원들과 최은영 사무총장, 그리고 기꺼이 출판을 결정해주신 대장간 출판사의 배용하 대표께 감사의 말씀을 전한다.

2023년 2월
역자를 대표하여 이난희

다이어트에 사로잡힌 성육신

　함께 이야기를 나눈 나의 학생들과 다른 젊은 여성들, 나 자신의 경험 때문에 이 책을 쓰게 되었다. 내가 가르친 젊은 여성들이 어떻게 음식에, 그들이 먹는 것에 과도하게 관심을 가지는지에 주목했다. 슬프게도, 그 여성 중의 많은 이가 먹지 않는 것처럼 보였고, 어떤 이들은 음식이 뚱뚱하고 못생기고 심지어 다른 사람에게 혐오스럽게 보이게 만들어서 두렵다고 털어놓았다. 20년 넘게 조국을 대표한 여성 운동선수로서, 젊은 시절에 미국에서 체육 장학금을 받았던 사람으로서 나는 건강함을, 음식과 건강함의 관계를 이해했다. 그러나 그동안 운동팀에서 그런 주제에 그토록 집착하거나 정말로 굶기까지 한 어떠한 동료도 만나본 적이 없다. 만약 이들이 다이어트 관련 의사의 조언에 따라 하루에 500칼로리로 하루 섭취량을 실제로 줄였다면, 그들은 제대로 활동하고 기능할 수 없었을 것이다. 내가 국제무대에서 활동하는 동안 어떤 사람들은 내가 다른 많은 동료보다 약간 더 몸이 큰 것에 대해 질문했었지만, 내가 활약하고 수행하는 것을 보면 그런 질문은 모두 사라졌다.

간단히 말하면, 좋은 삶을 살 수 있고 탁월한 전망을 지닌 지적이고 젊은 여성들이 스스로에 대해 좋고 행복하게 느끼려고 어떤 때는 하루에 500칼로리만을 먹고 살면서 해골처럼 보여야 한다고 느낀다는 것이 나는 끔찍했다.

이런 여성들은 다름 아닌 신학생들이었다. 내가 추측하건대 그들은 하나님이 당신의 엉덩이 위에 있는 것이 아니라 당신의 마음에 있는 것을 사랑하는 분임을 잘 알고 있었음을 잊지 말자. 연구 초기에 나는 내가 얼마나 잘못 생각했는지를 알게 되었다. 세속 사회의 다이어트하는 문화에 대한 신학적 비판자로서, 나는 이것이 정말로 종교적이고 영적인 문제임을 깨달았다. 이것은 여성의 욕망이 잘못된 것이고, 먹는 즐거움은 많은 경우에 섹스의 즐거움과 유사하다는 주장에 근거하는데, 이에 대해 교회는 여러 세기에 걸쳐서 여성을 비난했다. 여성의 욕망을 근원적인 원인으로 여기고, 그다음 인간의 타락 이야기가 이어진다. 이 책은 외부를 향한 바라봄이라기보다는 신학 내부를 향해 바라보는 비판이 되었다. 세속 문화가 어떤 역할을 하지 않았다고 말하는 것이 아니다. 그러나 나는 많은 다이어트 산업이 그들의 시스템에서 종교적 용어를 채택하고 있다는 것을 발견하고 다시 한번 놀랐다. 예를 들면 당신은 하루에 죄 몇 가지를 먹을 수는 있으나 그 이상은 안 된다는 식이다. 또한, 나는 세속 세계에서 오는 많은 것이 종교적 유산 안에 그 뿌리를 갖고 있음을 발견했다.

나는 기독교가 급진적으로 성육신적이라고 믿으며 신체구현을 포함하는 어떤 것, 어떤 질문과 행동도 신학의 범위를 벗어나 있지 않다고 믿기 때문에 이 책을 집필하는 프로젝트를 시작했다. 나아가, 우리의 성육신의 목적은 삶을 충만하게 사는 것인데 이는 다이어트에 미치고 사로잡혀서는 불가능하지는 않아도 매우 어려워 보인다. 나는 그것을 '미치다'라고 부르는데, 이는 심지어 거식증이 아닐 때도 대부분 먹을 수 없는 음식에 관해 이야기하고 집착하는 것을 발견했기 때문이다. 더 나아가 그들이 '죄 하나'를 실제로 먹을 때의 불안은 바라보기에 딱할 정도이다.

이 책에서 보겠지만, 이 연구는 단순히 칼로리와 여성의 몸이라는 주제를 넘어서서 내가 정말로 매우 어두운 영역이라고 간주하는 신체 사이즈, 인종 그리고 자본주의의 관계로 나를 이끌었다. 미국에서 생겨난 "그분을 위해 날씬하기Slim For Him" 프로그램은 아마도 이러한 중독적인 혼합의 가장 두려운 사례일 것이다. 그 프로그램의 설립자는 백만장자인데, 예수는 디자이너가 만든 멋진 정장을 입은 모습의 여성을 보고 싶어 하시며, 그래서 그 정장을 위해 딱 맞는 사이즈가 될 필요가 있다고 여성들에게 말한다. 예수는 그녀에게 이 비싼 옷을 입히기 위해 쇼핑에 데려가기를 좋아한다. 그리고 그녀는 매력적이지 않은

'뭉뚝하고 검은 피부의 여성들'과 자신의 외모를 예수에게 비교한다. 그들의 믿음을 보이기 위해 음식점에 가면 전체 메뉴를 주문하라고 말한다. 그리고선 거의 아무것도 먹지 않는다. 이것은 하나님이 항상 공급하시리라는 그들의 믿음을 보여준다. 이 프로그램에는 마른 몸과 순수함에 대한 매우 강력한 메시지가 있다. 이는 그녀가 흑인 여성과 이탈리아 사람은 마르지 않았고, 함축된 의미에서 순수하지 않으며 성적이라고 말할 때, 인종주의적인 담론이 차고 넘친다.

그러나 26년이나 지난 이 책이 여전히 관련이 있는가? 슬프게도, 나는 그렇다고 생각한다. 거식증 환자의 숫자는 어느 때보다 높고, 거식증 소년의 숫자도 증가했다. 도시에서 커피를 마시며 앉아 있으면, 다이어트에 관한 대화를 어느 때보다도 더 많이 듣는다. 이뿐만 아니라 여성들은 성형수술을 할 수 있을 만큼 충분한 돈을 모으고 싶어 한다. 여성과 우리의 몸에 대한 압력은 이전보다 더 높지는 않을지라도 여전히 매우 높고, 그 원인은 많다. 나의 관심은 여성들이 이러한 세속적이고, 자본주의적이며, 가부장적인 상자와 틀을 넘어서서 생각하고, 그들의 몸, 즉 신적인 성육신을 포용하게 하는 신학을 발전시키도록 돕는 것이다. 독자들이 보겠지만 이것은 기독교의 어떤 사고를 다루고 재형성함을 수반한다. 다른 방식으로 표현하면, 기독교적인 이야기 안에서 대안적인 전통들을 관계하고 다루는 것이다.

그 관련성은 단순히 여성에게 그들의 몸의 구현을 즐거워하고 신체 사이즈를 두려워하지 않는 방식을 제공하려 시도하는 것에 있지 않고, 어떻게 이러한 가장 친밀한 공포들이 선진 자본주의와 인종차별주의를 매우 자주 담고 있는가를 이해함에 있다. 이 책은 여성에게 거울을 보고, 그들이 얼마나 경이롭게 창조되었고, 하나님이 보시기에 그들이 얼마나 아름다운가를 보고 기뻐하라고 초청한다!

이 불편한 책이 한국의 신학자들에게 어떤 기여가 있을지 잘 알지 못한다. 다만, 이 책을 만나기까지 꾸준히 거쳐왔을 한국에서 여성의 위치와 신학화 과정을 짐작할 뿐이다. 여기까지 오셨으니, 이제는 여성과 여성의 몸을 왜곡하고 오염시켰던 종교적 영향을 걷어내는 길로 초대받길 바란다. 멀리서나마, 그 모든 길에서 주체로 서기를 응원하는 그분을 기억하며 한국의 젊은 여성신학자들을 짧은 글로 응원한다.

리사 이셔우드 | 교수, 영국 웨일즈, 성 데이빗 트리니티, 웨일즈 대학

하 나 님 의　　　나 라 는

모두가 영양분을 얻을 만큼

충분히 넉넉한 살로 이루어진

따뜻하고 모두를 포괄하는 몸이다.[1]

천국은 뚱뚱한 여인들의 웃음소리로 가득 찬 방이다!

페미니스트 해방신학여성주의, 여성신학은 오래전부터 존재해 왔고 페미니스트 해방신학도 마찬가지이다. 이 신학들은 그 역사 동안에 기독론으로부터 윤리학, 교회사로부터 해석학에 이르기까지 기독교 신앙의 본질에 대해 질문했다. 그 결과는 믿을 수 없을 만큼 놀라웠고, 새롭게 열린 세상은 다채로운 색채와 끝없이 펼쳐지는 생생한 현실 중 하나였다. 우리는 흑인 그리스도라는 개념이 기독론 논쟁 자체에뿐만 아니라 해방 기독론적 성찰에서 필연적으로 전개되는 윤리학에도 어떤 차이를 만들 수 있는지를 보았다. 해방의 방법론을 사용해서 상상할 수 있었던 무지개색 그리스도는 풍부한 삶의 현실에 접근할 수 있게 했고 신학적 세계를 계속해서 넓혀 왔다. 그리스도가 다르게 상상됨에 따라서 신학적 세계도 스스로에 대해 질문해야 한다. 새로운 그리스도가 등장할 때마다 신학적 구성은 서서히 변화하기 시작했고, 이전에는 변화할 수 없는 것으로 여겨졌던 것이 더 포용적이고 창의적인 방향으로 전환되었다. 아시아인 그리스도, 중남미의 남성과 여성 그리스도, 퀴어queer 그리스도, 게이와 레즈비언 그리스도, 소피아Sophia, 지혜 그리스도, 장애인 그리스도도 있다. 목록은 끝이 없어 보이지만 주목할 만한 것이 하나 빠져있는데, 바로 뚱뚱한 예수 혹은 비만한 그리스도이다. 내가 인터넷을 검색했을 때 찾을 수 있었던 유일한 뚱뚱한 예수는 쿠바의 담뱃갑에 있었다. 현대 사회에서 뚱뚱한 예수가 바람직하지 않은 이유는 무엇일까? 이 단순한 질문은 더 많은 질문을 낳았으며, 나를 슬프게도 하고, 화나게도 하고, 때로는 희망을 품게 만들기도 하는 세계로 이끌었다.

뚱뚱한 예수에 대해 왜 그런 의문을 제기하느냐는 질문을 받았지만, 급진적 성육신 사상을 바탕으로 연구하는 해방신학자로서 그럴 수밖에 없었다. 나에게 있어서 기독교는 공동-창조와 공동-구속redemption이 실현되는 사람들의 삶의 실제 몸의 현실에 관한 것이다. 따라서 모든 종류의 신체 구현embodiment 및 몸으로 구현된 경험은 우리가 살아가는 신적/인간적인 현실의 또 다른 전개이다. 물론 기독교에 대한 이러한 이해는 내가 신학과 사회에서 우리가 '정상적'이라고 생각하는 것을 매우 의심하도록 했다. 우리는 비만에 대한 공포가 극에 달한 시대에 살고 있고 이에 의문을 제기하는 것을 죄로 여긴다. 사람을 건강하게 만들고 그들의 안녕well-being을 돌봄에 관한 것이라는 수사rhetoric로 이 문제를 말하기 때문이다. 현실을 살펴보면 뚱뚱한 사람들에 관한 관심과 존중이 아닌 편견이 가득함을 알 수 있다. 수사에 불일치가 있는 것이다. 최근에 뚱뚱한 아이들은 부모의 방치가 그들을 그렇게 만들었기 때문에 아이들 자신을 위해 돌봄이 필요하다고 제안되었다. 그뿐만 아니라, 우리는 과체중이라는 이유로 젊은이들을 캠프에 보내는 프로그램을 수없이 접한다.

　'비만 캠프'는 최악의 혹독한 신병 훈련소나 비행 청소년 교정 시설과 비슷한 체제로 운영되는 프로그램 중 하나다. 젊은이들은 캠프에서 울고 심리적 고통의 징후를 보이지만, 뚱뚱하다는 이유로, 어찌 되었든 그럴 만하다고 여겨진다. 과체중 여성은 임신이 안 될 수 있다고 알려져 있으며, 최근에는 잘못된 이미지를 준다는 이유로 시중 은행에서 채용하지 않는다는 보고도 있었다.[2] 신학자로서, 나는 우리가 세속적인 세상에서 경험하는 많은 것이 깊은 신학적 및 종교적 뿌리를 갖는다고 믿는다. 그래서 서구의 기독교 유산을 살펴볼 때, 신체 사이즈가 도덕적 선과 신성에 대한 젠더화된 수사gendered rhetoric를 담고 있다는 사실에 전혀 놀라지 않는다. 이 신학에 따르면 여성의 육체는 항상 의심스러운 것이었으나, 수도사들은 항상 위대한 요리사였고 포도주 제조자였다! 앞으로 살펴보겠지만 젠더는 기독교 유산과 현재 우리 일상생활에서 구체적으로 서로 다른 차이를 만든다.

　보통, 여성의 삶에는 거의 항상 특정 분야에 관해 연구하고 글을 쓰는 데에 시간을 보내고 싶다는 생각을 하게 만드는 사건들이 있다. 이 책에는 신체 사이즈로 인해 분류되었던 나의 개인적 배경을 바탕으로 여러 가지가 결합 되어 있다. 체육 장학금을 받던 어린 시절에도 나는 항상 과체중으로 여겨졌고, 그 기준이 무엇인지도 잘 몰랐다. 이 책을 연구하면서 특히 여성에게 허용되는 범위를 누가 결정하는지에 대한 의문이 더 명확해졌다. 페미니스트 신학의 경험적 특성에도 불구하고, 나의 이야기만으로는 이 책이 그다지 유용한 신학으로 이어지지 않을 것이다. 그러나 특히 미국 보수주의 신학 분야에서 매우 수익성은 있지만 우려스러운 발전이 있었다.

"그분을 위해 날씬하기"라는 프로그램은 날씬함의 종교적 미덕을 찬양하고 뚱뚱함을 죄로 규정하는 수십억 달러 규모의 산업이다. 이 운동은 특히 여성에게 인기가 높으며, 일부에서는 예수를 위해 날씬해지는 것이 훌륭한 기독교 여성의 모습의 부분인 듯 보인다. 물론, 기독교 역사상 예수를 위해 먹는 것을 포기한 여성들이 항상 있었으므로 이에 대해 너무 놀라서는 안 된다. 2장에서 이 주제를 살펴볼 텐데, 우리 앞서 살았던 자매들의 접근 방식과 몸이 날씬하고 마르면 더 사랑스러워진다고 믿는 현대 자매들의 접근 방식을 연결할 수 있는지가 전혀 명확하지 않기 때문이다.

현재 세계를 휩쓸고 있는 거식증으로 점차 증가하는 사망자 수만 아니라면, "그분을 위해 날씬하기" 프로그램은 아마도 덜 염려스러울 것이다. 젊은 여성 5명 중 1명이 영향을 받는 지금, 우리는 정말 위기 상황에 **빠져**있는데도 세상은 이를 알아차리지 못하는 것 같다. 어떤 젊은 여성들은 **뼈**가 다 드러나고, 얼굴에 어두운 그림자를 드리우며, 느리게 걷고, **빵** 조각만 삼키며, 입술에는 허연 침이 묻어 있다. 그들은 강제 수용소의 살아있는 시체처럼 움직이는데, 의학적 원인은 없다. 그들은 소모성 질환에 걸린 것도 아니고 음식을 구하기 어려운 나라에 살지도 않는다. 우리는 위기 회담을 열어야 하는가? 영리하고 유능한 이 젊은 여성들의 자살로 미래는 점점 좀먹고 있다. 2002년에 웹 검색을 통해 섭식 장애eating disorder와 관련된 650,000개의 사이트가 발견되었는데, 그중 415,000개가 거식증과 관련이 있었다. "죽기까지 마르기", "거식증 왕국", "막대기처럼 마른 인간" 등의 사이트 이름이 있었다.3

참으로 종교적인 방식으로, 거식증 환자를 위한 "마른 계명들"이라는 십계명이 여러 웹사이트에 게시되어 있다. 이 생활 가이드의 핵심은 당신은 절대 지나치게 마를 수는 없다는 것과 가능한 한 마르게 보이게 하는 옷을 사야 한다는 것이다. 당신은 다음을 이해해야 한다. "몸이 마른 것이 건강보다 더 중요하다", "죄책감 없이 먹어서는 안 된다", "나중에 자기 자신을 벌하지 않고는 살찌는 음식을 먹지 말라", "체중계가 말하는 것이 가장 중요하다"는 내용이다.4 특히 이 모든 것의 결과는 교회 교부들이 자랑스러워할 만한 것, 즉 의지력과 신체 조절의 성공이라는 진정한 종교적 틀이다. 이러한 웹사이트는 이런 것을 만들고 지원 커뮤니티를 제공하는 사람들에게는 완벽하게 의미가 통하지만, 나머지 사람에게는 약간 의아할 수 있다. 페미니스트 신학자로서 무슨 일이 일어났길래 이 젊은 여성들과 소녀들이 생명을 위협하는 상태 없이는 자기 삶을 상상할 수 없는지 스스로 묻는다. 무엇이 그들의 욕구와 상상을 펼칠 수 없게 하는가? 무슨 일이 일어났길래 몸과 마음에 영향을 끼치며, 무기력하고 약하며 병들게 만드는 이런 제한된 생활방식을 통해 자신의 욕구와 상상을 줄여야만 하는가? 그리고 결정적으로 이런 행동의 너무 많은 부분이 주목받지 못하거나, 혹은 심지어 갈채를 받게 하는 것은 도대체 무엇인가? 지금, 이 순간 젊은 여성들이 지구에서 풍성한 삶을 사는 것을 그토록 어렵게 만드는 것은 무엇인가?

음식과 그리스도의 몸

몸의 신학자로서 나는 이 질문에 대한 몇 가지 답을 가지고 있다. 성sexuality과 관련된 여러 연구에서 드러났듯이, 여성이 가부장제 아래에서 완전히 몸으로 구현되는embodied 것은 어렵다. 그리고 음식은 육체적이고 관능적sensual으로 여겨져 여성에게 제한되는 것일 수도 있다. 남성에게는 그렇지 않다. 나는 지나치게 관능적인 여성에 대한 수사rhetoric는 여성이 먹는 것과 음식을 즐기는 것으로까지 확장될 수 있다고 생각한다. 감각적인 즐거움에 관한 전체 아이디어는 많은 기독교계에서 남녀 모두에게 경종을 울릴 수 있다. 물론 여기에는 모순이 있는데, 만물의 종말에 있으리라 생각되는 메시아의 연회Messianic Banquet가 신자들이 함께 나누는 성만찬eucharist 식사를 통해 예고되기 때문이다. 다른 많은 종교처럼, 기독교는 이 점에서 음식이 기억의 언어로서 작용하는 강력한 방식을 이해했다. 그리스도를 기념하여 빵과 포도주로 축하하면서 우리는 신자들을 충만하게 이루어지는 경험 안으로 이끄는 것이다. 신자들은 그들 스스로 기억하고 있는 것을 받아들이며, 그것은 차례로 그들 자신과 이전 세대의 계속되는 기억의 연속으로 작용한다. 그들 모두가 같은 기억으로 같은 식사를 함께했다.

가톨릭은 항상 성체성사Eucharist에서 성체의 요소 자체뿐만 아니라 그것을 섭취하는 사람에게도 심오한 변화가 일어난다고 믿었다. 그들

은 공적이며 사적인 삶의 총체 안으로 이끌리게 된다. 이 식탁을 함께
한 사람들은 세상의 가치, 이미 확립되고 존중되는 사물의 질서와 반
대되는 급진적인 가치 체계를 받아들이도록 요청받는다. 그 식탁 주변
에 공동체로 모인 사람들은 창조된 질서 전체로 확대되는 심오한 우
정의 행위 안에 있다. 여기에는 두뇌만이 아니라 그 이상, 몸 전체가
참여한다. 성체에서 음식은 단지 우리가 하는 축하의 한 부분만은 아
니다. 음식은 우리가 기억하고 참여하고, 섭취하는 것의 핵심이다. 기
억하고 구현하는 이 강력한 도구가 궁극의 현대 음식 이상ideal, 곧 천
상의 만족과 제로 칼로리로 바뀔 수 있다고 생각하고 싶지 않다!

　물론 우리는 비만이 현실이 되어 버린 서구의 산업화된 세계에서
살고 있음을 잊어서는 안 된다. 영국, 캐나다, 미국에서는 인구의 거의
50%가 비만으로 분류된다고 추산된다. 그러나 비만 분류는 도표 위에
서 15~20파운드 정도에서 시작하는데, 이런 도표는 다양하거니와 의
학적으로 항상 승인되지는 않는다는 점에 매우 주의해야 한다. 그렇
다고 해도 지난 15년 동안 아동의 체중은 남자아이가 92%, 여자아이
는 57% 증가한 것으로 추산되었다.5 흥미롭게도, 한 건강 웹사이트에
서 가져온 이 수치는 당뇨병, 고혈압 및 심장병 치료에 35억 달러가 소
요되는 것으로 추정되는 비만의 재정적 비용을 계산하는 데 바로 적용
된다. 같은 웹사이트에서 거식증과 관련해서도 물론 비용이 첨부되어
있지만, 이러한 계산은 빠져있다. 그 웹사이트는 건강-의료 전문가들
이 비만이 건강의 문제를 동반하기 전까지는 비만이라는 주제를 다루
는 데에 더디다는 것에 주목한다. 아동 비만 퇴치를 위한 미국의 공중

의무국장의 권고안은 의도는 훌륭하지만 다소 비정치적이다. 학교 급식에 저지방 식단을 권장하지만, 패스트푸드 체인이 이미 많은 학교에 프랜차이즈를 가지고 있으며 실제로는 같은 돈으로 더 많은 양을 제공하는 비용-효율적인 선택을 만들고 있다는 점을 언급하지 않는다. 그렇다면, 서구세계의 절반은 스스로 굶고 있고 나머지 절반은 과체중이며, 서구 이외의 다른 곳에서는 종종 음식이 충분하지 않은 것처럼 보인다. 여기에 문제가 있는 것 같다.

페미니스트적 관점에서 볼 때, 기독교의 여성과 음식의 역사에 대해 조금만 살펴보면 음식과 여성이 어떻게 상호 작용하는지에 대해 경각심을 가질 수 있다. 유대인 자매들과는 달리, 우리는 음식 준비에 의식ritual적인 의미를 거의 부여받지 못했다. 유대교에서 희생 제단과 함께 성전이 무너졌을 때, 그것은 공동체의 교제인 식탁으로 대체되었다. 따라서 유대인 여성들은 가족 식탁에서 이루어지는 음식 의식을 통해 성스러운 날을 준비할 때뿐만 아니라 일상생활에서도 문화를 수행하고 유지해 왔다. 물론 기독교 여성들에게는 상황이 반전되어 있다. 가정 친교 운동으로 시작한 것이 성장하여 교회와 성당으로 옮겨갔다. 이로 인해 의식에서 여성의 역할이 약화했고, 음식의 종교적 상징성과 관련하여 여성의 역할이 축소되었다. 따라서 기독교 여성과 유대교 여성은 음식의 상징적 성격과 그들의 성별에 관해 매우 다른 경험을 할 수도 있다. 그러나 이 흥미로운 질문은 이 책의 범위를 벗어난다. 그 질문에 대해 우리가 어떤 결론을 내리든, 음식은 문화적 경험이고, 가부장제 아래에서 여성과 남성은 문화에 대해 매우 다른 경험을 한다는 것은 사실이다.

이 책은 섭식 장애가 있는 사람들과 그들을 위한 치료법에 관한 것이 아니다. 이것은 예수를 위한 금욕과 절제에 관한 책도 아니다. 오히려 자신의 몸을 사랑하고 풍성한 삶을 사는 방법을 찾지 못하는 수천 명의 비참함, 배제 심지어 죽음을 초래하는 잘못된 생각에 대한 저항이다. 그러므로 신학적 프로젝트로서 이 책은 내 모든 작업의 중심인 성육신적 신학에 뿌리내리고 있다.6 그 성육신은 에로틱하고 감각적이고 강력하며, 우리를 관계성과 변성함으로, 풍요로운 삶으로 나아가도록 촉구하는 성육신이다. 그것은 다른 무엇보다도 성적인sexual 신학이며, 따라서 등장할 분은 확실히 외설적인 그리스도이다.7 이것은 거부와 좁은 경계의 기독론이 아니라, 경계를 기꺼이 움직이려는 포용과 확장의 기독론이다. 그것은 급진적 정치가 천상의 그리스도와의 내적 관계에 더해지는 것이 아니라, 오히려 급진적 대항문화의 정치가 우리가 입는 피부, 우리가 성육신한 그리스도라는 것을 읽는 신학/기독론인 것이다. 이 책에서 우리가 찾고 있는 급진적인 삶, 즉 우리가 입는 피부는 신성한 육체를 입고 영광을 누리는 성육신한 몸으로 구체화된 여성, 자신이 발견한 피부 속에서 행복하며 창조적인 여성에게서 발견할 수 있다. 결국에는 그들이 살아가는 신적인 현실은 바로 이 피부이다. 성육신은 우리의 몸이 우리의 집, 즉 신성한/인간이 원하는 거처라는 것을 말한다. 그러므로 집을 향한 우리의 기독론적인 여정은 우리의 성육신의 충만함, 즉 우리의 육체적 하늘의 공동-구속적, 공동-창조적 현실을 향해 나아가는 것이다.8 내가 이 연구에서 기대하는 것 중 하나는 여성적 풍요의 그리스도이며, 그러한 출현이 지니는 윤리적 함의를 살펴보는 것은 흥미로울 것이다. 우리 마음을 움직이는 것은 본질과 위격적 연합의 형이상학적 작용이 아니라 그리스도론적 숙고를 통해 우리가 창조하는 세계이다. 그렇다면 자신을 너무 뚱뚱하다고, 너무 작다고, 또는 충분히 작지 않다고 생각하는 여성들의 세상은 이 그리스도가 나타나면 어떻게 보일 것인가?

음식, 자아, 공동체

물론 이것은 단순히 해방의 방법론을 적용함으로써 신학적 정당화를 발견하는 프로젝트가 아니다. 흥미롭게도 성서는 음식을 사랑, 공동체, 신성한 것 등 신적으로 중요한 여러 사안의 표징으로 사용한다. 이것은 잠시 후에 살펴보겠지만 성서 시대에 당시 사회가 음식의 의미를 이해한 방식과 완벽하게 일치한다. 그렇지만, 현재로서는 우리가 창조해낸 문화에서 여성이 음식과 상충한다면, 생명 자체의 사랑, 공동체, 신성함과도 상충하는 것이 아닌가 하는 의문이 생긴다. 만약 여성이 사랑, 공동체, 거룩함의 식탁에서 영예로운 손님이 아니라면, 그들은 어디에서 온전한 인간성을 찾을 수 있는가? 내가 이해하는 식으로 성육신을 이해한다면, 먹는 것의 정치학은 다른 어떤 문제만큼이나 중요하다. 그것은 신학적인 주제이다. 다른 모든 인간 활동과 마찬가지로 먹는 것 역시 성육신의 문제가 된다. 이는 우리가 신성한 존재가 되어가는 것과 우리가 구현하고 살아낸 현실을 통해 우리 안에 있는 신성한 원시적이고 역동적인 에너지인 뒤나미스dunamis9의 영광스러운 폭발을 가능하게 하거나 제한하는 문제가 된다. 물론 이미 언급했듯이 음식, 즉 누가 언제 무엇을 먹을 수 있는지는 항상 종교적, 문화적 의미의 문제였으므로 페미니스트적인 성육신의 시각으로 바라보기에 지금보다 더 좋은 시기는 없는 것 같다.

그러나 우리는 길고, 고도로 복잡한 상징적 유산을 지니는 인간의 삶의 한 영역을 살펴볼 것이다. 음식과 먹는다는 것은 절대 배고픔을 채우는 단순한 문제가 아니었다. 그것은 삶과 죽음의 다른 문제들처럼 항상 생물학적인 기초를 넘어서는 의미를 지녀 왔다. 음식의 매우 상징적, 의식적, 종교적 의미가 그것을 신학적 문제로 만드는 것이다. 과거 원시사회에서 먹는 행위는 공동체가 참여자를 먹이고, 음식을 나눔으로써 동료가 되는 것companion, 라틴어 com panis는 음식을 나눔을 뜻함, 곧 그 사회에서 동등한 구성원이 됨을 상징했다. 이 단순하고 기본적인 행위는 역사적으로 대단한 의미를 지닌다. 그 중심에는 교환이 아닌 공유의 개념이 있으며, 그 나눔 안에서 음식이라는 강력한 상징성을 통해 주체가 탄생한다.10 지각perception 그 자체는 '받아들이기' 혹은 '뱉어내기'로 이해되며, 우리가 세상을 보는 방식은 이 매개를 통해 형성된다. 포크Falk는 공동체가 한 사람을 먹이고, 그가 그들과 나눔을 통해 집단자아group self의 일원이 되었지만, 항상 "구강 형태의 자기 자율성"11이 남아있었다고 주장한다. 음식을 상징으로 이해하는 원시적 이해를 통해 주관성과 집단 정체성이 조화를 이루었기 때문이다. 더 나아가 그는 원시 체계가 무너지면서 먹는 행위는 개방적인 활동에서 폐쇄적인 활동으로, 먹는 공동체의 개념에서 경계가 있는 개인의 식사로 바뀌었다고 주장한다. 즉, 음식과 먹는 행위가 포괄적인 공동체 활동에서 개인의 경계에서 시작하고 끝나는 것으로 큰 변화가 일어났다. 이런 식으로 먹는 것과 음식은 공동체적 상징성을 잃어버렸고, 개인의 가치, 장점, 일반적 지위를 나타내는 기표signifiers가 되었으며, 경계에 갇힌 개인 자아의 협소하게 정의된 지위를 나타내게 되었다. 포크는 19세기에 공동체적인 먹기eating가 이상향의 상징으로 다시 나타났으며, 즉 잠시간 평등주의적 공동 상징성을 되찾았다고 지적한다. 물론 기독교 교회에는 성만찬 식사가 항상 존재했기 때문에 먹는 공동체가 교회 안에서 사라지지 않았다고 주장할 수 있다. 나는 공유되는 음식의 지속적인 중요성과 관련하여 로마 가톨릭과 개신교 전통 사이에는 큰 상징적 차이가 있으며, 이것은 로마 가톨릭계에는 전혀 없는 현상인 개신교의 "그분을 위해 날씬하기"라는 프로그램의 발생을 설명하는 데에 도움이 될 수 있다고 주장한다. 물론 이것은 종교적인 만큼 문화적일 수도 있겠지만, 그렇다면 어느 쪽이 더 영향을 미치는가? 노베르트 엘리아스Norbert Elias는 먹는 공동체에서 경계가 있는 개인 자아로의 전환과 함께 먹는 공동체에서는 볼 수 없는 수준의 통제, 즉 자아의 갑옷이 생겨났다고 주장했다.12 이것은 또한, 공동체 안에 있던 가치에서부터 가치를 발견할 수 있는 정서적 경험의 새롭고 상상적인 내향으로의 전환을 의미하며, 외부의 것이 이러한 내면의 깊이에 해를 끼칠 수 있다는 개념을 의미한다. 음식의 상징적 성격에 대한 이해의 변화는 다른 사람과의 관계에서 개인이 처하는 위치에 중요한 변화를 가져온다. 기독교 신학의 관점에서 볼 때 개인 구원, 즉 천상의 하나님과 자기 정의된 개인 사이의 관계로 이해될 수 있는 경계 있는 자아가 훨씬 더 강조된다. 더 넓은 측면에서 이러한 개인적 의미는 사람들을 더 넓은 공동체로부터 단절시키고, 실제로 대량학살의 소비자가 될 준비가 되도록 취약하게 만든다. 경계에 갇힌 자아는 무엇인가를 필요로 하고 대가는 계산되지 않는다. 즉, 그들이 소속된 '먹는 공동체'는 없고, 따라서 섬겨야 할 경계에 갇힌 자아만 존재한다.

이 연구에 약간의 빛을 던져줄 수 있는 또 다른 변화가 있다. 포크는 "식사의 의식적 의미의 쇠퇴는 음식에서 말로의 전환뿐만 아니라, 상호적 언어 행위가 현대적 의미의 대화로 비공식화 되는 것에서도 나타난다"고 제안한다.13 포크의 이런 이해는 개신교와 로마 가톨릭에서 식사가 갖는 의미의 차이와 세계 자본주의 및 그 너머와의 관계를 조명할 수 있다. 이 모든 것은 너무 거대한 주장일 수 있으며 이는 연구를 통해 결정될 것이다. 개신교 신학은 구원의 의미를 공동 식사에서 말씀으로, 즉 공동체에서 몸으로 구체화된 행위가 아니라 말하기 행위인 책 속 말씀으로 옮겼다. 포크가 제안한 것처럼 "그분을 위해 날씬하기" 같은 운동에서 말씀이 비공식화 되었다고 주장하는 것이 너무 과한 것인지, 아니면 말씀이 구원의 의미를 전혀 지니지 않는 횡설수설이 될 정도로 낮은 수준의 하나님 말씀이 되었다고 주장하는 것이 너무 과한 것은 아닌지 궁금하다.

한때는 식생활 공동체 안에서 마법 같은 변화의 힘을 지녔던 "당신이 무엇을 먹는가가 곧 당신이다"라는 말은 이제 우리를 좀 더 나은 소비자로 만들기 위한 개별화된 소리로 변했다. 앞서 언급했듯이 식생활 공동체의 감각적 즐거움은 내면의 정서적 깊이를 충족시키려는 소비문화로 대체되었다. 뚱뚱한 예수는 감각적 쾌락을 즐기는 구식 쾌락주의자로서 지구적 자본주의의 최악의 과잉에 대항하는 역할을 할 수 있을 것이다. 종교적 상징주의의 힘은 사라진 것 같지만, 기독교의 특정 전통 안에서는 여전히 그 행동이 남아있다. 하나님의 백성을 다시 먹는 공동체로 바꾸어 신성한 성육신의 열정적인 욕망으로 서로를 소비하는 데 너무 늦지 않을 수 있다.

책을 읽기 전에 마지막 일화가 하나 더 있다. 우리 집에는 빌렌도르프Willendorf 여신의 아름다운 동상이 있는데, 이 온전한 몸매의 신성한 여성은 수 세기 동안 남성과 여성 모두에게 숭배를 받아 왔다. 아버지가 투병 중일 때 많은 간병인이 드나들었는데 대부분 여성이었다. 이들 중 많은 여성이 동상의 멋진 모습에 대해 언급했고, 어떤 여성은 그것을 들어 올려 손으로 곡선을 만지고 기뻐하는 등 모두 동상이 멋진 모습이고 사랑스러운 여성이라는 데 동의했다. 이들 대부분은 다이어트 중이었지만, 그 여신상만큼 살이 찐 여성은 거의 없었다! 자신의 몸을 사랑하는 것을 내면에서 허용하지 못하는 여성들과 많은 다른 사람에게 이 책을 헌정한다!

1장

가장 큰 질문: 누가 깡마른 소녀들을 들여보냈나?[14]

인간은 정복하고 소유하는 모든 것에 자신의 존엄성을 입히기를 열망한다.[15]

우리는 의학적 발전으로 서구의 사람들이 신체구현embodiment이라는 사실에 대해 더 낙관적으로 생각할 수 있게 된 역사상 가장 중요한 시점에 와 있는 것 같다. 그러나 이 새로운 현실을 온전히 축하하지 못하고 있다. 오히려 우리는 '우리를 파산시키는 날씬함의 종교'[16]를 통해 우리의 새로운 신체구현 가능성을 사소하게 만든다. 그것은 우리 몸이 완벽하지 않고 불멸의 것이 아니라는 이유로 우리 몸을 경멸하게 만들어서 결국에는 우리를 파산시킨다. 물론 이런 식으로 멸시받는 몸은 주로 여성의 몸이다. 남성은 마치 하나님처럼, 표현되지 않고 표현하며, 시선을 받지 않고 그가 응시하며, 보는 것이 마음에 들지 않으면 문화가 등장해서 그의 눈과 심리적 욕구를 기쁘게 하고 정신적 두려움을 지키며, 항상 그렇듯이 여성의 몸이 그 대가를 치르기 때문이다. 이러한 주장은 책이 진행되면서 검토될 것이다. 페미니스트 신학자들이 주목해 온 다른 문제들과 마찬가지로, 우리는 육체와의 싸움이 아니라

육체와 조화를 이루며 살아가는 더 관대하고 품위 있고 현실적인 방식
으로 나아가야 할 것 같다. 이것은 우리에게 더욱 넓은 세계관을 제공
하는 위험한 일일지 모른다. 그렇다, 약간의 말장난이다. 그렇다면 가부장제
는 어디에 있게 된다는 말인가?

한동안 신체구현의 문제를 고민해 온 사람이라면, 지금쯤 여성의
신체에 대한 통제가 하나의 핵심 주제라는 익숙한 이야기를 들어보았
을 것이다. 사이드Seid를 비롯한 여러 학자는 여성의 성을 통제하려는
19세기의 집착이 20세기와 21세기 들어와 여성의 신체 사이즈를 통제
하려는 욕망으로 대체된 것은 아닌지 궁금해했다.[17] 우리는 지금 여성
의 신체를 보는 하나의 방식으로 그것을 국가, 문화, 부족의 상태를 나
타내는 상징으로 여기는데, 그런 점에서 우리는 확실히 여성의 신체
가 통제되어야 한다는 것을 이해할 수 있다. 문명이 특정 집단의 사람
들에게 중심적이라는 것을 보여주어야 하므로 트림, 침 뱉기, 방귀처
럼 여성에게는 용납되지 않는 많은 신체적 행동이 남성에게는 용인되
며, 때로는 '남자다운' 행동의 한 부분으로 여겨지기도 한다. 품위 있
는 사회의 경계를 표시하는 것은 여성의 몸이며, 이것이 강간이 전쟁
에서 매우 흔한 이유이다. 강간은 단지 여성만이 아니라 사회를 모욕
하고 더럽히며 경계를 무너뜨리는데, 그러한 경계는 가부장제에 의해
유지되기 때문이다. 그렇다면 오늘날 페미니스트들에게 흥미로운 질
문은 왜 거식증에 가까운 날씬한 몸매가 품위 있는 사회의 경계를 상
징하는가 하는 것이다. 1960년대에 트위기Twiggy[18]는 키가 5피트 7인
치에 몸무게가 5스톤 7파운드에 불과한 소녀/여성을 우리에게 소개했

다.[19] 이 몸매가 어떻게 16사이즈의 영광을 누렸던 마릴린 먼로^{Marilyn}
Monroe나 혹은 100년 전의 동글동글한 몸매를 대체할 수 있었는지 궁
금하지 않을 수 없다. 이상적인 몸매는 실제로 여성 인구의 약 5%만
이 가지고 있고, 나머지 95%는 너무 뚱뚱하다고 느낀다는 것을 알 수
있다. 그렇지만 이 이상적인 몸매는 여러 가지 면에서 전혀 여성의 몸
이 아니라는 것이 흥미롭다. 그처럼 날씬하다는 것은 여성의 이차적인
성적 특성이 모두 억제되어 있다는 것을 의미하며, 체중이 너무 적으
면 엉덩이, 허벅지, 젖가슴이 제대로 자라날 여지가 많지 않다. 바로 이
것이 실제로 성형수술이 들어오는 지점이며, 우리는 여성임을 알릴 수
있는 자연스러운 살이 충분하지 않은 몸, 성적 매력을 나타내는 커다
란 인공 젖가슴이 부착된 이상한 생물을 얻게 된다. 여기에는 페미니
스트적 분석 작업이 함께 이루어지고 페미니스트 심리학자들이 열띤
모습으로 다룰 많은 내용이 있다.

　우리는 여성의 지방을 소모성 살로 간주하고 여성의 몸을 섹시하게
만들기 위해 실리콘을 첨가하는 세상에 살고 있다. 사실 여성의 살은
섹시하며, 지방이 생식을 조절하기 때문에 역사적으로 지방과 생식력
은 어느 정도 의학적인 근거가 있다. 몸매를 가꾸기 위해 운동하는 여
성의 5분의 1 이상이 생리불순과 생식력 감소를 경험하며, 이러한 호
르몬 불균형은 난소암과 골다공증으로 이어질 수 있다.[20] 여성의 육체
와의 싸움은 여러 면에서 자연 자체와의 싸움이며, 이것은 오래전에
교부들의 이원론을 문자 그대로 우리를 축소하는 근거로 파악한 페미

니스트 신학자들에게 익숙한 근거가 될 것이다. 그 전쟁에 참여한 의료진은 피해에 대해서는 재빠르게 말하지만, 우리 모두가 속한 다이어트 문화의 반대편에 대해 말하는 데에는 더디다. 예를 들면, 인도에서는 가장 가난한 여성조차도 하루에 1,400칼로리를 섭취하는 반면, 힐튼 헤드 다이어트Hilton Head Diet21를 하는 서구의 여성은 그것보다 600 칼로리를 적게 섭취한다. 이는 나치 정권이 트레블링카Treblinka22와 같은 강제 수용소에서 인간의 기능을 유지하는 데 필요한 칼로리 섭취량을 계산한 것보다 더 적은 칼로리를 섭취하는 것이다. 또한, 네덜란드에서는 전쟁 동안에 사람들이 체중의 25% 이상을 잃었을 때 긴급 배급이 이루어졌다. 서구의 많은 평균 체격의 여성이 실제로 그 정도의 체중감량을 시도하고 있다는 사실을 고려할 때 이는 특히 우려스러운 일이다.23 오늘날에도 유엔 보건기구UN Health Organization는 1,000칼로리의 식단은 반-아사半-餓死 상태를 의미하며, 긴장, 과민성, 음식에 대한 집착, 성욕 상실 등 기아의 여러 특징이 나타난다고 계산한다. 다양한 기관에서 제공하는 기아 관련 문헌에 따르면 이러한 행동은 신체가 위기에 처했다는 신호이지만, 다이어트 업계에서는 이것을 개인의 의지력 부족으로서, 일종의 정신병리 현상과 연관시키기도 한다. 게다가 다이어트를 젊은 여성들의 신체를 황폐하게 하는 섭식 장애의 발병과 연관 짓는 강력한 증거가 나타나고 있다. 지방이 건강에 좋지 않다는 말은 확실하지만, 현실은 확실한 것과는 거리가 멀고 빈곤, 계급, 인종 등 체중과 관련된 많은 추가 요인도 계산해야 한다. 그러나 다이어트가 예방하는 효과가 있다고 알려진 고혈압, 고콜레스테롤혈증, 당뇨병과 같은 많은 질병을 다이어트가 유발할 수 있다는 것은 논란의 여지가 있는 것으로 보인다. 다이어트를 했다가 다시 체중이 증가하는 사람들은 체중을 전혀 감량하지 않은 사람들보다 사망률이 훨씬 높다는 강력한 증거가 있다. 또한, 서구의 반反지방 감정이 고조되면서 뚱뚱한 사람들은 그 어느 때보다 더 많은 스트레스를 받고 있다. 이러한 현상은 어린 나이부터 시작되어 9살 정도의 어린아이들도 자신이 너무 뚱뚱하다고 생각하고 실제로 자신의 몸을 싫어한다.

깡마른 소녀와 뚱뚱한 고양이들[24]

어린 소녀들의 이런 신체 혐오에 놀라서는 안 된다. 그들은 이미 거식증이나 성형수술을 받은 모델과 여배우의 이미지를 미디어에서 많이 접하기 때문이다. 한 세대 전만 해도 그 차이는 8%에 불과했지만, 현재 모델들은 평균 여성보다 23% 더 가볍다. 이는 분명히 이러한 여성들이 건강하지 않으며, 어린 소녀들에게 매우 건강하지 않은 이미지를 심어준다는 것을 의미한다. 이들의 사진은 건강한 체중보다 체중이 적을 뿐 아니라, 에어브러시와 컴퓨터 보정을 통해 외모를 개선했다. 그러나 사람들은 이 사진들이 실제 여성이 아니라, 한때 살과 피를 가진 여성을 컴퓨터와 수술로 합성한 것임을 젊은이들에게 설명하는 데 시간을 들이지 않는다. 그 여성들은 어떤 의미에서도 더는 진짜가 아닐지 모르지만, 그럼에도 불구하고 젊은이들뿐만이 아니라 그다지 젊지 않은 사람들에게도 신체 이미지를 부채질하며, 성모 마리아가 그들이전에 달성할 수 없는 역할 모델이었던 것처럼 실제 여성이 달성할 수 없는 여성적 아름다움의 역할 모델이 된다. 성모 마리아가 우리 안에 긴장감을 조성하여 교회와 남성 중심의 영적 지도 방식, 그리고 종종 뒤따르는 신체와 정신의 단절에 취약하게 만들었던 것처럼, 이러한 '실제 여성 같지 않은 여성'은 또 다른 위대한 남근적phallic25 가부장적 권력인 대기업의 조종에 우리를 취약하게 만들기도 한다. 우리가 느끼는 긴장이 클수록 그 긴장을 완화하기 위해 더 많은 소비를 하게 되고, 시장은 이를 더 좋아한다. 우리의 자멸 고리는 그들의 확실한 시장과 포로 정신의 고리이다. 여성들이 자신의 몸에 대해 불안을 느끼는 상태를 유지하는 것은 시장에는 좋을지 모르지만, 여성과 소녀들에게는 매우 나쁜 일이다. 나오미 울프Naomi Wolf는 날씬함에 대한 집착은 아름다움에 대한 것이 아니라 여성의 순종에 대한 것이라고 평가한다.26 나는 날씬함에 대한 숭배가 다양한 수준에서 작동하며 당연히 여성에게 이득이 되는 것은 없으므로 가부장제에 대한 순종, 여성의 자신감을 약화하고 사회에서 여성의 권력을 무력화하는 것, 그리고 시장에 대한 순종으로 이해할 수 있다고 주장하고 싶다. 많은 여성에게 여성이라는 것은 자신이 너무 뚱뚱하다고 믿고 그러한 상황을 감시하기 위해 시간과 에너지를 소비하는 것이라고 해도 과언이 아닐 것이다. 이것은 확실히 사회에서 동등한 위치로 자리 잡는 데 큰 방해가 된다!

1990년대에 미국 미네소타Minnesota에서 9~13세까지의 여자아이들을 대상으로 한 설문 조사에 따르면 64%가 자신의 신체에 만족하지 않는다고 답했다. 더 충격적인 사실은 열악한 신체 이미지와 심리적 고통 사이의 높은 상관관계였다.27 그 이유를 생각해보면 흥미롭다. 물론 외모가 중요한 시기에 자기 외모가 그에 부합하지 않는 것처럼 보이기 때문에 어느 정도의 고통이 있을 수 있지만, 페미니스트 이론가들은 그것이 여성 육체의 취약성과 생명력보다는 이상적인 이미지의 안전 안에서 사는 것이 더 쉽기 때문일 수 있다고 제안했다. 이미지 안에서 사는 것은 그것이 '어떤 실제 몸'도 만들지 않기 때문에 감정, 욕망, 열정을 다룰 필요가 없으며, 이미지가 이미 우리를 위해 이를 처리하고 우리가 생각하고 느끼는 것을 결정하므로 훨씬 더 쉽다. 어린 소녀들과 함께 일하는 사람들이 이것을 실제 몸을 거부하는 구체적인 이유로 제시한다는 것은 흥미롭다. 기독교 페미니스트 신학자들은 여성과 섹슈얼리티의 역사를 통해 그러한 패턴 즉, 이상적인 여성의 이미지가 그 몸을 가진 여성들의 무관심한 삶에 기반을 두고 있다는 것을 추적할 수 있기 때문이다. 섹슈얼리티의 영역에서 우리는 열정적인 삶이 온전히 성육신하는 데 얼마나 본질적인지 발견했으며, 이는 성의 문제뿐만 아니라 음식 문제에서도 마찬가지이다. 결국, 삶의 기쁨과 욕망을 소유하고 표현하는 것이 중요하다.

『블리스』*Bliss*, 행복라는 잡지에서 10~13세 여아 2,000명을 대상으로 한 설문 조사에 따르면, 여아 5명 중 1명은 거식증이거나 폭식증이 있을 정도로 자기 몸을 싫어했으며, 25% 이상은 성형수술을 고려할 의향이 있다고 답했다. 설문 응답자 중 19%만이 과체중이었지만, 67%가 자신이 과체중이라고 생각했으며, 10세 미만 3명 중 2명은 이미 다이어트를 해본 적이 있다고 답했다. 유엔 보건기구의 수치를 믿는다면, 이 어린 소녀들이 아직 완전히 성장하고 발육하지 않았는데도 이미 스스로 굶고 있다고 생각할 때 이는 특히 우려스러운 일이다. 이것이 섭식 장애로 이어질 것인가? 영국에서는 14~25세 사이의 110만 명의 여성이 영향을 받고 있다.[28] 이 중 5분의 1은 심각한 질병을 앓고 있으며 조기 사망의 위험에 처해 있다. 언론에서는 아동 비만이 유행하고 있다고 말하지만, 우리 주변에는 수백만 명의 어린 소녀들이 굶주리고 있다. 그리고 이러한 소녀들은 이것을 조장하는 다양한 웹사이트를 통해 서로 소통하고 있다. 이러한 사이트는 사람들이 이 치명적인 질환을 이해하고 극복하는 데 도움을 주는 사이트가 아니라 오히려 이 느린 자살을 장려하고 축하하는 사이트다. 한 사이트에 따르면 성공한 거식증은 죽지 않고, 자신의 상태를 '아나'라고 부르며 자신의 생활방식을 받아들이는 사람이다. 폭식증의 경우에는 '미아'라고 부른다. 이러한 애칭은 끔찍한 진실을 숨기고 있는데, 바로 마른 몸이 수백만 명의 젊은 여성과 소녀들에게 하나의 생활방식이며 그들이 그룹의 일원이 될 수 있게 해준다는 사실이다. 이 여성과 소녀들이 섭식 장애가 없는 삶을 상상할 수 없다는 것은 웹사이트들을 통해 볼 때 분명하다. 이런 사이트들은 사람들이 그 체제를 따르지 않으면 어떻게 될 수 있는지에 대한 경고로, 유명 거식증 환자의 '영감을 주는' 사진과 뚱뚱한 여성의 다른 사진을 올려놓는다. 2002년에 이러한 사이트가 발견되자, 서버에 공간을 제공하지 말라는 압력이 가해졌다는 점에 유의해야 한다. 일부 사이트가 이에 응했지만, 이는 단순히 사이트가 서버를 변경하거나 더 비밀스러운 설명과 함께 더 깊은 지하로 들어갔다는 것을 의미했다. 거식증이 최악의 적에게도 거식증이 있기를 바라지 않는다고 말하는 사람이 있는가 하면, 거식증을 가치 있는 삶의 방식으로 옹호하며 좋은 거식증이 되는 방법에 관해 이야기하는 사람도 있는 등 다른 사람의 참여를 바라는 여부에 대해서는 양면성이 있다. 거기에는 거식증에 대한 웹 자료 대부분에 퍼져 있는 강하고 통제력이 있다는 근본적인 메시지가 있는 것으로 보인다.

『블리스』 잡지의 설문 조사에 참여한 여자아이들의 86%는 자신이 더 날씬하면 남자아이들에게 더 매력적이고 여자아이들에게 더 인기가 있으리라 생각했다.[29] 물론 우리는 여자아이들이 남자아이들과 같은 방식으로 살지 않는다는 것을 알고 있는데, 이는 실제로 그들이 남자아이들의 시선에 바라봐지기 때문이다. 남자아이들의 눈에 비친 이미지로 자신을 바라보는 것은 자신의 몸을 경험하는 것이 아니라 관찰하는 것이며, 이런 식으로 자신의 몸은 타자가 된다. 그들의 몸은 외부의 시선을 만족시키기 위해 다듬고 다듬어야 할 대상이 된다. 여자아이들은 아주 어린 나이에 권력은 외모에 있다는 것을 배우게 되고, 몸을 다스림으로써 그 통제권과 권력을 되찾으려는 헛된 노력을 하게 된다. 그것은 헛된 노력이다. 그렇게 되지 않기 때문이다. 오드리 로드 Audre Lorde가 말한 것처럼[30] 주인의 도구는 절대 주인의 집을 허물지 못하며, 자신의 육체에 대해 욕망을 거부하는 통제력을 발휘하는 것이 주인의 주요 도구이다. 무엇이 '정상'으로 여겨질 수 있는지, 더 나아가 여성에게 약함이 힘이라고 말하는 세상에서 자라는 소녀들에게 무엇이 힘을 실어주는 것으로 볼 수 있는지에 대한 질문은 다음 장에서 논의할 것이다.

이 단계에서 미국에서 수행된 연구에 따르면 신체 사이즈에 대한 태도에는 인종, 계급, 문화적 변수가 존재한다는 점을 언급할 필요가 있다. 아프리카계 미국인 여학생은 큰 몸에 대해 더 긍정적이지만, 만약 백인이 우세하게 많은 학교에 다니는 경우 이러한 태도에 영향을 받는다. 이 연구에 따르면 거식증 모델은 백인 앵글로색슨 개신교 WASP의 이상ideal인 것으로 보인다. 미국 가톨릭 어린이와 유대인 어린이는 다이어트 문화의 영향을 덜 받기 때문이다.

구체화되지disembodied 않은 말씀 문화 대비 구체화되고 감각적인 전례 문화에 대해 언급할 때 내가 뭔가를 놓치고 있는 것은 아닌지 궁금하다. 아프리카계 미국인과 백인 남성 모두 몸집이 작은 백인 여성을 선호한다고 말하면서도, 아프리카계 미국인 남성이 아프리카계 미국인의 큰 신체에 대해 긍정적인 평가를 공유하고 있다는 점도 흥미롭다. 레즈비언 자녀가 다이어트 문화에 덜 영향을 받는다는 증거도 나오고 있다. 이것은 이성애 규범에 대해 몸으로 실제 저항하는 것에서부터 성별에 대한 기대를 기꺼이 거부하고 남성의 시선을 갈망하지 않는 주변인으로서의 경험에 이르기까지 여러 가지 이유가 있을 수 있다. 물론 광고 등을 통해 목표 대상이 되는 여성이 레즈비언이라는 것이 전혀 분명하지 않으므로 미디어의 압박도 덜하다. 젊은 레즈비언들은 세상으로부터 보호되었으나, 날씬하고 젊고 매력적이며 성공한 레즈비언들이 등장하는 엘 워드L Word,31가 큰 성공을 거둔 이후 세계가 그들에게 접근하고 있다는 우려가 있다. 연구에 따르면 30분의 텔레비전 시청만으로도 어린 소녀들에게 부정적인 신체 이미지를 심어줄 수 있다고 한다. 이 프로그램은 실제로 레즈비언 커뮤니티를 온전히 대변하지 못한다는 비판을 받았다.

거식증이 점점 더 어린 나이의 소녀들에게 영향을 미치는 것은 거식증 신체의 성 상품화라는 주장이 강력하게 제기되고 있다. 세 살짜리 아이들이 끈이 없는 브래지어와 반짝이는 립글로스의 표적이 되는 상황에서, 9세 이하의 소녀들이 자신의 몸을 남성의 시선을 위한 사탕으로 지나치게 의식하는 것은 놀라운 일이 아니다. 패션은 항상 여성을 능동적인 시선에 수동적으로 표현하는 방법이었으며, 이제 세 살짜리 아이들에게도 이러한 현상이 나타나고 있다는 것은 놀라운 일이다. 아직 어리고 발달 중인 신체가 순응해야 한다는 압박을 받고 있으며, 여기에는 신체 훼손과 꾸밈이 포함될 수 있다. 우리는 어린 소녀들에게 열정적인 몸의 구현보다는 몸에 대한 강박을 가르치고 있지만, 이성애 가부장제는 여성의 열정적인passion ate32 몸의 구현을 원하지 않으며, 여성이 자신의 피부에 불안정하게 머무는 것을 원한다. 자본주의는 또한 점점 더 많은 불필요한 재화를 위한 더 크고 더 큰 시장을 창출하기 위해 몸을 누리지 못하는 삶이 만들어내는 불만족을 요구한다.

전국을 휩쓸고 있는 반反비만 편견은 지금까지 알려지지 않은 방식으로 뚱뚱한 사람들의 사회적 이동성에도 영향을 미치고 있다. 남성은 취업과 대학 진학 측면에서 이러한 편견의 영향을 덜 받는 것으로 보이기 때문에 '뚱뚱한 여성의 경우'라고 말하는 것이 더 정확하다. 한때는 다른 요인 중에서도 빈곤의 결과로 여겨졌던 비만이 이제는 빈곤의 원인으로 떠오르고 있다. 페미니스트 해방신학자로서, 나는 여성의 삶의 질이 여성들이 세상에 어떻게 표현되기를 원하는지에 따라 영향을 받는 것에 대해 우려하지 않을 수 없다. 항상 그렇듯이 우리는 신체 구현의 질문이 경제적, 사회적 질문과도 연관되어 있다는 것을 알게 된다. 그리고 풍요로운 삶을 살기 위해서는 여성들이 그들의 구체화된 현실에 대해 느껴야 하는 자존감과 사랑에 대한 질문도 수반된다. 또한, 여성은 자신의 몸으로 살도록 격려받지 못하며, 이러한 탈신체구현에 따라 우리의 정신에 파열이 생겨 육체가 우리의 친구가 아니라 육체에 짐을 지고 있다고 믿게 된다는 것을 알 수 있다. 여성과 신체 사이즈에 대한 페미니스트 신학적 문제는 문화와 패션만으로 쉽게 넘길 수 있는 문제가 아니다. 그것은 여성이 자신의 몸의 터전인 집에서 쫓겨나 자기와의 싸움에 놓이게 된 방식에 대한 진지하고 진심 어린 도전이다. 여성의 몸은 다이어트를 하거나 퍼레이드를 하고 꾸미기 위한 상품이라는 관념에 대한 도전이다.

넬 모튼Nelle Morton33은 수년 전 우리에게 여성을 위한 여정은 집이라고 조언했으며, 이는 우리 자신의 권한이 부여된 신체구현과의 관계에서 그 어느 때보다 진실한 말이었다. 우리는 너무 오랫동안 우리 자신의 몸의 힘으로부터 소외되었으며, 사이즈와 섹슈얼리티에 대한 규제는 이러한 소외가 우리에게 행해지는 한 가지 방식이었다. 모튼의 신학에서 집은 단순히 멋지고 아늑한 구조물이 아니라, 우리가 누구인지에 대한 바로 그 존재 자체이자 세상을 변화시키는 방식으로 행동하기 시작할 수 있는 장소이다. 그것은 자기의 피부 안에서 사는 힘과 가능성이다. 성육신이 구속하고 공동-창조하는 장소, 즉 아늑하고 안전한 공간이 아니라 신성한 인간 본성의 충만함을 살기 위해 꼭 필요한 공간인 것이다. 이러한 이해에 비추어 볼 때 여성과 사이즈의 문제는 몸매와 체중 그 이상이다. 그것은 신학적 정치와 구속의 실천이 된다. 가부장적 구조의 엄격함 아래 있는 여성으로서 우리의 피부가 공격당하는 것은 심오하고 충격적인 신성모독 행위와 다름없다. 전통적인 신학 역시 아리스토텔레스 철학과 만연한 이원론에 의존하여 여성의 몸에 대한 애증의 태도를 취해왔기 때문에 이러한 측면에서 여성에게 도움이 되지 못했다. 이 이원론은 육체를 육체와 정신으로 나누고 정신에 가장 큰 가치를 부여하며 육체는 의심해야 할 대상이자 규율을 통해 확실히 통제해야 할 대상으로 간주한다. 육체가 성인이나 순교자의 육체일 때는 숭배의 대상이 되고, 실제 여성의 육체일 때는 다시 생각할 만큼 하나님의 형상을 충분히 닮지 않았다 하며 경멸의 대상이 된다. 나는 종교적 이원론이 세속 세계를 감염시켰다고 생각하는데, 오늘날 여성의 몸에 관해 우리가 보는 이런 이원론의 파괴적인 분열 사고에 영향을 받은 우리 정신에 깊이 들어와 있다고 생각한다. 또한, 여성의 육체에 대한 두려움이 있는 것으로 보이는데, 이와 관련된 많은 심리학 이론이 있을 수 있고 그중 많은 이론에 동의하지만, 나는 하와가 감히 먹고, 맛보고, 육체화enflesh한 원초적인 어머니로서 '거대하게' 숨어있다고 믿는다.

여성과 사이즈의 문제가 우리가 생각했던 것만큼 간단하지 않다는 것, 즉 단순히 건강과 복지well-being의 문제가 아니라는 것을 이해하기 시작하면서 우리는 권력과 젠더gender의 정치가 수면 아래에 숨어있다는 것을 알 수 있다. 신학자로서 우리는 또한, 이러한 문제가 깊숙이 뿌리박혀 있으며 아마도 몸을 부정하는 이원론에서 비롯된 것임을 알기 시작한다. 울프가 말했듯이 거식증은 개인적인 문제가 아니라 정치적인 문제이다. 여대생의 60%가 음식을 먹지 못한다고 할 때, 단순히 60%의 가정이 기능 장애를 겪고 심리적으로 불안정한 딸을 낳는다고 말할 수는 없는 것이다.34 그녀는 분석이 개인의 도덕적 약점과 그것을 키우는 가족이라는 개념을 넘어서야 한다고 주장한다. 그가 보기에 여성의 반半기아는 많은 문화적 효과를 낳으며, 우리가 폭로해야 할 것은 다음과 같은 결과들이다. 반 기아를 겪는 여성을 육체적, 심리적으로 쇠약하게 만들고, 음식에 대한 욕망은 성공한 여성을 실패자로 느끼게 하며, 날씬해지려는 욕구는 여성의 에너지를 많이 소모한다는 점이다. 날씬해야 한다는 이상ideal은 여성을 성적으로 살아있는 여성성 즉, 마른 여성보다 더 자연스러운 여성성의 권력과 명예로부터 멀어지게 하는 정치적 이상이다. 울프는 더 나아가 문화가 여성에게 포르노와 거식증이라는 두 가지 이상만을 부여하며 거식증이 성적으로 더 안전하다고 주장한다.35 물론 이 두 가지 이상은 모두 여성의 실제 모습에 근거하지 않는다. 이는 현재 우리가 사는 가부장제의 형태에 맞는 모델일 뿐이다. 울프는 "여성으로서 우리는 거식증을 우리가 덜한 존재what we are-less라는 이유로 우리의 파괴를 대수롭지 않게 여기는 사회 질서가 우리에게 가한 정치적 피해라고 말해야 한다"라고 주장한다.36 물론 울프는 인류 역사의 많은 기간 동안 뚱뚱한 여성의 몸이 지금과 같은 대우를 받지 못했다는 사실을 알고 있으며, 날씬함에 대한 문화적 집착은 아름다움에 대한 것이 아니라 순종에 대한 것이라고 말한다.37 여성이 평등의 측면에서 더 많은 공간을 원하는 시기에 뚱뚱한 여성의 몸이 공격을 받는 것은 놀라운 일이 아니다. 큰 여성의 몸은 강하고 강력하다는 문화적 기억이 있을 때, 여성의 몸이 공개적으로 축소되어야 한다고 요구되는 것은 당연한 일이다. 현재와 같은 평등 분위기에서는 가부장제가 버티기 힘들 것이다!

울프와 다른 학자들은 우리에게 사이즈 논쟁의 이면에 있는 가치와 정치학을 살펴볼 수 있는 자리를 마련해 주었다. 뚱뚱한 사람은 의지가 없거나 스스로에 대한 자부심이 없다는 얕은 분석에 만족하는 대신, 날씬함에 부여하는 가치에 대해 질문하고 그 가치를 드러낼 수 있게 되었다. 그 가치는 우리가 사는 사회에 관해 무엇이라 말하는가? 완벽하게 건강한 많은 여성이 거식증이라는 이상을 모델로 삼고 있는 사회에서 우리는 우리 사회에 죽음을 숭배하는 무언가가 있는 것은 아닌지 질문해야 한다. 기독교 사회로서 우리에게는 확실히 2천 년 동안 자리 잡은 중심 상징이 있는데, 그것은 죽음과 그 이전의 고통을 구속 행위, 즉 상황을 심오하게 변화시키고 의미와 영원한 행복을 부여하는 행위로 변화시키는 상징이다. 나중에 살펴보겠지만, 몸을 마르게 하는 그룹들slimming clubs에게 구원 이야기는 낯설지 않다. 물론 우리는 몸을 평가절하하고 몸을 넘어선 그 너머에 엄청난 중요성을 부여하는 심오한 이원론 역시 가지고 있다. 이와 더불어 우리는 외면보다 내면이 더 중요하다는 수사학을 가지고 있다. 그래서 우리는 외면을 벗겨내는 것을 가치 있게 여기는 아름다움의 표시를 비뚤어진 방식으로 중요시하고 있는 것인가? 우리가 살아가는 이 기술 세계에서 여성 역시 우리가 그토록 높이 평가하는 자동화 장치가 되라는 압력을 받는 것은 아닌지 궁금하지 않을 수 없다. 물론 내가 이런 생각을 한 것이 처음은 아니다. 스텝포드 와이프Stepford Wives38는 거의 상상할 수 없는 시나리오의 전형적인 예다. 그러나 점점 더 많은 어린 소녀와 여성이 거식증으로 반쯤 정신이 나가 반만 깨어 있는 상태로 돌아다니는 것을 보면, 아마도 우리가 바랐던 것만큼이나 그런 현실에서 멀지 않았을지도 모른다.

하나님, 단단하고 똑바른 남성?

물론 우리의 기독교적 유산을 고려할 때, 우리가 단순히 몸을 두려워하는 것이 아니라 특히 부드러운 몸, 가장자리를 살짝 넘어오는 몸을 더 두려워하는 것은 전적으로 가능하다. 이러한 몸은 우리를 부드럽고, 굴복하는 것처럼 보이게 하며, 근육과 깎아지른 선으로 방어하거나 단단해 보이지 않고 약간 연약해 보인다. 마른 몸은 통제되고 억압되어 보이며, 침입을 물리치고 유혹에 저항할 준비가 되어 있는 것처럼 보인다. 이런 세속적인 세상에서 여기에 인간의 육체를 입은 고전적인 성서적 하나님이 있다는 것은 놀라운 일이다. 제임스 넬슨James Nelson은 남근phallic 신이 기독교적 사고에 어떻게 침입하는지 보여주었다. 그는 그것이 기독교 이전의 사고와 이원론적 형이상학에서 만들어졌다고 믿는데39 그것은 단단하고 크고 위로 솟은 신이다. 넬슨은 성육신과 십자가의 상징에도 불구하고, 아무것도 필요하지 않으며 연약하지 않은 기독교의 신에 대한 이미지가 널리 퍼져 왔으며, 남근 중심적 신학이 등장한 것이 바로 이러한 아무것도 필요 없는 신 이미지에서 비롯되었다고 주장한다. 하나님은 하늘에 있는 남근, 즉 어떤 관계도 맺지 않고, 자급자족하며, 강력하고, 한마디로 단단한 존재가 된다. 물론 이 신은 하늘에 투영된 후 다시 땅으로 내려와 우리가 이해하는 인간성에 영향을 미친다. 넬슨은 이 모델이 남성의 섹슈얼리티와 영성에 어떤 영향을 미치는지 탁월하게 잘 보여주었다. 남근 중심적 신학이 단단하고 위로 솟아 있으며, 항상 옳은 신성의 침투 모델에 기반했듯이, 그는 남성에게 더 현실적으로 되라고, 부드럽고 주름진 일상 현실인 남근에 기반을 둔 신학을 만들라고 요청한다. 요컨대, 그는 남성에게 부드러운 신의 관점에서 생각하도록 요청하고 있으며 이것이 그들의 관계에 긍정적인 방식으로 어떻게 영향을 미칠지 보여준다. 그는 자신이 부드러움을 여성스러움으로, 그리고 수 세기에 걸쳐 신과 가깝지 않은 것으로 여겨온 전통에 맞서고 있다는 것을 이해한다. 넬슨의 연구는 주로 남성의 섹슈얼리티와 관계에 관한 것이지만, 나는 그가 기독교에 숨어있는 단단한 신과 그 신이 섹슈얼리티와 영성에 영향을 미친 방식에 대한 통찰을 제공한다고 생각한다. 그리고 이 두 가지 모두 현대의 뚱뚱한/마른 논쟁 깊이 숨어있다. 우리는 수 세기에 걸쳐 육체를 억압하는 문화를 발전시켜 왔고, 이제는 역사상 그 어느 때보다도 여성의 맨몸을 에로틱하게 묘사하는 문화가 등장했다. 전적으로 세속적이고 그 어느 때보다 세속적이라고 여기는 이 시대에 우리는 많은 교부가 기뻐할 만한 여성상을 가지고 있다. 이는 얼마나 큰 모순이고, 또 어떠한 정신적 문제들을 제기하는가? 그러나 이것은 다른 저자의 과제다! 여성의 몸은 따뜻함, 부드러움, 신비가 없는 평평한 표면으로 축소되고 "우리의 에로틱한 이상은 아마도 사회생활을 지배하는 사랑 관계만큼이나 단단하고 완고해졌다."[40] 신학자로서, 나는 남근적인 신이 천상의 영역에서 벗어나서 위험한 방식으로 세속 사회에 영향을 미치고 있을지도 모른다는 전망에 매료되어 있다. 그것은 다시 말해 그가 느꼈을 분리감detachment이 우리 마음도 완전히 장악했을지도 모른다는 전망이며, 그의 부재 속에서 우리는 여성에게 기대하는 단단하고 통제된 신체적 이상을 통해 그의 이상을 구현하고 있다. 넬슨이 보여주었듯이 이것은 위험한 신이며, 따라서 여신이 기뻐할 만한 육체적 여성의 형태로 저항할 필요가 있는 신이다! 이것은 정신과 육체뿐만 아니라 마음에 대한 저항이며, 더 부드러운 세상, 더 포용하고 양보하는 세상, 연약하지만 강력한 세상, 즉 경계가 투과되고 성육신이 더 완전해지는 세상을 요구하는 저항이다.

안타깝게도 우리는 아직 거기에 도달하지 못했으며 여성들은 여전히 다이어트를 통해 세상을 통제하고 어떻게든 더 나은 사람으로 보일 수 있다는 환상을 통해 통제의 신을 따라 살아가고 있다. 그러나 현실은 많은 여성이 방대한 소비자 스크린에 투영된 이미지에 갇혀 자신을 전혀 통제하지 못하고 있다. 그들은 힘과 권한보다는 수치심과 실패를 느끼고, 심지어는 자신의 현실이 아닌 다른 현실을 추구하다가 병에 걸리거나 죽음에 내몰릴 수도 있다. 미국의 한 연구에 따르면 여성의 3분의 2가 다이어트를 하고 있으며, 효과가 없거나 매우 해로운 부작용이 있는 체중 감량 제품에 약 70억 달러를 지출하고 있다고 한다. 이모든 것의 비극은 이러한 여성들이 일반적으로 과체중이 아니라, 오히려 여성의 살은 도덕적으로 나쁘다는 인식에 굴복하고 있다는 것이다. 그렇게 함으로써 그들은 질병의 위험에 처하게 되고 그들이 생각하는 힘을 얻지 못한다. 남성의 시선에 의해 정해진 규칙에 따라 게임을 해왔다면 그들이 어떻게 힘을 얻을 수 있겠는가? 이것은 승산이 없는 상황이지만, 여성은 자신의 욕망과 너무 단절되어 있어 자신이 하는 게임이 얼마나 위험한 게임인지 깨닫기 어려운 경우가 많다. 여성의 욕망에 대한 문제는 다음 장에서 살펴볼 것이다.

너무 많은 살

앞으로 살펴보겠지만 음식, 성, 여성의 욕망 문제는 여러 가지 방식으로 연결되어 있다. 일반적으로 섹슈얼리티와 관련해서 '너무 과하게' 여겨지는 여성에 대한 두려움의 가장 극단적인 문화적 표현은 흥미롭게도 먹는 것과 배고픔의 은유, 즉 모든 것을 먹어치우는 무서운 여성, 통제되어야 하는 여성을 통해 표현되는 경우가 많다. 영화에서 여성이 먹는 것에 대한 절제되지 않은 즐거움을 보여주는 것은 성적 전희로 작동하는 경우가 많다. 음식이 에로틱한 경험으로 다뤄지는 광고에서 여성에게 허용되는 음식의 양은 많지 않지만, 그 음식은 매우 성적으로 표현된다. 이것은 새로운 현상이 아니다. 빅토리아 시대에는 여성이 먹을 수 있는 음식과 여성이 공공장소에서 음식을 먹어야 하는지에 대해 매우 엄격했는데, 공공장소에서 보여주기에는 그 즐거움이 너무 컸기 때문이었다. 여성들은 음식의 지나친 자극에 대해 경고를 받았고, 특정 음식의 바람직한 영향과 그렇지 않은 영향을 보여주는 책이 써졌는데, 일부는 여성에게 적합하고 다른 일부는 남성에게만 적합했다. 빅토리아 시대에는 항상 그렇듯이 또 다른 측면이 있었고 이것은 더 음란했다. 그들에게 뚱뚱한 몸은 정상을 벗어난 과도하고 이국적이며 관능적인 성이었다. 따라서 뚱뚱한 몸이 유혹할 때, 그것은 한계를 벗어난, 그 한계로 인해 흥분되는 무언가였다.[41] 이 담론은 타락과 먹음eating에 대한 언어로 둘러싸여 있었고, 하와와 선악과가 타락 이야기에서 매우 중요하게 등장하기 때문에 당연히 여성에 대한 통제 문제가 중심이 되었다. 마르크스가 몸은 이데올로기적 현실이 아니라 문화적, 경제적 현실이며, 어떤 몸을 가지고 있고 권력 구조에서 어디에 위치하느냐에 따라 모든 것이 달라진다고 말한 것은 당연하다.

여성은 음식과 섹스 모두에 만족할 줄 모르는 존재로 문화적으로 표현되어왔지만, 우리가 알고 있는 것과는 정반대이며 매우 충격적인 또 다른 그림이 등장하고 있다. 최근 발표된 연구에 따르면 폭식증, 거식증, 성적 학대 사이에는 매우 실질적인 연관성이 있다고 한다. 남성 심리학자와 정신과 의사들은 이러한 연구 결과를 받아들이는 데 소극적이었으며, 여성 임상의들이 상당한 상관관계를 보고한 지 10년이 지난 지금도 여전히 의심과 회의론이 존재한다. 가장 큰 문제는 병력이 보고되는 방식이지만, 여성 질환에 대해 남성의 역할을 보는 것을 꺼리는 남성도 있을 수 있다.[42] 게다가 우리는 성인 남성과 여성 또는 아동 간의 합의되지 않은 성관계에 관한 생각이 최근까지 법으로 승인되었다는 사실을 잊고 있다. 결혼생활 중 강간은 아주 최근에야 불법화되었고, 소녀의 결혼 연령은 영국에서 지난 세기 초에 12세였으며, 미국의 많은 주에서 훨씬 더 최근까지 같은 나이로 유지되었다. 따라서 우리는 여전히 서로 다른 두 현실 사이에 놓여, 새로운 표현을 찾기 위해 고군분투하는 개념적 세계에 갇혀 있다. 이것은 남성이 충분히 성숙하지 않은 여성의 몸을 가진, 어린아이 같고 의존적인 여성을 선호한다고 주장하는 이상한 세상으로 인해 더욱 복잡해진다. 그런 세상에서 우리 아이들이 마치 성인 여성인 양 사용되는 것은 놀라운 일이 아니다. 여기서 학대와 섭식 장애의 관계에 대해 언급할 지면이 없지만, 학대가 섭식에 영향을 끼치는 신경전달물질에 영향을 미친다는 연구 결과가 나타나고 있으므로 이 문제를 언급한다. 여성 4명 중 1명이 학대를 당하고, 여성 5명 중 1명이 섭식 장애를 앓고 있다. 이 사실을 어떻게 해석해야 하는가?

리타 브록Rita Brock[43]은 그것이 우리 사회에 존재하는 관계성의 결여와 취약성에 대해 외치고 있으며, 기독교인의 삶의 중심이라고 느끼는 치유를 요청하는 것으로 보고 있다. 이것은 안수에서 오는 치유가 아니다. 오히려 성육신은 몸 안에서 그리고 몸을 통해 정의가 실현될 것을 요구한다. 진정한 의미에서 성육신은 여성과 남성의 몸이 억압으로부터 자유로워지고 변성할 수 있기를 요구한다. 그렇다면 우리의 정치적 행동은 안수만큼이나 치유력이 있다. 실제로, 우리를 무력하게 하고 우리 자신의 삶에서 단순한 구경꾼으로 만드는 '분배된 치유'와는 달리, 상호성의 성장을 돕는 것은 공동체 행동이다. 브록은 강력하게 글을 쓴다.

> 마음은 우리의 본래 은총이다. 마음의 깊이를 탐구할 때 우리는 연결과 사랑의 신성한 실체가 우리 자신 안에서 성육신 되는 것을 발견한다. 그러나 그 힘은 연약함에 있다. 다른 사람들의 존재에 대해 열린 마음으로 세상에 태어나는 것은 우리에게 삶을 온전하게 만들 수 있는 거대하고 창의적인 능력을 제공한다. 그러나 그러한 개방성은 삶의 무섭고 파괴적인 요소들도 자아로 받아들여진다는 것을 의미하며, 자아는 은혜로 회복되기 위해 사랑의 현존이 필요하다.44

수백만 명의 여성이 다양한 종류의 섭식 장애의 영향을 받고 있으며 음식, 식사 및 사이즈에 대해 편안한 여성은 거의 없다. 이것은 진짜 병이다. 그 원인은 성적이든 다른 것이든 학대, 즉 선입견과 이상으로 한 사람의 신체를 공격하고 문화적 행동과 요구 사항을 통해 이를 강화하는 학대인 것 같다. 신학자로서, 나는 이것을 신성모독, 즉 성육신이 선언하는 신적/인간적 실재에 대한 모독으로 보고 있으며, 따라서 신학적 치유가 필요한 문제이기도 하다. 브록은 이 문제에 대해 영적인 것만큼이나 정치적으로 해결할 방법을 가지고 있는 것 같다. 성육신이 번성하려면 우리 몸에서 번성해야 하며, 단순히 우리 자신의 탈신체화된disembodied 일부-우리가 수 세기 동안 보았듯이, 많은 문제를 일으킨 것은 바로 이 부분에만 주의를 기울이는 것이다-만 번성하는 것이 아니라 통제에 대한 잘못된 투영과 열망에서 해방된 인간됨의 충만함 속에서 번성해야 한다. 브록은 치유를 이해함으로써 가부장제 아래에서 여성과 여성의 몸에 대한 복잡한 문제에 접근하는 방법을 제시하며, 개인의 약점이나 질병의 모델을 넘어 여성이 경험하는 신체 불편함의 가부장적 뿌리를 극복하기 위한 조치를 할 수 있는 공공의 영역에 이 문제를 놓는다. 나중에 살펴보겠지만, 브록의 이해는 내가 여성 권한 부여의 길이라고 제안할 에로틱하고 권한을 부여하는 기독론과 매우 잘 맞닿아 있다고 생각한다. 지금은 이른바 전통적으로 '충분히 좋지 않은' 여성이 사는 또 다른 약점을 드러내는 곳이라고 여기는 영역에서 브록이 우리에게 정치적 의지와 가능성을 제시한다는 점에 주목하고 싶다.

지금까지 언급된 세속적인 페미니스트들은 이 모든 문제가 정치적인 문제라고 주장했고, 이에 저항하기 위한 정치적 행동을 촉구하고 있다. 신학자로서 고무적인 것은 이 문제의 뿌리를 신학적으로 볼 수 있지만, 저항의 일부 영역도 신학적인 근거가 있다고 볼 수 있게 되었다는 점이다. 체중 과다에 대한 편견은 부인할 수 없는 의학적 또는 심리적 사실에 근거한 것이 아니다. 뚱뚱하다고 해서 모두 급사하거나, 국가건강재정NHS에 수백만 달러의 비용이 들거나, 심리적인 문제가 생기는 것은 아니다. 그것은 성격, 도덕성, 지능, 관계적 삶, 궁극적으로 가치에 관한 것들을 가정하는 편견이며, 따라서 도전해야 할 대상이다. 여성의 섹슈얼리티의 위험성에 대한 수사가 그랬던 것처럼 육체의 위험성에 대한 과장도 엄청나게 많으며, 거의 '불과 유황'에 가까운 반反지방 수사학은 신체 혐오와 불신에 기반을 두고 있는 것 같다. 그러나 우리는 여성이 입을 열면 통제 불능으로 여겨지는 구두 도덕 morality of orality이 왜 발달했는지 의아할 수밖에 없다.45 물론 이것은 여성의 침묵을 권장해온 기독교에서 새로운 것은 아니다. 보다시피 여성과 음식/먹기는 그 자체로 하나의 언어이자 발언이며, 따라서 이에 대한 규제와 억제가 필요하다. 섹슈얼리티가 그랬던 것처럼 먹는 것과 구술은 권력과 통제의 문제이다. 담론의 바깥에 있는 것처럼 보이는 사람들이 냉정하고 객관적인 시선으로 바라보는 것 같지만, 실제로는 그것은 권력자의 시선, 즉 바라봄을 받지 않고 통제하는 자의 시선이다. 섹슈얼리티에서 보았듯이46 이제 음식에 대해서도 소녀들은 남성의 시선에 비추어 자신의 욕망을 단속하고 그렇게 함으로써 힘을 잃게 된다. 연구에 따르면 폭식증과 같은 섭식 장애는 부정, 단절, 권한 박탈의 장애이므로, 그로부터의 회복은 권한을 부여하고 욕망에 대한 진실을 말하는 것이다. 내가 이전의 많은 작업에서 보여주었듯이, 여성이 자신의 욕망을 말하는 것은 쉬운 일이 아니다. 대부분 경우 우리는 단어를 찾고 그 욕망의 기초가 되는 몸과 다시 연결할 수 있는 안전한 공간도, 언어도 없다. 여성의 욕망을 사사건건 부정하는 사회에서 무엇이 정상인지 알기란 여전히 어렵다. 즉, 모든 곳에서 욕망이 묘사되는 것을 보지만 그것은 남성이 보고 싶어 하는 것이지 여성이 표현하고 싶은 것이 아니다. 우리는 여전히 여성의 약점을 가장 여성스러운 특성으로 간주하는 가부장적 프레임에서 살고 있다. 그리고 그 약점을 가시화하는 문화적 고정관념을 통해 섭식 장애를 조장하는 것이 실제로는 반인륜적 범죄로 이해되지 않는다고 보는 것은 대단한 진전은 아닐 수 있다. 이러한 범죄는 실제로 정치적이지만, 일반적으로 우리가 모두 자유롭다고 여겨지는 이 비정치적인 시대에 이 사건을 제기하는 것은 참 어려운 일이며, 신석기시대처럼 낡고 오래된 페미니스트의 폭언으로 이해될 위험이 있는 일이다!

교육 기회를 통해 전통적으로 남성의 것이던 일자리에서 경쟁한 백인 상류층과 중산층 여성들 사이에서 거식증이 개별적인 사례가 아닌 하나의 현상으로 처음 발견되었다는 점을 고려하면 그 이유를 알 수 있을 것이다. 평등과 인정을 갈망하는 여성들 사이에서 이런 일이 발생했다는 것은 호기심을 끄는 것 그 이상이다. 그들은 교육과 능력에도 불구하고 여전히 남성의 시선의 대상인 여성으로 남아 있다는 사실을 깨달았고, 따라서 이를 이사회에 가져가야 한다는 것을 깨달았다. 평등은 항상 힘 있는 자의 선물이며, 따라서 전혀 현실이 아니라는 가혹한 교훈을 얻었다.

여기에도 이상한 이중의 굴레가 있다. 여성은 남성의 시선의 먹잇감인 동시에 육아와 양육의 가치를 과소평가해야 한다는 압박을 받는다. 어떤 사람들은 이것이 여성의 직장 진출을 전례 없이 장려한 페미니스트 운동의 잘못이라고 말한다. 물론 이것은 사실이지만, 오드리

로드Audre Lorde의 말처럼 주인의 도구가 절대 주인의 집을 허물지 못한다는 것도 사실이다. 그래서 이 여성들이 진출한 비즈니스 세계가 근본적으로 변화해야 한다는 요구가 있었다. 일부 변화는 있었지만, 페미니스트적 유토피아와는 거리가 멀고, 기업 세계가 페미니스트의 영혼을 어느 정도 오염시켰다고 할 수도 있다! 그러나 여성 양육자의 가치를 낮게 평가한 결과, 여성은 남성의 직장에서 여성의 몸을 통해 그 세계를 닮아야 한다는 것을 의미하는 것 같았다. 그래서 곡선은 회사 체육관에서 연마된 마른 근육질 몸으로 대체되었다. 다시 한번 여성은 힘을 잃었다. 수잔 보르도Susan Bordo47는 소피아 로렌Sophia Loren 같은 성의 여신의 곡선은 남성과 가정, 가족을 위해 봉사하는 여성의 본분을 신체적으로 표현한 것이라는 점에서 정치적으로 편리한 방편이었다고 주장한다. 그녀는 집안의 양육자였기 때문에 부드럽고 포근하고 안락한 신체가 필요했다. 보르도는 모성적 특성이 제거된 마른 몸이 남성 세계에서 남성들이 원하는 몸이라고 주장하는데, 이는 여성의 대체 가치를 제공하지 않고 기존의 남성 위계질서에 녹아들어 상징적 경쟁이 없기 때문이다. 그녀는 우리 사회에서 비만이 맹목적인 분노와 혐오의 대상이 되는 것은 단지 크기 때문이 아니라 대안과 도전의 상징적 표상 때문이라고 주장한다.

가부장제의 중심부에서 큰 몸이 도전하는 것은 숙고해 볼 흥미로운 질문이다. 큰 몸은 무엇으로 정상화되기를 거부하는가? 이것은 우리가 조사를 계속하면서 우리 앞에 두어야 할 질문이다. 책의 뒷부분에서 다루게 될 것이지만, 언뜻 보기에 뚱뚱한 몸은 문화적 상징적 지형뿐 아니라 정신적 상징적 지형에서 가모장matriarch의 힘과 그녀가 대표하는 모든 것을 가진 것처럼 보인다. 결국, 우리는 여성의 살진 허벅지 사이로 세상에 나온다. 모든 문제가 여기서 시작되는가? 남성뿐만 아니라 여성도 여성의 육체를 압도하는 이 강력한 세계로부터 자유롭지는 않지만, 5장에서 살펴볼 것처럼 그들은 상당히 다르게 반응한다. 그러나 소녀들은 여성을 소중히 여기지 않고 여성의 육체 자체를 경멸하는 것처럼 보이는 문화에서 여성이 되는 과정을 거치는 것 같다.

킴 체닌Kim Chernin48은 여성의 아름다움에 대한 정해진 기준과 여성의 발달을 통제하고 제한하려는 욕구 사이에 직접적인 상관관계가 있다고 믿는다. 그녀는 지난 40년간의 설문 조사와 여성해방 의식 및 평등권 의제의 부상을 통해 이를 보여준다. 1960년을 기점으로 그녀는 모든 사이즈가 16이었던 마릴린 먼로가 여성미의 아이콘이었다는 사실을 상기시킨다. 이 시기는 여성이 행진하면 수동적인 남성적 시선으로 심사를 받는 미스 월드 미인대회에 반대하여 여성들이 항의했던 10년이었다. 또한, 남성의 전유물이었던 분야에서 일하기를 원한 여성 사이에서 우리가 알고 있는 거식증이 등장하고 매우 빠르게 퍼진 것도 같은 시기였다. 1970년대에는 폭식증이 주목받기 시작하면서 웨이트 와쳐스Weight Watchers49가 문을 열었다. 물론 1965년 그 이전에도 다이어트 워크숍이 있었다. 1970년대 중반에는 과체중이라는 '중독' 상태가 "과식 중독자 익명 모임Overeaters Anonymous"의 개소를 통해 확인되었다. 이는 당시 널리 퍼져 있던 여성과 체중에 대한 정신병리학적인 관점과 잘 맞아떨어진다. 체닌은 여성의 정신과 마음을 놓고 경쟁하던 두 가지 매우 다른 운동, 즉 여성운동과 다이어트 산업이 여성에게 사용하는 언어가 매우 달랐으며, 이는 신체를 넘어선 사회적 관심사를 부각했다고 말한다.[50] 다이어트 산업은 여성과 그들의 몸과 관련하여 축소, 수축, 손실, 감소, 가벼움에 관해 이야기했다. 여성운동은 여성의 삶과 관련하여 크고, 풍요롭고, 강력하고, 넓고, 발달하고, 성장하고, 체중을 얻고, 무게를 얻고, 더 넓은 틀을 만드는 것에 관해 이야기했다. 흥미롭게도 이 두 가지 선택지 중 어느 하나를 받아들인 여성들은 자신이 살아가는 세상을 이해하기 위해 그렇게 한 것이었지만, 그들에게 주어진 신체적 허용은 더할 나위 없이 달랐다. 여성운동에 참여한 여성들은 자신이 정치적 투쟁에 참여한다는 사실을 알았다. 그러나 다이어트 그룹에 참여한 여성들은 그들이 상징성 강한 몸의 영역으로 들어갔고, 몸을 더 넓은 사회의 정치적 이상에 따라 형성되어야 하는 것으로 이해함으로써 그들 역시 정치적 투쟁에 참여한다는 것을 전혀 몰랐다. 물론 이것은 세계가 매우 분명한 선을 따라 나뉜 것처럼 보이게 만들지만, 진실은 여성들 대부분의 마음에 있는 모순에 더 가까이 있는지도 모른다. 사실 여성 대부분은 자신의 성장과 발전이라는 생각에 전념한다. 많은 여성이 자신이 페미니스트이든 아니든 사회에 온전히 참여한다는 개념에도 관심이 많지만, 동시에 페미니스트나 비非페미니스트 모두 기존의 세계에 대한 순응이 너무 쉽다는 것을 알게 된다. 체닌이 여성운동과 함께 나란히 등장한 다이어트 산업의 출현에 초점을 맞춘 것은 여성운동 제1 물결 시기에 최악의 부인과gynaecology 과잉이 나타났다는 메리 데일리Mary Daly의 주장[51]을 떠오르게 한다. 부인과 역시 여성에게 무엇이 최선인지, 진정한 여성은 어떤 모습이어야 하는지, 건강 문제 등에 대한 광범위한 수사였다. 1947년까지 영국에서는 음핵clitoris, 클리토리스 제거가 의료 행위였으며, 그것이 여성을 차분하게 하고, 덜 적극적으로 만들며, 공공 영역에서 자리를 차지하려는 여성의 열망을 억제하기 위해서였다는 사실을 잊지 말아야 할 것이다. 물론 이것이 널리 이루어졌다는 것을 제안하는 것은 아니다. 세상에는 그러한 운명으로 고통받지 않은 여성도 충분히 있어서 그런 행위가 제한적이었음을 보여주었지만, 그것이 하나의 가능성으로서, 그리고 주어진 여러 이유로 인해 분명히 존재했다는 것은 몸의 정치학의 관점에서 생각해 볼 만한 것이다. 데일리와 체닌이 제안하는 것 사이의 유사점은 놀랍다. 두 경우 모두 여성은 자기 몸을 자르고, 모양을 만들고, 축소한다. 사실 그것은 여성의 몸에 대한 무의식적이지만 깊이 뿌리박힌 불안의 무게로 인해 발생했을 것임에도 불구하고, 볼 수 있는 눈을 가진 사람들에게는 이것이 숨겨진 정치적 의제가 아니다.

여전히 우리 문화는 전인적이고whole 권한이 부여된 여성이라는 개념을 받아들이지 않기 때문에 여성에게 가해지는 스트레스와 모순적 압력은 엄청나다. 이는 우리가 페미니즘의 시대에 왜 과체중 여성과 마르고 야윈 몸매의 여성을 많이 볼 수 있는지를 설명하는 데 도움이 될 수 있다. 이것은 여성과 몸에 관한 근본적인 질문이 세속 여성운동과 몸의 정치학에 대해 이룬 귀중한 기여에도 불구하고 다루어지지 않았다는 신호이다. 신학자로서 나는 이 문제의 뿌리 일부가 기독교 이원론과 남성들이 자신의 몸의 현실에서 벗어나기 위해 노력하면서 여성에게 신체구현의 '문제'를 투사한 방식에 있다고 제안하고 싶다. 여성의 몸은 항상 삶의 현실을 훨씬 더 많이 나타내 왔다. 출생과 사망 주기는 여성의 몸에서 더 명확하며, 앞으로 살펴보겠지만 남성은 다른 이야기를 하려 하는 신학적 구성을 통해 이를 숨겨왔다. 역사의 대부분에서 여성의 몸은 가혹한 진실로부터 남성을 보호하기 위해 큰 값을 치렀다. 기독교 하에서 몸이 더는 신적인 완전함의 거울이 아니라 노예이자 굴욕의 근원으로 여겨졌을 때, 다음 장에서 살펴볼 것처럼, 여성의 육체에 대한 짐은 더 커졌다. 기독교는 신체 방정식에 또 다른 흥미로운 부분을 추가했는데, 그것은 곧 절대자로서 변하지 않는 하나님이었다. 즉 변화하는 모든 것, 유연하고 유동적인 것은 하나님에게서 멀리 떨어져 있다는 것을 의미했다. 우리는 이것이 여성의 성적 신체에 어떤 영향을 끼쳤는지 매우 잘 알고 있다. 월경, 출산, 폐경은 모두 교부들과 그 이후 사람들에게 여성의 신체가 불안정하고 변하지 않는 하나님의 형상대로 만들어지지 않았다는 것을 보여주는 역할을 했다. 그러나 우리가 담론을 신체 사이즈로 옮기면 몇 가지 흥미로운 연결 지점을 발견할 수 있다. 모든 신체가 그렇지만 여성의 신체는 월경 전, 임신 중, 폐경 후에도 상당히 정기적으로 크기가 변할 수 있는데, 이는 고착화한 신학계에서 항상 고민해 온 역동적인 신체구현을 보여준다. 변하지 않는 신이라는 이 깊게 뿌리박힌 사고는 오늘날에도 세속적인 모습으로 작용한다고 주장할 수 있다. 푸코Foucault는 18세기 말, '규범'의 힘, 그리고 그와 함께 인간의 신체에 기대되는 보편적 기준에 대한 담론이 어떻게 등장했는지를 보여주었다. 이러한 신체와 그 몸 안에서 살아가는 사람들이 도달할 수 없는 이상과의 차별성에 따라 어떻게 서열화되고, 이러한 서열화가 어떻게 사회적 위계질서를 형성하게 되는지를 보여준다. 물론 이는 보험 회사에서 키와 몸무게 도표를 개발하여 개인을 더욱 표준화하고 삶에서 권력을 행사하는 등 매우 실용적인 결과를 가져왔다. 도표에서 벗어난 사람들은 말 그대로 더 높은 보험료를 내거나 아예 보험료를 내지 않는 대가를 치렀다. 물론 규범은 고정적이었기 때문에 규범을 유지하기 위한 통제 시스템도 함께 발전했다. 푸코는 이것이 그 자체로 만연한 사회적 강압의 한 형태였다고 주장한다.[52] 보험 도표가 거의 무작위적인 방식으로 만들어졌기 때문에 정상화에 대한 이러한 열망은 건강 문제에만 국한된 것이 아니며, 섹슈얼리티의 영역에서와 마찬가지로 체중 영역에서도 신체와 사회의 복잡성이 드러난다. 신학자로서, 나는 규범이라는 정적인 관념에 대한 그러한 강조가 여신 문화, 즉 여신 자신의 변화하는 능력과 다양한 아름다움의 영광스러운 배열로 표현되는 능력으로 여신의 힘과 신성한 본성이 정확하게 입증되는 문화에서 발전했을 수 있는지 궁금하다. 어떤 학문적 사고 훈련을 거의 받지 않아도, 푸코가 18세기 사회적 강압의 표현으로 보여주고 있는 것을 전능하고 불변하는 절대자인 신의 또 다른 발로로 볼 수 있다는 것은 그리 놀라운 일이 아니다. 나의 견해로는 우리가 현대의 억압과 강압까지도 온전히 이해하고 극복하려면 서구의 기독교 유산을 우리 앞에 두는 것이 좋다고 본다.

뚱뚱한 소녀, 기독교와 사회

기독교는 수 세기 동안 착한 소녀는 음식, 성, 권력에 대한 욕구를 잘 통제한다고 말해왔지만, 페미니스트 신학은 이러한 역할의 감소에 대해 다시 생각하게 해준다. 그렇다면 우리 뚱뚱한 소녀들은 가부장제 내에서 어떤 문제를 인식하고 있는가? 수지 오바크Susie Orbach는 수년 전 거식증과 폭식증만큼이나 비만도 페미니즘의 주제임을 일깨워주었다.53 폭식증과 거식증과 마찬가지로, 오바크는 비만을 남녀의 불평등에 대한 분노와 힘의 주장으로 이해한다.54 그녀는 뚱뚱해지는 것이 성적 고정관념에서 벗어나는 방법이라는 일반적인 페미니스트의 주장에 동의하지만, 강박적 식욕은 남성이 아닌 여성이 하는 것이기 때문에 큰 몸에 대한 긍정적인 포용을 넘어서는 여성 경험의 독특성과 틀림없이 관련이 있을 것이라고 지적한다. 오바크는 뚱뚱해지는 것이 남성의 시선을 뒤엎고, 자신을 객체로 이해하기보다는 일종의 주체성을 획득하기 위한 한 가지 방법이며, 자신과 타인의 외부 시선으로 자신을 규제하기보다는 내부에서 자신을 바라보는 방식이라는 점을 분명히 한다. 그러나 그녀는 또한 그것이 항상 주기만 하는 양육자, 곧 남을 먹이고 자신은 맨 나중에 먹는 어머니와 같은 다른 고정관념 역할을 거부하는 것으로 본다. 오바크는 뚱뚱한 몸이 여성의 자기희생적인 역할을 거부하고 가부장적 사회에서 자신의 필요와 여성의 동등한 중요성을 이해하기 시작하는 몸으로 대체한다고 주장한다. 물론 이러한 주장은 살쪄서 둥근 몸을 다른 사람의 영원한 양육자로 보는 다른 이론가들과는 상충한다. 오바크는 여자아이가 남자아이보다 모유 수유를 덜 받는다는 점과 어렸을 때 모유 수유가 덜 필요하다는 인식 때문에 모유 수유 시간이 50% 더 짧다는 점을 강조한다. 그녀는 이로 인해 덜 세심한 수유가 이루어지며, 이는 그 자체로 여성을 받는 자가 아니라 주는 자가 되도록 준비시키는 한편, 여성이 나중에 이러한 부족에 저항할 토대를 마련할지도 모르는 페미니즘적 주제라고 생각한다. 물론 이것은 생명 그 자체이기 때문에 우리는 모두 젖가슴을 찾으며 세상에 나온다. 그러나 문제는 여기에 있다. 단지 음식으로만 보일지도 모르는 그것이 생명을 포용하고 그 생명의 힘을 잡으려는 욕망이기도 한 것이다. 따라서 음식은 그 너머의 세계로 우리를 안내한다. 젖가슴은 감각적인 즐거움에 대한 우리의 소개이며, 여아에게 그것이 억제되면 나중에 인생에 어떤 영향을 미칠지도 모른다. 그것은 또한 우리의 포용과 배제, 경계를 넘어서는 전환의 신호이기도 하다. 우리는 삶의 가장 초기 경험이 우리에게 영향을 미친다는 것을 알고 있다. 우리가 지지받는 방식보다 더 근본적인 것은 무엇인가? 글자 그대로 우리의 생명을 지탱하는 이 행위는 더 넓은 맥락에서 그 생명이 얼마나 가치 있는지를 보여준다. 우리가 삶의 다른 경계를 거쳐 넘어설 수 있는 것은 바로 이 초기의 가치 감각에서부터이다. 간략히 말해서, 완전한 포용을 받을 만한 가치가 있다고 느끼거나, 제한된 가치 감각으로 인해 삶의 충만함에 대한 접근이 제한적이라고 느끼는 것은 젖가슴에서 대부분 결정된다. 우리는 먹는 행위가 인간 공동체에 얼마나 핵심적인지, 그리고 그것이 실제로 우리가 살아가는 세상에서 지위의 가치와 포용성을 어떻게 나타내는지 살펴봤다.

이 모든 것은 성인과 마찬가지로 유아에게도 해당한다. 따라서 자녀에게 수유하는 겉보기에 자연스러운 행위조차도 고도로 성별화되어 있으며, 그것이 젖가슴 너머의 삶의 토대를 놓는다는 점은 흥미롭다. 오바크에게 있어, 뚱뚱한 여성은 시선에서부터 이미지 유지를 위한 옷, 화장, 음식에 대한 열광적인 구매에 이르기까지 여성을 단순한 상품으로 만드는 대중문화의 능력에 균열을 낸다. 그녀는 이러한 균열은 가부장제가 여성들 사이에, 그리고 나아가 사회 전반에 걸쳐 조장하는 권력과 경쟁에 대한 뚱뚱한 여성들의 거부감으로 인해 더욱 깊어지고 있다고 생각한다. 뚱뚱한 여성은 이러한 소용돌이에서 한 발짝 물러나 다른 사람이 되기를 결심하며, 덜 위계적인 다른 방식으로 자신의 가치를 주장하기를 결심해야 한다고 그녀는 주장한다. 그녀는 또한, 뚱뚱한 여성들이 이성애 가부장제가 여성들 사이에서 부추기는 사이즈 경쟁에 뛰어드는 힘을 발휘하고 싶지 않을 수도 있다는 것을 안다. 그러나 오바크는 그 논쟁에 여성이 자신의 욕구를 충족시켜 스스로 성인임을 선언하는 것에 대한 또 다른 측면이 있다고 믿는다. 그녀는 우리가 이런 식으로 자신을 돌보도록 자란 것이 아니라는 것을 알고 있다. 또한, 다른 이론가들과 마찬가지로 그녀는 성인 여성이 실제로 남성 대부분이 원하는 모습이 아니라는 것을 알고 있으며, 그래서 우리가 누구인지 계속 부정해야 한다는 압력이 가해진다. 가부장적인 사회에서 우리가 무엇을 얼마나 먹고 싶은지 아는 것은 쉬운 일이 아니다. 따라서 오바크는 많은 여성이 뚱뚱해지는 것을 두려워하는 것처럼 날씬해지는 것을 두려워할 수 있으며, 이 둘 사이의 경계가 우리 활동의 많은 부분을 통제하고 우리의 소중한 에너지를 많이 빼앗는다는 점을 염두에 둔다.

페미니스트들은 여러 세대에 걸쳐 여성들이 가부장제의 억압이 작동하는 방식을 인식함으로써 가부장제로부터 회복을 시작해야 한다고 촉구해 왔다. 그러나 비교적 최근에야 이러한 틀 안에 사이즈의 문제가 자리 잡았고 가부장적 억압의 다른 형태들과 연결되었다. 넓은 관점에서 개인적인 것이 정치적이라는 사실을 알게 된 일부 사상가들은 여성의 몸에 대한 통제와 축소, 그리고 지구의 몸에 대한 통제와 축소 사이의 연관성을 이해하게 되었다. 확실히 기독교 이데올로기 하에서 여성과 자연은 항상 다소 하향적인 나선형으로 연결되어왔다. 기독교 세계관의 핵심인 위계적 이원론은 더 기본적이고[55] 육체적인 것으로 여겨지는 것을 위계서열의 맨 아래에 배치했으며, 바로 여기에서 역사적으로 여성과 자연은 생존을 위해 싸워 왔다. 캐서린 스타이너-아데어Catherine Steiner-Adair[56]는 여성 몸의 투쟁과 지구의 투쟁 사이에 강한 유사점을 발견한다. 둘 다 기아, 멸종, 천연자원 낭비, 강간, 독성 물질 투기 등의 이야기로 고통받고 있다.[57] 그녀는 특히 거식증 환자들이 어떻게 여성의 모든 신체적 특징을 없애려 하는지, 슈퍼모델과 그들을 닮고 싶어 하는 사람들이 어떻게 굶주린 후 실리콘과 기타 잠재적으로 해로운 독성 물질을 주입하여 신체를 강화하는지를 보여준다. 여성과 지구에 대한 무례한 언어가 똑같이 사용되고 있으며, 극단적인 학대에 직면해서도 여성과 지구는 둘 다 계속 양육해 나가도록 기대된다. 그녀는 가부장적 시스템 내에서 문제가 되는 생명의 자연적 주기와 여성의 신체 주기에 대한 비 존중 사이에 또 다른 유사점을 끌어낸다. 스타이너-아데어는 비만 차별주의weightism가 여성들이 자신의 몸과 자신을 분리하고 심지어 다양한 외과적 개입을 통해 자신을 절단하도록 부추기며, 그렇게 함으로써 여성은 지혜, 영성, 힘의 원천인 자신의 몸에서 찢겨나간다고 주장한다. 마찬가지로 자연에 대한 통제를 주장하고 하루에 수천 종을 파괴함으로써 우리는 또한 힘empowerment과 영적 지혜로부터 자신을 제거하고 잘못된 단절의 영역에 우리 자신을 놓아두고 있다. 스타이너-아데어는 "우리가 지배, 분리, 자율성에 기반한 정치를 실천한다면 전체에 영양을 공급하고 유지하는 미래에 대한 비전을 갖기 어렵다"라고 말한다.[58] 전 세계 여성들은 자신과 자연 사이의 부정적인 관계를 뒤집어 긍정적인 관계로 이해할 수 있다는 것을 알고 있다. 여기에 제시된 유사점을 생각해보면, 굶주리는 많은 사람을 위한 식량 요청에 귀를 기울이는 데 더 도움이 될 수 있다. 식량은 충분하지만 매일 수만 명이 굶주림으로 사망하는 반면, 서구에서는 일부러 식량 섭취를 제한하고 있는 현실에서 우리는 그 연관성을 파악하기 시작해야 한다.

이 장이 신체가 외부의 시선이나 내부의 비난을 통해 젠더화된 해석과 문화의 각인에서 벗어날 수 없음을 보여줬기를 바란다. 우리 자신을 '아무 곳도 아닌 곳에서' 바라보는 것은 없다. 우리가 바라보는 각각의 방식에는 일련의 가정과 선입견이 내포되어 있으며, 현재 우리가 사는 세계에서는 이러한 가정과 선입견이 가부장적이기 때문이다.

나는 그러한 견해가 남성에게도 대가를 치른다는 것을 부정하지 않지만, 섭식 장애와 관련하여 보았듯이 여성의 경우 그런 대가는 종종 치명적이다. 나는 이 책이 진행됨에 따라, 변명할 필요도 없고 수치심과 실패감을 느끼지 않는 뚱뚱한 몸에서 신학이 시작할 수 있기를 바란다. 즉, 뚱뚱한 해방 신학을 발전시킬 수 있기를 바란다. 왜인가? 그것은 너무 오랫동안 타인의 말과 행동, 기대를 통해 '발명된'만들어진 사람들에게 그들의 목소리를 되돌려주고, 수백만 명의 삶에 영향을 미치는 선입견에 도전할 것이기 때문이다. 나는 체형과 신체 사이즈에 대한 수사의 불평등과 개인주의가 자리 잡은 방식이 이 장을 통해 매우 놀랍게 드러났다고 생각한다. 개인주의는 신체가 "역사, 사회적 위치 또는 개인의 약력에 의해 결정되지 않으며, 우리의 삶의 구성을 성형 가능성과 무게 없는weightless59 선택"60으로 보는 정체성의 수단으로 떠오를 만큼 극에 달했다. 이는 놀라운데, 교회 교부들이 그랬을 것 같은 형이상학적인 그림에 매우 근접해 보이기 때문이다. 그러나 우리는 세속적인 세계에 살고 있다. 그 세계는 몸에 많은 관심과 중요성을 부여하지만, 여전히 그 몸은 실제로는 거기에 존재하지 않는 것처럼 보인다. 우리는 여전히 가상의 몸, 그 자체로는 진정한 가치가 없지만 많은 문화적, 도덕적 의미를 지니는 몸과 마주하고 있다. 성육신 신학자로서 나는 우리가 구속적 실천으로 이해하는 그것이 육체 안에서, 육체를 통해 일어나므로 염려한다. 우리가 우리의 몸에서 너무 멀어지면 성육신의 충만함을 누리며 살 수 없기 때문이다. 세속 형이상학이라고 할 수 있는 것이 등장하고 있는데, 다른 많은 것과 마찬가지로 그것은 거의 감지할 수 없지만 위험하다. 기독교 형이상학은 우리가 우리의 피부로 사는 것을 허용하지 않았으며, 거짓되고 파괴적인 이원론을 만들어 우리 내부와 우리 사이에 많은 종류의 소외를 초래했는데, 그 소외는 여성과 남성이 온전하게 되어가는 것을 방해해왔다. 신학은 우리가 이것을 볼 수 있도록 도와주었다. 이제 우리는 세속 세계에서 이름 없이 작동하는 똑같은 것을 볼 수 있는가? 나는 해방신학자로서 창조적/구속적 행위에 대한 유물론적, 역사적 접근 방식을 가지고 있다. 그래서 우리를 어떤 비역사적 공간에 놓는 것처럼 보이는 수사를 접할 때 항상 염려한다. 이 장에서 살펴본 것처럼, 여성의 몸과 신체 사이즈에 대한 담론은 그런 공간에서 비롯되었고, 너무 많이 정신에 침범하여 심지어 여성들이 자신의 잘 관리되지 않은 약간 위협적인 몸으로부터의 구원도 그 공간에 있을 거라 믿을 정도이다. 앞서 살펴본 바와 같이 뚱뚱함과 날씬함의 경계는 여성에게 매우 불안한 것이며, 따라서 그것은 여성이 자신의 몸에 대한 불신과 사회가 부과하고자 하는 권력관계에 빠질 수 있는 이상적인 장소이다. 물론 버틀러Butler가 말했듯이 61 이 주변 영역은 모든 권력 체계의 취약한 지점이기도 하다. 이를 유지하기 위해 고도의 통제가 필요하고, 따라서 선을 잘 지켜야 하는 사람들에게는 큰 스트레스를 주는 곳이지만 저항과 돌파에 취약한 곳이기도 하다. 거식증 모델에 맞지 않는 여성들이 우리가 아름답고 멋지게 만들어졌다고 선언할 수 있는 내면의 힘을 찾으면, 가부장제의 한 기둥에 금이 가고 무너져 우리는 신적/인간적인 충만함을 더욱 포용할 수 있게 될지도 모른다. 다음 장에서 살펴보겠지만, 지난 2천 년 동

안 가부장적 기독교 하에서 여성에게 이런 일이 항상 가능했던 것은 아니었다.[62]

2장

문은 좁다: 신학적인 몸 경계 창조하기

하나님의 모든 일의 시작과 끝은 신체구현이다.63

우리가 여러 번 살펴본 것처럼 여성과 신체구현의 문제는 기독교의 문제였다. 성육신을 구원이라고 선언한 종교는 살아있는 존재, 특히 여성의 현실과 결코 잘 어울리지 않았다. 기독교 전통 안에서 여성과 섹슈얼리티에 대한 관심은 많았지만, 여성과 음식에 관한 관심은 훨씬 적었다. 그러나 앞으로 살펴볼 것처럼 이에 관한 일부 연구가 이루어졌다. 세속 세계는 기독교 유산의 대부분을 거부한 채 행복한 망각 속에 사는 것으로 유명한데, 이 세속 세계가 교회 교부들이 자랑스러워할 만한 방식으로 크고 뚱뚱한 몸을 경멸하고 있으므로 이 주제를 살펴볼 때가 된 것 같다. 또한, 그것은 거의 볼 수 없는 여성의 몸을 위대한 성공과 도덕적 지위의 표시로서 이해하며 찬양하고 있다. 이 장이 진행됨에 따라 우리는 이것이 여성을 겨냥한 금욕주의 기독교 경건의 최악의 극단적인 경우들에서 낯선 패턴이 아니며, 어떤 경우에는 여성이 자발적으로 취한 것임을 알게 될 것이다.

에덴에서 온 유기농적 먹기

그렇다면 기독교 전통은 여성, 음식, 신체 사이즈와 관련된 긴급한 질문들을 통해 우리의 길을 안내하기 위한 자원으로 무엇을 제공해야 하는가? 창세기를 읽은 초기 기독교 독자들은 최초의 불순종 행위와 그로 인한 인간의 타락을 음식과 먹는 행위에 근거한 것으로 보았다. 하와가 주도하고 아담이 뒤따랐지만, 남자를 파멸에 이르게 한 것은 여자의 호기심과 식욕이었다. 이로 인해 교회의 많은 초기 사상가들이 음식에 대해 가혹한 말을 많이 했는데, 가이사랴의 바실Basil of Caesarea 은 폭식이 '배belly의 정욕'을 통해 아담에게는 죽음을, 세상에는 악을 가져왔다고 믿었다.64 그렇다면 미각의 쾌락이 우리를 낙원에서 쫓아 낸 것이며, 이러한 쾌락은 성적 쾌락과 비슷한 것으로 여겨진다. 터툴 리안Tertullian은 성기가 위와 가깝다고 생각하여 탐식과 성욕이 연결되 어 있음을 보여주었고, 알렉산드리아의 클레멘트Clement of Alexandria는 위와 그 아래 기관을 엄격하게 통제해야 한다고 믿었다.65 고대 세계 에서도 음식과 욕망 사이에 연관성이 있다는 것을 알고 있었기 때문에 이것은 전적으로 새로운 사고는 아니었다. 그래서 제롬이 지금까지 비 非성적이었던 아담과 하와를 성행위자로 변하게 만든 것이 먹는 행위 였다고 선언했을 때 놀란 사람은 거의 없었다. 또한, 순결이 우리를 원 래의 태초의 낙원으로 인도할 수 있다면 음식도 그 과정에 연결되어야 한다는 논리가 뒤따랐다. 어거스틴Augustine은 고추가 정열에 불을 지펴 우리를 신성한 운명에서 벗어나게 한다고 믿으며 고추를 의심했는데,

이상하게도 그의 말이 맞을지도 모른다. 오늘날의 음식 전문가들은 매운 음식이 상당히 섹시할 수 있다고 말하기 때문이다. 구원에 필수적인 순결은 음식 습관과도 연관되어 있으며 죄는 한 입만 먹어도 생길 수 있다.

사막의 교부들은 아담의 죄, 즉 먹는 죄에 대해 속죄하기 위해 그들이 금식했다고 믿었으며, 그들의 신학은 위와 사타구니를 공격하는 유혹을 극복해야 한다는 개념으로 형성되었다. 또한, 무엇을 먹어도 괜찮은지에 대한 생각도 있었는데, 많은 기독교 신학이 그렇듯이 에덴에서 틀림없이 먹었을 법한 것에 대한 선언에 의존했다. 터툴리안은 최초의 한 쌍인 아담과 하와가 채식주의자라고 믿었고, 제롬은 고기와 포도주를 포기한 기독교인이 에덴의 순수함을 되찾을 수 있다고 생각했다. 그들이 그리스도가 음식과 같은 피상적인 문제를 넘어 우리를 움직이게 하셨다고 이해했다는 점을 고려할 때 이것은 놀라운 신학이다. 우리가 알다시피 그들은 만족스럽고 창의적인 방식으로 성sexuality과 화해할 수 없었기 때문에 이는 그들이 음식과 성이 얼마나 긴밀하게 연관되어 있다고 믿었는지를 보여준다.

창세기 이야기에서 생각해 볼 또 다른 흥미로운 점이 있는데, 창세기는 먹거리를 얻기 위해 수고해야 하는 바로 그 재료로 인간이 만들어졌다고 서술한다.66 그 둘 사이의 연관성은 매우 깊으며, 스톤Stone은 동물이 먹고 마실 때, 즉 땅과의 연결이 아주 기본적인 수준에서 확립될 때에야67 비로소 인간이 된다는 길가메시Gilgamesh 서사시의 고대의 메아리가 여기에 있는지 궁금해한다. 기독교 신학자로서 나는 음식과 연관된 것처럼 보이는 그러한 인간의 '되기'가 생명의 빵과 관련된 은유들, 그 빵을 통해 인간에서 신성한 존재로 더욱 변모한다고 주장될 수 있는 은유들로 더 확장되는지 궁금하다. 아마도 나는 우리가 누구인지에 대한 핵심, 즉 우리가 육체를 가진 식욕을 가진 살아 숨 쉬는 사람이라는 것에 도달할 때, 우리가 진정 누구인지, 곧 모든 종류의 식욕을 가지고 있으며 우리를 낳은 지구와 깊은 관계를 맺고 있는 신적/인간적인 성육신으로 이해하기 시작한다고 주장하고 있는 것일지도 모른다.

스톤은 히브리어 성서에서 먹는 행위가 교부들의 이원론적 사고를 통해 해석될 때조차도 모두 나쁘기만 한 것은 아님을 우리에게 상기시킨다. 이스라엘 백성은 젖과 꿀이 흐르는 땅으로 인도되어 하나님께 순종하는 한 배부르게 먹게 되는데, 여기서 우리는 배부름이 죄에 관한 것이 아니라, 선한 삶에 대한 하나님의 상급일 수 있음을 알 수 있다.신명기 11:8~17 그러면 풍요와 잘 먹는 것도 구원 일부로 볼 수 있는데, 이는 메시아 연회, 곧 모두를 먹이고, 모두 같은 식탁에 앉아 배불리 먹는 유토피아의 개념과도 일치한다. 그러나 앞으로 살펴보겠지만, 이것은 죽음 이후 또는 종말의 때에 대한 이상적인 모습일지는 모르나 죽음 이전의 신학적 사고와 영적 훈련에서 항상 일치하지는 않았으며, 둘 다 전망과 실천에 있어 다소 금욕적이었다. 스톤68은 우리가 히브리어 성서의 하나님 말씀과 음식의 연관성에 주목하게 한다. 에스겔과 예레미야는 모두 하나님의 말씀을 먹는 것에 관해 이야기하는데, 에스

겔의 경우 두루마리를 먹고3:3 그것이 꿀처럼 달다고 선언한다. 하나님의 말씀과 사람 간의 이러한 매우 밀접하고 소비적인 관계는 깊이 생각해 볼 가치가 있다. 이 세상에서는 매일 31,000명의 어린이를 포함하여 수만 명이 식량 부족으로 사망하고, 8억 2,800만 명이 기아로 고통받고 있으며, 수백 명이 그들이 얻을 수 있는 전부인 부적절하고 건강에 좋지 않은 음식을 장기간 섭취한 결과 사망하고 있는 것으로 추산된다. 이러한 상황에서 아마도 우리는 꿀맛 같은 하나님 말씀의 경제적, 사회적 함의를 생각해볼 것을 요청받고 있다. 개인적으로 나는 많은 사람이 그랬던 것처럼 봉헌된 빵consecrated host69을 유일한 음식으로 삼는다는 생각에 끌리지는 않는다. 오히려 이것을 숙고할 때, 나는 식품 유통 방식과 값싼 식품 생산의 끔찍한 기준을 조사하고 싶다. 하나님의 말씀이 꿀처럼 달콤하려면 한 사람이 하루에 2,500칼로리를 섭취하기에 충분한 이 세상의 충분한 자원을 거주민들에게 건강한 방식으로 분배할 방법을 찾아야 한다고 생각한다. 그래야만 음식이 단맛을 낼 수 있는데, 그것은 음식이 하나님의 꿀이 되기 때문이다. 이 선진 자본주의 세계에서 우리가 음식을 다루는 방식은 우리가 관계적이고 상호적이며 힘을 주는 하나님의 말씀을 섭취하는 것이 아니라, 오히려 우리가 우리의 사고와 분열적인 소비에 독성을 띨 수 있다는 것을 의미한다.

메리 더글라스Mary Douglas는 성뿐만 아니라 음식도 사회의 경계를 만드는 데 도움이 되기 때문에 보통 종교법과 밀접한 관련이 있다고 말하는 사람 중 한 명이다. 히브리어 성서는 음식에 대한 조언으로 가득하며, 무엇을 먹을 수 있고 무엇이 금지되는 지가 확실히 이스라엘 백성이 된다는 전체 개념의 중심이라는 것을 알 수 있다. 더글러스와 같은 인류학자에게 이것은 전혀 놀랍지 않은데, 인간의 몸이 더 큰 사회적 몸을 상징하고 그래서 집단 정체성을 형성하기 위해 빚어져야 하기 때문이다. 음식과 섹스가 그토록 잘 조직되고 통제되는 이유는 구멍이 신체의 취약한 지점이며, 확장하면 사회적 몸에 대한 담론의 경계, 즉 가장자리이기 때문이다. 따라서 우리는 모든 담론의 가장자리가 저항을 위한 훌륭한 지점이라고 말하는 주디스 버틀러Judith Butler의 주장이 옳을 수 있음을 알 수 있다.[70] 그 가장자리는 가장 쉽게 전복될 수 있고 사회적 정체성의 가장 바깥쪽 가장자리이기 때문에 가장 강력하게 단속된다. 스톤은 "식사와 성관계는 몸의 경계를 넘나들고 이물질이 신체에 침투하는 것을 수반하기 때문에 음식과 성은 사회 단위 간의 경계를 나타내는 강력한 상징적 표식으로 기능한다"라고 설명한다.[71] 음식은 종종 인종적, 사회적으로 사람들을 구분하는 표식 역할을 한다. 우리는 모두 음식 이야기를 할 때 인종적 편견이 담겨있다는 것을 알고 있으며, 슈퍼마켓을 걷는 것만으로도 경제적, 사회적 차이에 대해 경각심을 갖게 된다. 식품 카트에서 어떻게 이런 사실을 알 수 있는가? 물론 개인의 '선택'을 통해 조성된 것 외에도 음식의 구분과 금지에는 젠더화된 함의가 있다. 종교적 의식뿐만 아니라 최고의 요리사들도 음식이 준비되는 방식, 즉 누가 언제 음식을 만질 수 있는지, 누가 먹어도 되는지에 대해 큰 비중을 두고 있다. 우리는 또한 사람들이 서구화된 음식과 진짜 이국적인 음식을 구별하는 능력을 통해 사회적 위계질서에서 자신을 어떻게 위치할 수 있는지도 알고 있다. 이는 한때 단순히 와인 감별과 연관되었던 세련된 분위기를 제공한다! 간단히 말해서, 음식에는 한 민족이나 문화 집단을 다른 집단과 구별하는 역할을 하는 종교적 전통에 기원을 둔 위계질서가 존재한다. 음식은 섹스와 마찬가지로 항상 '타자'를 구별하는 방법이었으며, 성만찬 eucharistic 음식을 나누는 것을 그다지 강조하지 않는 개신교 기독교가 "그분을 위해 날씬하기" 프로그램을 발전시킨 바로 그 종교였다는 사실은 흥미롭다. 그 프로그램은 다음 장에서 집중적으로 다룰 것인데, 음식 섭취량과 신체 사이즈에 따라 내부 집단과 외부 집단을 가장 확실하게 구별한다. 아마도 나는 전혀 놀라서는 안 될 것이며, 인류학자들의 지도를 받으면 이것이 왜 그럴 수 있는지 알 수 있을 것이다. 그러나 그에 대한 더 많은 내용은 이후에 다루려고 한다.

먹고, 마시라. 사랑에 취하라

히브리 성서로 다시 한번 돌아가 살펴보면, 스톤의 도움으로 우리는 음식이 환대의 표시로 사용되었으며, 경계를 넘어 다른 사람을 받아들이고, 우리가 만든 음식뿐만 아니라 우리가 누구인지를 공유하는 데에도 사용되었음을 알 수 있다. 창세기 18장에서 아브라함은 음식을 나누며 나그네를 환대했고, 실제로 근동 지역의 많은 환대는 음식 나눔을 포함한다. 이러한 성서적 개념은 교부들이 폭식을 금지한 것을 새로운 방식으로 이해하도록 돕는데, 다른 사람의 필요를 무시하고 자신의 필요에만 집중하는 것은 과함의 죄라기보다는 환대하지 않는 죄가 된다. 그렇다면 이상한 방식으로, 우리는 "그분을 위해 날씬하기"에 참여하는 무리가 끊임없이 감소하는 자기 몰입의 고리 속에서 자신의 필요에 집착하기 때문에 폭식증으로 비난할 수도 있다. 히브리어 성서에서 먹는다는 것은 거룩함과 관련이 있으며, 음식에 관련된 법은 모두 사람들 사이의 올바른 관계를 형성하는 것을 목표로 했다는 것에는 의심의 여지가 없다. 그렇다면 이러한 배경을 가진 예수가 사람들을 먹였다는 사실은 기독교인들에게 흥미롭다. 샤논 정Shannon Jung은 유대인의 절기는 온 백성이 하나님과의 언약 약속을 새롭게 하는 행사였으며, 예컨대 이사야 25장 6~9절에서 궁극적인 종말론적 연회, 즉 구원과 회복이 모두 일어나는 시간이 사람들이 함께 잔치를 벌일 때 일어나는 것을 볼 수 있다고 주장한다.72 물론 이러한 연회 개념은 기독교 성서에도 이어져 있으며, 복음서를 통해 모든 종류의 버려진 사람들이 식탁에 초대받고, 따라서 환대가 모든 배제를 뛰어넘는다는 것을 볼 수 있다. 음식은 실제로 더글러스와 버틀러가 이야기하는 불안정한 경계 중 하나가 되며, 기독교 이야기에서는 모든 사람이 들어올 수 있는 가장자리가 된다. 어쨌든 이론은 그렇다.

스톤은 아가서에서 잠재적으로 파괴적인 두 가지 경계, 즉 섹스와 음식이 함께 언급되어 있음을 상기시킨다. 이 두 가지가 아가서에서 사용되는 방식은 가부장제 아래의 여성에게 매우 실제적인 대안을 제시하지만, 이 잠재성에는 위험도 있다. 내가 예전에 이것에 대해 글을 썼을 때 여성을 위한 성 혁명의 맥락에서 썼지만, 특히 남성의 시선을 만족시키기 위해 특정 모양을 요구하는 가부장제 사회에서 여성에게도 음식에 즐거움과 위험이 있다는 것은 여전히 사실이다. 아가서에서 여자는 본문 첫머리부터 연인의 사랑이 포도주보다 낫고 그의 열매가 입에 달다고 주장한다.2:3 남자의 기쁨 또한 여인의 성기를 "훌륭한 열매가 있는 석류 과수원"4:13이라고 표현할 때 본문에서 분명하게 드러난다. 우리가 성에 대한 이원론적 가부장적 해석에 도전하기 위해 이 본문을 살펴볼 때, 이 구절의 구강성orality과 열매에 대한 지속적인 강조는 둘 다 중요하다. 기독교 전통은 성적 사랑의 덧없고 얕은 쾌락에 반대되는 신비로운 결혼의 지속적 힘에 대한 이원론적이고 위계적인 수사를 뒷받침하기 위해 이 본문을 사용해 왔다. 여기서 성적인 사랑을 음식으로, 실제로는 열매로 표현한 강조에서 우리는 이러한 수사에 대한 진정한 도전을 발견한다. 음식은 생명을 유지하고, 과일은 과즙의 맛과 질감의 멋진 폭동과도 같으며, 모든 식단에 '더하여 먹는' 기분 좋은 것이지만 단지 '더하는 것'이 아니라 생명을 지속시키고 보존해주는 것이다. 이 본문에서 저자는 섹스와 과일을 결합함으로써 단순히 생식을 넘어 생명을 유지하는 성의 측면을 축하하고, 더 많은 맛, 질감, 냄새를 접할수록 우리의 삶이 더 풍요로워진다는 생각을 전해준다. 따라서 우리가 관능에 더 몰입할수록 우리의 삶은 더 풍요로워지고 실제로 가부장적 질서에 더 많이 도전하게 된다. 현재의 목적에서는 우리는 음식과 욕망이 가부장적 질서를 넘어서는 촉매제이자 가장자리이며, 또 다른 가장자리인 섹슈얼리티와 결합하면 가부장적 통제에 잠재적으로 폭발적일 수 있음을 알 수 있다. 과일의 순수한 관능적인 즐거움은 억제된 질서에 도전하는 세상을 열어준다.

근동에서는 섹스를 언급할 때 확실히 농업적 이미지를 사용했지만, 그것은 씨앗이 밭에 심기고 귀중한 결실이 맺힌다는 매우 가부장적인 이미지였다. 이 본문에서는 그런 내용이 없다. 씨앗과 밭이 열매가 익음, 맛, 풍성함으로 대체되고 남근적인 생식 이미지는 보이지 않는다.[73] 이것은 오늘날 실행되는 이성애적 가부장제에 대한 모든 도전의 중요한 출발점이다. 이 본문에서 과일의 흥미로운 사용은 두 연인을 더 큰 창조의 원 안에 배치하고 있지만, 또한 쾌락을 주는 자와 받는 자를 식별하기 어렵게 만들며, 입은 먹는 데 있어 능동적인 수용체이다. 이것은 이 본문을 최악의 남성 포르노 판타지 과잉에서 여성과 남성에게 더 힘을 실어주는 위치로 끌어올린다는 점에서 중요한 지점이다. 남자는 "나의 동산으로 찾아 왔고… 내가 나의 꿀과 나의 꿀송이를 먹었으며, 나의 젖과 포도주를 마셨다"[5:1]라며 황홀해한다. 먹는 이미지는 "고대의 많은 섹슈얼리티 표현으로부터 우리에게 알려진 주체와 객체의 빈번한 경계"[74]를 통해 남근 개념을 어지럽게 한다. 구강 자극에 대한 여성의 분명한 욕망은 가부장적 남근 섹슈얼리티의 전형이 아니다. 여기서 여성은 단순한 대상이 아니라 자기 욕망의 주체이기도 하며, 먹고 먹히고, 맛과 냄새의 광란에 탐닉한다.

이 책의 목적에서 매우 흥미로운 점은 음식의 이미지를 통해 표현되는 섹슈얼리티와 관능이 가부장적 사회 통제 질서 밖에서 표현될 뿐만 아니라, 오늘날 우리가 정상 크기 신체로 여기는 것의 밖에서도 표현된다는 점이다. 이 본문에서 그 여성은 자신을 억압하거나 통제하려는 사람들이 그녀의 몸에 대해 표현하는 견해에 도전하는 매우 '몸 긍정적인' 여성이다. 그녀는 예루살렘 딸들의 평가에 맞서 자신의 검은 아름다움을 긍정하고, 가슴이 없다는 오빠의 말에는 자기 가슴의 웅장함을 강조하는 말로 밀어낸다.8:10 그녀는 연인에게 자신의 몸이 그에게 줄 풍성한 잔치라고 말하는데, 그가 그녀의 몸을 취하는 것이 아니라 오히려 그녀가 자신의 위대한 아름다움과 풍요로움을 그에게 선사한다. 이 풍성함은 섞은 포도주로 가득 찬 '둥근 그릇'인 배복부, 종려나무와 포도나무에서 자라는 과일 송이인 젖가슴 아래에 꽃으로 둘러싸인 밀 더미를 포함한다. 그녀 자신의 몸의 구현은 그녀를 기쁘게 하고 그녀의 입술은 자신의 아름다움에 진한 꿀을 떨어뜨린다. 이 여성은 자신감 넘치고 자기 몸을 축하하는 여성이며, 우리는 여성들이 자신의 아름다움을 바꾸고 재포장하는 데 많은 시간과 자원을 소비하는 오늘날에는 더 많이 그녀처럼 할 수 있다. 또한, 아름다움의 기표가 주로 유럽식이나 북미식이 되어버린 세상에서 자신의 민족적 기원을 축하하는 그녀의 모습은 영감을 준다. 많은 유색인종 여성들이 유럽인 모델에 맞추기 위해 눈, 코, 입을 고치고 있지만, 만약 그들이 이 여성처럼 자신의 본연의 아름다움에 대한 자부심을 선언한다면 이는 어느 정도 혁명이 될 것이다.

이 본문은 또한, 이 자신감 있고 몸으로 구현된 여성이 직면한 위험을 알려주지만, 그럼에도 불구하고 그녀는 우리 자신의 몸으로 구현된 혁명을 위한 영감이 되어야 한다고 생각한다. 그녀는 목소리를 가지고 있지만 이름이 없는데, 그렇다면 그녀는 '모든 여성'인가? 우리는 우리 자신의 욕망과 에로틱한 존재로 그녀에게 이름을 붙여야 하는가? 이 본문의 외침, 곧 "먹어라, 친구들아, 마셔라, 사랑에 취하라"5:275는 외침이 기독교 몸 신학의 중심이 되어야 하는가? 물론 나는 식욕 때문에 벌을 받은 하와가 아니라 바로 이 여성이 기독교 여성성의 모델이어야 한다고 주장하고 싶다. 그것은 여성의 삶의 여러 측면과 지구 자체에 큰 차이를 가져올 것이다. 이 본문은 연인들이 음식과의 연결을 통해 땅과 심오한 관계를 맺는 방식에 중요한 의미가 있다. 그들의 관계는 이런 식으로 고립된 것이 아니라 창조 그 자체의 가능한 가장 넓은 맥락에 놓여있다.

스톤은 히브리어 성서의 관점에서 음식에 대해 대체로 긍정적인 사례를 제시하지만 몇 가지 경고 신호를 보내기도 한다. 출애굽 당시 하나님께서 이스라엘 백성에게 식량을 공급하셨지만, 하나님께서 주신 음식만이 만족을 줄 수 있고 바알Baal에게 바쳐진 음식은 만족을 주지 않으리라는 경고도 많이 나온다. 농업과 관련된 여성 신들도 의심받지만예레미야 44:15~19, 선한 여성은 가정에서 음식을 제공하기 때문에 안전한 음식을 제공한다.Ben Sira, 벤 시라 15:1~3 사적/공적 논쟁의 젠더적 측면이 음식에 대한 이러한 이해와 맞물려 들어간다. 여성은 가정에서 안전한 음식을 제공한다고 여겨지지만, 공공장소에서 제공되는 음식은 안전하지 않고 거룩하지 않을 수도 있기 때문이다. 스톤은 이러한 유보와 일부 제한에도 불구하고 히브리 성서는 우리가 음식, 포도주, 섹스의 형태로 기쁨을 누림으로써 충만한 삶을 포용하기를 원하시는 하나님을 보여준다고 말한다.전도서 9:7~976 따라서 이는 종교 제사장들의 제한에도 불구하고, 환대와 풍요라는 또 다른 대안을 엿볼 수 있게 해주는 저항의 하나님, 가장자리에 있는 하나님이라고 주장할 수 있다.

단백질에 열광하는 보디빌더 하나님!

우리의 몸/음식 유산을 평가하고자 할 때 탐구할 수 있는 또 다른 흥미로운 길은 하나님의 몸은 어떤 모습일지 묻는 스티븐 무어Stephen Moore의 질문이다. 무어에게 이것은 단순한 질문이 아니라 권력에 대한 푸코의 이해로 뒷받침되는 것이다. 무어는 음식 문제를 직접적으로 다루지는 않지만, 그의 분석은 여기에서 도움이 된다. 기독교인들이 무의식적으로, 심지어 의식적으로 하나님에 대해 갖는 일종의 몸 이상형, 즉 우리가 그분의 형상대로 만들어졌다고 믿는 신체를 우리 앞에 제시하기 때문이다. 푸코와 함께 규율이 하나의 목적이 있으며, 그 목적은 복종하고, 사용되고, 변형되는 유순한 신체를 만드는 것이라는 그의 관찰은 수년 동안 기독교인들이 실행해 왔으며 내가 세속 사회에 스며들었다고 주장한 음식 규제 제도와 관련하여 잘 받아들여지고 있다. 무어는 기독교인들이 처음부터 그들 자신을 침례를 받은 후 상처는 없어도 영웅적인 순종이 존재에 새겨진 피 없는 순교자로 이해했다고 주장한다. 그는 이러한 순종은 푸코가 말하는 일종의 유순함, 즉 일종의 노예적 사고방식을 통해 인간을 재구성해야 하는 것과 닮았다고 주장한다. 이러한 주장을 뒷받침하는 많은 성서 본문적도 바울서신이 있는 것으로 보인다.고린도전서 9:27, 고린도전서 7:22, 고린도후서 10:5b 집단 내 정체성에 대한 이러한 순응은 더글러스에게 친숙한 방식으로 이어져, 모든 구멍을 채우는 내면의 파수꾼로마서 5:5이 있다는 구절-아니면 모든 여백을 순찰한다고 말해야 하는가?-을 읽을 때도 이어진다. 하나님의 영은 그의 힘의 엄격한 확장이며 모든 신자를 꿰뚫는다. 여기서 우리는 넬슨이 말하는 남근 신이 다시 한번 모든 공간을 채우고 순종과 규율을 통해 모든 것을 자신의 소유로 만드는 것을 본다.

무어는 매우 창의적인 신학자이며 우리를 진정한 발견의 여정으로 안내한다. 이 훈련과 순종이 왜 그렇게 중요한가, 그리고 우리는 어떻게 그것을 돌볼 수 있을 것인가? 우리는 성경의 페이지에 사는 보디빌더 신을 닮을 것이다. 오히려 이 책의 주요 목적에 대한 유용한 제안이다! 우리는 하나님을 볼 수는 없지만, 하나님이 제단인 야훼의 식탁에서 그에게 희생된 고기를 먹는다고 들었다. 무어는 이 신이 고단백 식단77을 먹으며 완벽한 체격을 가지고 있다고 제안한다. 그는 몇 가지 반대 논리, 즉 아담은 하나님의 형상대로 만들어졌으며 아담의 외모에 대한 정경 및 비정경적 증언이 있다는 점을 들어 이 후자의 논점에 도달한다. 에스겔 28장 12절에 따르면 아담은 완벽한 몸을 가졌으며, 실제로 하늘에서 땅으로, 동쪽에서 서쪽으로 뻗은 거인 탈리아 골렘Thalia Golem78이었다고 한다. 천사들이 그를 하나님이라고 생각할 정도로 그의 체격은 훌륭했고, 이 몸이 남성이라는 데 의심의 여지가 없다. 랍비들은 이 거대하고 장엄한 몸에서 이브가 갈라져 나왔다고 말했다.79 하나님의 몸은 단단한 음경의 몸이고 "성서의 하나님은 헤게

모니적 극도의 남성성이 최고로 몸으로 구현된 것"이다.[80] 나는 여성 고행자들뿐만 아니라, 비즈니스 세계에 있으면서 남성들의 직업을 자신이 차지했다고 믿으며 남성의 단단한 몸을 모방해야 한다고 느끼는 여성의 마음에 떠다니는 것이 바로 이 단단한 하나님이라고 주장하고 싶다. 물론 이 훈육된 몸은 갑자기 생겨난 것이 아니며, 신자에게는 자유 그 자체와 구별할 수 없을 정도로 깊숙이 심어진 내적인 규제가 있다고 말한 푸코의 말이 맞을 수도 있다. 그것은 거의 무의식적으로 본문의 행위뿐만 아니라, 우리 모두를 침범하는 순수한 존재로서 자신을 전달하는 극도의 남성적인 하나님의 몸을 통해 거기에 도달했다고 주장하고 싶다. 물론 이 보디빌더는 그의 아들의 중재를 통해 자신이 슈퍼푸드superfood가 되기도 한다. 예수는 우리에게 자신의 살을 먹고 피를 마시라고 말씀한다. "누구든지 나를 먹는 사람은 나로 말미암아 살 것이다"요 6:57. 이것만이 영생의 양식이다. 우리가 물어야 할 질문은 슈퍼푸드든 아니든 이것이 균형 잡힌 식단인지 여부이다.

천국까지 금식하기

이렇게 피상적으로 살펴봐도 우리는 기독교인의 영적 삶에서 음식의 위치와 의미를 고려할 수 있는 풍부하고 다양한 유산이 있음을 알수 있다. 이제 나는 신자들이 음식과 신체 사이즈 문제에 접근하는 방식을 살펴보고자 한다. 우리가 예상할 수 있듯이, 이러한 연관은 그것이 구축하는 유산만큼이나 매우 다채롭다. 그러나 근본적인 순간은 최초의 한 쌍이 금지된 열매를 먹음으로써 음식 규정을 어겼다고 믿었던 에덴에서 찾을 수 있다. 아퀴나스Aquinas는 탐식의 죄가 타락을 가져왔다고 생각했고, 토리노의 막시무스Maximus of Turin는 "첫 사람이 먹음으로써 잃어버린 것을 둘째 아담은 금식함으로써 회복했다. 그리고 그는 천국에서 주어진 금욕의 법을 사막에서 지켰다"라고 말했다.81 어거스틴은 훨씬 더 나아가 그리스도께서 죽었을 때 우리를 먹고 소화했고 우리가 동화되어 그분의 육체 안에서 새로운 육체가 되었다고 말했다. 이것은 에덴 사건의 반전을 한 단계 더 발전시켜 음식과 먹는다는 개념에 신학적으로 큰 의미를 부여한 것이다. 그렇다면 기독교가 음식을 다루는 과정에서 어떤 식으로든 에덴의 사건으로 돌아가는 것을 발견하는 것은 놀랄 일이 아니며, 그 목표는 그토록 심하게 잘못된 것을 바로잡는 것이다. 금식은 이를 위한 한 가지 방법으로 여겨졌고, 금식이 정착된 후에는 좁은 문을 통과하기 위해서는 야윈 몸이 필요하며, 나아가 가벼운 몸만이 부활할 수 있다고 믿었던 터툴리안과 같은 신학이 금식을 중심으로 발전했다. 몸의 경계에 대한 더글러스의 이론에 따라 우리는 기독교인들이 악마적 힘이 몸에 들어가려고 음식 안에 거할 수 있으므로 음식이 악마적 힘에 취약하다고 믿었다는 사실에 놀라지 않을 것이다. 그래서 음식을 먹기 전에 은혜를 빌고 음식을 축복했으며, 특히 육류는 악마의 침입에 취약했기 때문에 일부 기독교 식단에서 육류 섭취가 제한되었다. 금식이 모든 사람에게 항상 기대되는 것은 아니었기 때문에 여러 시대에 걸쳐 많은 금식 요법이 개발되어 여러 집단에 영향을 미쳤다. 예를 들어, 4세기에는 부활절 전 40일 금식이 개발되었고, 이후에는 성탄절 전과 오순절 전에도 금식하게 되었다. 이러한 증가는 중세 시대에 교회력의 거의 3분의 1을 금식으로 채울 때까지 속도가 빨라졌다. 금식에 참여하지 않는 사람들은 교회 행사에서 제외되었고, 어떤 경우에는 앞니를 뽑히거나 심지어 죽임당하기도 했기 때문에 이것은 자발적인 활동이 아니었다. 마침내 교회는 노약자, 어린이, 연약한 사람들을 위해 양보해야 했고, 이 역시 퍼져나가 완전한 금욕이 더는 요구되지 않았다. 많은 독자는 사순절 기간 금식이 실제로 먹지 않는 것이 아니라 먹는 음식을 조절하는 의미라는 것을 알 것이며, 또 다른 이들은 한때 요구되었던 성만찬 전 금식에 대해서도 잘 알고 있을 것이다. 이러한 금식 행위에 하나의 의미만 있었던 것은 아니었다. 참회의 측면과 금욕적인 의미도 있었지만, 음식을 제한하면 꿈이나 계시, 환상을 받는 데 도움이 된다고 믿기도 했다. 어떤 면에서는 그것은 진실인데, 과도한 제한은 환각으로 이어질 수 있기 때문이다. 그러나 오늘날 거식증 환자들이 음식 섭취를 제한하면 더 명확하게 생각할 수 있다고 주장하는 것도 인정해야 한다. 기독교 수 세기 동안 음식 소비와 제한을 둘러싼 사상이 강조되었으며, 앞으로 살펴볼 것처럼 그것은 여전히 많은 신학적인 내용을 담고 있다.

또한, 금식 경쟁이 치열했던 것으로 보이는데, 사막의 교부들은 자신보다 적게 먹는 수도사가 있다는 말을 들으면 정기적으로 경쟁에 나섰을 정도였다. 알렉산드리아의 마카리우스Macarius of Alexandria는 하루에 빵 1파운드만 먹었고 일요일에는 양배추 잎만 먹었으며, 에데사의 바테우스Battheus of Edessa는 자기 이빨에서 나온 구더기만 먹었다고 전해졌다.[82] 만약 이것이 극단적으로 보인다면 아일랜드 수도사들은 금식을 가장 과도하게 하는 것으로 명성이 높았다는 것이 언급되어야 한다. 이 수도사들은 실제로 환상을 보았고 온갖 종류의 기적적인 사건이 일어났다고 보고했지만, 금식의 주된 동기는 육체, 특히 육체의 정욕을 정복하는 것이었던 것 같다. 1장에서 살펴본 바와 같이, 반 굶주림은 성욕을 제거하지는 않더라도 낮추기 때문에 실제로 이런 일이 일어날 수 있다. 그것은 또한 심한 감정 기복과 자존감 결여를 초래할 수 있다. 따라서 이러한 사람들의 지혜가 수 세기에 걸쳐 이 지혜를 본받으려 한 신자들에게 전해져 내려왔다는 것은 안타까운 것 이상이다. 그들은 결국, 음식 제한으로 극도의 성격 변화의 위기에 처했다. 12세기와 13세기에는 더 많은 여성이 금식 행위에 참여했고, 거룩한 **빵만**을 먹고 살겠다고 주장하는 여성들의 사례가 나타나기 시작했다. 오와니에의 마리아Mary of Oignies[83]는 거룩한 **빵만** 삼킬 수 있었고 음식 냄새도 견딜 수 없었다고 주장했으며, 고기를 먹지 않는 죠안Joan the Meatless은 15년 동안 거룩한 빵을 제외하고는 아무것도 먹지 않았다고 한다. 폴리뇨의 안젤라Angela of Foligno[84], 도메니카 델 파라디시오Domenica del Paradisio, 쉬담의 루드비나Ludwina of Schiedam[85] 등은 15년에서 28년에 이르는 다양한 기간에 거룩한 **빵** 외에는 아무것도 먹지 않았다고 주장한 여성 중의 일부였다. 실레시아의 헤드비지스Hedwig of Silesia[86]과 같은 다른 사람들은 주로 **빵**과 우유로만 이루어진 매우 엄격한 식단을 유지했으며 가끔 소량의 채소를 먹기도 했다.

수도사들이 음식에 관여할 때 교회의 계층 구조가 실제로 그것을 승인한 듯 보였기 때문에, 우리는 그들이 음식에 대한 이러한 지나친 접근을 좋게 바라보았으리라고 생각할 수 있다. 그러나 항상 그런 것은 아니었는데, 예를 들어 시에나의 캐서린Catherine of Siena은 먹으라는 권고를 받았다. 그녀는 먹지 않는 동안 높은 악명을 얻었고 당시 여성으로서는 매우 드문 방식으로 정치 및 종교 문제에서 역할을 담당할 수 있었다. 그녀가 굶주림으로 죽었다는 사실을 기억해야 한다! 일부 추론이 성별과 무관한 것으로 보이지만, 이것은 성별에 대한 몇 가지 흥미로운 질문을 제기한다. 음식을 거부하는 것은 어떤 식으로든 하나님의 창조물을 거부하는 것으로 생각했으며, 이는 수년 후 모든 것은 그리스도에 의해 깨끗하게 되었으므로 모든 것을 감사해야 한다고 보았던 츠빙글리Zwingli의 접근 방식이기도 했다. 사람들이 너무 약해져서 일할 수 없게 되어 공동체에 짐이 되는 것 같은 현실적인 문제와 더불어 음식 거부를 악마의 소행으로 간주하여 악마에 씌운 것이 아닌지 종종 가정하게 되는 것과 같은 영적인 문제도 있었다. 금식과 귀신들림의 연관성은 바빌로니아Babylonian 문헌에서 찾아볼 수 있으며, 이는 고대의 혈통과도 관련이 있다. 기독교인들은 일반적으로 귀신 들림은 거룩한 빵을 먹거나 성인의 개입으로 치료할 수 있다고 생각했다. 시에나의 캐서린과 같은 유명한 금식 여성 중 상당수는 자신이 악마에 사로잡히지 않았다는 것을 사람들에게 보여주기 위해 때때로 음식을 먹기도 했다. 악마가 어떤 여자는 먹지 못하게 만들었지만 다른 여자는 먹게 했다는 이야기는 오늘날의 많은 광고와 다르지 않게 악마와 관련된 음식의 유혹에 관한 이야기가 있다는 것이다. 파치의 마리아 막달레나Maria Magdalen de Pazzi는 악마가 어떻게 찬장을 열어 그 안에 있는 음식으로 그녀를 유혹했는지를 설명했다.[87] 흥미로운 점은 많은 여성이 터툴리안과 마찬가지로 천국의 문을 통과하려면 날씬해야 한다고 생각했을지 모르지만, 교회에서는 마녀는 날기 위해서는 가벼워야 하므로 가벼운 여성이 마녀일 수 있다고 생각했다는 점이다. '몸무게 검사'는 마녀의 마력을 가리는 시험이 되었고, 종교재판에서는 종종 속임수를 썼다고 한다. 한 여성은 몸무게가 전혀 나가지 않았다고 주장한 적도 있다.[88] 이러한 운명을 피하려고 여성들은 종종 공공 마녀 저울에 올라섰고, 마녀가 아니라는 증거로 유럽 전역에서 사용할 수 있는 증명서를 받았다. 이 여성들은 이러한 공개 체중 측정을 그들의 구원으로 이해했다. 그 자체로는 논거가 되지 않지만, 내가 보기에 오늘날 여성과 체중을 바라보는 시각을 이해할 수 있는 틀을 만들어주는 흥미로운 가닥이 있다. 악령에 씌었다는 개념은 17세기에 들어서면서 사라진 듯 보였지만, 20세기에도 어린 소녀가 음식을 먹지 못하는 것을 악령에 씌운 것으로 보는 경우가 있었다. 하지만 마비와 삼키지 못하는 증상을 보인 어린 소녀 아날리제 미셸Annaliese Michel의 경우, 이 현상이 시작된 지 6년 만인 1975년에, 그녀에게서 악마를 내쫓는 의식을 행한 신부와 이를 허용한 부모 모두 방임죄로 기소되었다. 방임이라는 개념 자체가 무언가를 할 수 있고 해야 한다고 느꼈다는 신호이며, 이는 흥미로운 점이다. 한때 성직 엘리트와 그들의 통제 문제에서만 문제가 되었던 금식하는 성도가 이제 치료할 수 있는 장애가 있는 사람으로 변했음을 보여주기 때문이다. 대중의 관심이 주로 먹지 않는 여성과 소녀에 대하여 수백 년에 걸쳐 서서히 변화했다[89]는 것을 알 수 있으므로 이것을 단순히 20세기에 일어난 움직임으로 보는 것은 상당히 잘못된 것이다. 악마에 씌운 것이든 신성함이든 순전히 영적인 관심에서 호기심 많은 현상으로 여겨지는 '작은 쇼'와 같은 종류의 관심으로 바뀌었다.

페미니스트 신학자에게 매우 흥미로운 것은 초기 성직자 계층이 수도사들이 아니라 공개적으로 단식하는 여성들이 겸손에 반하는 행동을 하고 있다고 주장했으며, 더 나아가 성직자 계층 이상의 권위를 가정했다는 주장이었다. 다시 말해, 금식하는 사람은 성직 엘리트를 거치지 않고 하나님과 직접적인 관계를 맺을 수 있다고 주장할 수 있었다. 교회 역사를 통틀어 여성은 이 문제에 직면했고 다양하고 창의적인 방법으로 대처해 왔다. 많은 신비가는 신과의 관계에서 지상의 권력 구조를 넘어섰다는 비난을 받았으며, 대부분은 자신에 대해 겸손하게 말하는 것이 비난의 불길을 피하는 한 방법이라는 것을 알게 되었다. 따라서 교회 내에서 수동적이고 겸손한 여성이 요구되며, 자신의 삶에서 어느 정도 통제권을 얻으려고 시도하는 동안에도 여성은 자기 내면의 자기 소유를 소중히 여기지 않는 시스템 내에서 살고 있음을 항상 염두에 두어야 하는 것 같다. 교회가 여성에게 음식을 먹으라고 권장하면서도, 동시에 먹지 않았다고 주장하지만 실제로 먹은 것으로 밝혀진 여성에게 가혹한 처벌을 내렸다는 사실은 오늘날에도 여성이 음식과 관련하여 겪는 익숙한 이중 구속이라는 점에서 흥미롭다.

성스러운 거식증 혹은 신성한 음식 섭취?

거식증은 문화적으로 한정된 개념이기 때문에 우리가 이야기하는 여성들을 거식증으로 분류할 수 있다고 제안하는 것은 거의 불가능하다. 그러나 그러한 여성들을 고려하면서 거식증을 이해하면 몇 가지 흥미로운 아이디어를 얻을 수 있다. 현대의 거식증 환자들은 그들에게 통제력을 전혀 주지 않는다고 믿는 세상에서 통제력을 찾고 있다고 한다. 실제로 거식증 환자들은 자신이 통제할 수 없다는 확신이 너무 강해서, 통제에 대한 그들의 욕망이 피부의 가장자리, 즉 자신이 통제할 수 있는 자기 몸을 넘어서는 것을 원하지 않는다. 이런 식으로 그들은 독특한 정체성을 얻는다고 믿는데, 결국 그들은 식욕이 없는 사람이 아니라 식욕을 통제하는 사람인 것이다. 세속적인 가부장제 사회에서 거식증 환자의 대다수인 여자아이들이 자기주장이 강한 행동을 보이는 것을 기대하지 않는 것처럼, 교회에서도 여성이 교회 안에서 자기주장이 강한 모습을 보이기를 기대하지 않는다. 루돌프 벨Rudolf Bell90은 그가 '거룩한 거식증'이라고 부르는 그것이 신실한 여성에게 수동적인 역할을 부여한 교회의 위계질서와 밀접한 관련이 있다고 주장하는 사람 중 한 명이다. 따라서 자율성을 위한 투쟁은 후대의 젊은 여성들과 마찬가지로 신체의 한계로 축소되고, 개인의 몸에 대한 과도한 통제를 통해 교회의 권위는 회피된다. 벨에게 있어 다양한 세대의 여성들은 한 가지 공통점을 가지고 있는데, 그것은 바로 통제력을 잃는 것에 대한 두려움이다. 그들의 동기는 매우 달랐다고 주장될 수 있다.

즉 금식하는 여성들은 그리스도와 연합할 수 있다고 믿었고, 음식 거부로 인한 질병을 그 연합을 달성하는 또 다른 방법으로 여겼다. 반면 거식증 환자들은 살이 찌는 것에 대한 두려움만 있을 뿐 철학적, 영적 영향은 거의 없는 것으로 보인다. 그러나 나는 우리가 그렇게 쉽게 선을 그을 수 없다고 주장했다. 말로 표현된 영향은 다르게 보일 수 있지만, 세대를 관통하는 '분위기와 동기'가 있다고 생각하며, 이는 단순히 행동을 정당화하기 위해 현대적 추론을 받아들인 것으로 생각한다. 또한, 식생활 규제를 통한 수동적 역할의 거부와 통제력 부족은 가부장제의 만연한 본질과 그것이 여러 세대에 걸쳐 여성의 몸에서 요구하는 대가에 대해 크고 분명하게 말하는 것으로 보인다.

캐롤라인 워커 바이넘Caroline Walker Bynum은 중세 시대의 여성과 음식에 관한 매혹적인 연구를 해왔는데, 벨에 비해 심리적 측면에 관한 관심은 훨씬 덜한 것으로 보인다. 그녀는 이 여성들의 신학적 동기를 20세기의 시각으로 심리학적으로 해석하지 않고 그 자체로 진지하게 받아들여야 한다고 생각한다. 음식은 중세 기독교인들에게 금식과 성만찬 참여라는 두 가지 방식을 통해 핵심적 위치를 차지했다. 또한, 어거스틴91과 같은 방식으로 하나님에게 먹힌다고 말하는 것이 일반적이었기 때문에 섭취 과정은 두 방식이었다. 워커 바이넘은 여성의 영성에서 음식의 중심성은 12세기와 13세기에 저지대 부유한 도시 가정의 딸들 사이에서 나타나기 시작했다고 믿는다. 1980년대 거식증의 출현과 사회적 위치의 측면에서 연관성을 찾을 수 있지만, 이 단계에서 너무 많은 의미를 부여하는 것은 현명하지 않다. 워커 바이넘은 이 여성들이 결혼과 관련된 문제, 즉 사회에서의 지위, 특히 자율성 문제로 가족과 대립했다는 증거가 있다고 제안한다.92 이 여성들은 결혼의 경계를 넘어 사회에서 자신의 위치를 확립하기 위해 음식 통제를 사용했을 수도 있지만, 음식의 상징성을 사용하여 신에 대한 열망을 이야기하기도 했다. 이 이미지는 지극히 세속적인 두 연인 사이의 사랑과 욕망을 표현하기 위해 음식을 매우 성적이고 관능적으로 사용하는 아가서에서 주로 가져온 것이다. 즉, 그들은 하나님은 감각을 통해 알 수 있다는 의견을 표현했으며, 그래서 많은 신비가가 하나님을 맛보고, 하나님을 먹고, 신성한 것을 삼키는 것에 관해 이야기했다. 하데비치 Hadewijch93는 성만찬에 주어진 음식이 에로틱하고 양육하는 것이며, 자신이 먹고 먹히는 사건으로 이해했다. 이것은 사람이 되신 하나님을 진정으로 사랑하기 위해 그녀가 필수적이라고 생각한 상호침투와 상호 삼킴을 상징했다.94 그녀와 그 시대의 다른 많은 여성에게 사랑한다는 것은 자신의 몸이 다른 사람을 위한 음식이 되는 것을 의미했으며, 그녀는 자신의 소망이 하나님을 향한 영혼의 굶주림95이라고 말했다.

워커 바이넘은 그것을 여성이 종교적 영역에서 음식에 초점을 맞추는 것은 매우 자연스러운 일이며, 사회적인 영역에서도 음식은 여성에게 매우 중요하고 상당히 명확한 일이었기 때문이라고 본다. 여성이 음식을 통제함으로써 발휘할 힘에 대해 두려움을 드러낸 남성들이 이를 공개적으로 인정했고, 예상대로 음식 준비 과정에서 마술이 행해졌다는 이야기가 많이 나왔다. 이것은 실제로 권력이었고, 여성이 의미

있는 제스처를 취할 수 있는 이상적인 장場이었다. 워커 바이넘은 이러한 제스처가 가족, 교회 위계질서, 심지어 하나님에게까지 영향을 미쳤다고 제안한다. 여성은 가정 내에서 음식에 대한 영향력이 있었지만, 자기 자신을 먹이는 것이 아닌 다른 사람을 먹이는 것에 대한 문화적 메시지를 받았고, 여기에 종교적 메시지가 겹쳐진 이상한 위치에 처해 있었다. 제롬 시대부터 여성들은 음식의 탐욕스러운 속성에 대해 경고를 받았기 때문에 기혼 여성들도 조심하라는 경고를 받았다. 오와니에의 마리아Mary of Oignies는 감각을 너무 두려워해서 하나님께 자신의 미각을 없애 달라고 기도했다.96 또한, 영적 지도자들은 음식을 통제하면 월경이 멈추는 것을 좋은 일로 여겼는데, 이는 월경과 관련한 질병이 이전 시대만큼 많지는 않았지만, 정확하게 위안이 될 만큼은 아니었기 때문이다. 그래서 월경이 멈추는 것을 다른 형태의 규율을 통해 한 형태의 오염이 극복되는 것으로 보았다. 여담을 덧붙이면, 금식하는 여성은 달콤한 숨결을 지녔고 더는 배설하지 않는다고 전해졌는데, 이 두 가지 측면이 모두 동경의 대상이 되었다는 점도 주목할 가치가 있다.

워커 바이넘은 여성이 훈육의 한 방법으로 음식을 사용한 방식을 고려할 때, 좀 더 일반적인 중세의 영적 세계를 고려해야 한다는 것을 우리에게 상기시킨다. 신체적 형벌을 그리스도를 본받는 것이라고 이해했기 때문에 이것은 자기 형벌이 아닌 가치 있는 추구로 이해한 세계였다. 물론 그것은 큰 이득을 가져다주었고, 그 일부는 지금 여기에서 볼 수 있다. 사람들은 성녀의 몸에서 젖이 나오거나, 기적적인 액체가 분비된다고 말했다. 그래서 그들에게 중대한 변화가 일어났다. 그들은 더러운 것으로 여겨지던 것, 곧 생리혈과 배설물을 더는 만들지 않고 오히려 달콤한 향기와 젖을 발산했는데, 이런 것은 치유하는 속성이 있다고 믿어졌다. 여성은 종종 자신을 젖 먹이는 자로 생각한 데 반해, 남성 신비가들은 종종 젖을 빨고 있는 이미지를 가지고 있었다는 점은 흥미롭다. 이것은 그리스도 자신이 이런 식으로 젖을 먹이고 추종자들을 먹이는 것으로 이해되었다는 사실을 깨달을 때 매우 중요하다.[97] 그렇다면 여인들은 이런 식으로 자신을 음식의 원천으로 여겼을 때 그리스도를 모방하는 것 이상으로 그리스도와 동일시하고 있었다고 주장할 수 있다. 알렉산드리아의 클레멘트Clement of Alexandria는 일찍이 2세기 초에 이런 식으로 그리스도에 대해 말한 바 있다.[98] 이 비유는 어머니로 표현된 그리스도의 모습을 제공할 뿐만 아니라, 한동안 신학적으로 통용되던 이미지로 여성들이 그리스도적 의미를 주장할 수 있게 해주었다. 이는 수동적이고 규정된 여성을 선호하던 세상에서 여성의 정체성을 강력하게 표현한 것이다.

워커 바이넘은 또한 중세 미술에서 수유하는 성모는 영혼을 위한 음식으로서 성만찬과도 연관되어 있다고 지적한다.[99] 따라서 성녀의 젖이 나오는 가슴은 영혼과 육체를 치유하는 음식으로 이해되었고, 많은 사람이 성녀의 가슴을 빨기 위해 성지 순례를 떠났다는 이야기도 많이 전해진다. 이 여성들에게는 흥미로운 반전이 있는데, 그들은 다른 사람의 음식이 되기 위해 음식 섭취를 포기하거나 심각하게 제한했다는 점이다. 아마도 현대의 많은 어머니가 음식 자원 부족이나 그 음식을 섭취하는 것이 자녀에게 어떤 영향을 미칠지 모른다는 두려움 때문에 자신이 먼저 먹어보고 자녀에게 음식을 먹이고, 그다음 식탁에서 음식을 먹일 때는 자녀를 위해 자신은 참으면서 먹는 이 반전을 이해할 수 있을 것이다. 엉덩이 살 몇 인치보다는 악마에 씌우는 것이 덜 악마적이다. 워커 바이넘은 그리스도의 옆구리에 난 상처가 종종 젖가슴으로 묘사되었다는 사실을 상기시켜 준다.[100] 또한, 반쯤 열린 외음부로 묘사되기도 했는데, 이는 이 논쟁에서 그다지 중요하지 않을 수도 있다. 당시의 예술을 고려할 때 바이넘은 스타인버그Steinberg와 같은 학자들이 순전히 남근 중심적인 관점으로 보는 많은 그림에 대해 흥미로운 해석을 제시한다. 예를 들어, '밀과 포도덩굴의 귀를 가진 그리스도'프리드리히 헬린 학파, Friedrich Herlin School, 1469는 그리스도를 음식으로 묘사하여 여성과 동일시하는 것으로 여겨진다. 그녀는 그리스도가 젖을 먹이고, 자기 젖가슴을 음식으로 내어주며, 신자들이 안식을 위해 들어갈 수 있는 자궁을 지닌 것으로 이해된다는 점을 보여준다. 이런 종류의 도상학iconography, 圖像學은 그리스도처럼 젖을 낸다고 알려진 이 시기의 많은 여성이 자신의 모유를 몸으로 구현된 성례sacrament로서 믿는 사람들에게 내어주는 것으로 이해될 수 있었다는 주장에 힘을 실어준다. 그런 식으로 그들은 이 위로의 성례를 받은 사람들에게 그리스도가 되었고, 지금 여기에서 그리스도를 구현했다. 이런 식으로 가슴을 내어준 이들은 보통 여성이었지만, 클레르보의 베르나르Bernard of Clairvaux는 수련자들에게 젖을 먹이는 어머니처럼 자신의 가슴을 내어주었고, 수련자들은 그의 가슴에서 위로와 하나님의 사랑을 얻었다.

베르나르는 오히려 대체적인 풍습에 비춰 보면 다소 예외였다.

바이넘은 당시의 신학이 이러한 두 가지 섭취 과정을 통해 우리의 실체와 신성을 연결하는 중재자로서의 예수의 역할을 강조하고자 했다고 믿는다.[101] 당시 마리아는 그리스도의 몸과 살로 이해되었기 때문에 어머니로서의 그녀의 역할도 거룩한 여성들의 영성 이해에 통합되었다. 바이넘은 그리스도의 몸의 표상이 역할과 지위가 전복되고 정상적인 구조가 내던져지는 상징적 반전의 순간으로 볼 수 있다고 제안한다. 그녀는 여성의 역할이 공개적으로 뒤집히는 성만찬에서 이것이 가장 분명하다고 말한다. 십자가에 달리신 그리스도, 미사에서 제시되는 그리스도는 왕이 아니라 젖을 내고 출산하는 어머니가 되셨던 것과는 반대로, 남성 사제는 사회에서 남성의 역할과는 전혀 다르게 음식 준비자가 된다.[102] 물론 이러한 반전이 반드시 좋은 것은 아닌데, 여성을 성례의 틀에서 완전히 제거하기 위해 남성이 여성 역할을 통합할 수도 있기 때문이다.[103] 결국, 그리스도를 수유하는 어머니로 묘사하고, 신자들을 위해 수유하는 여성 자신의 능력에도 불구하고, 여성은 여전히 남성적인 하나님과의 관계에서 자신에 관해 이야기했다.

벨은 중세 후기의 거식증 환자들은 여성이 되는 사업이 주목받을 만하다는 것을 명백히 보여줬다고 말하는데, 어느 세기에서 관찰하든 여성과 음식의 관계에는 젠더 투쟁이 밑바탕에 깔려 있다고 결론 내린다. 워커 바이넘은 여성이 음식에 대한 통제를 통해 가족과 성직자 권위 외에도 교회의 중앙 통제에 도전하는 비전을 주장할 수 있었기 때문에 훨씬 더 많은 것을 통제할 수 있었다는 데 동의한다. 그녀는 가족 식사를 거부함으로써 가족이라는 개념 전체를 비판할 수 있다는 것에 주목하는데, 실제로 음식 섭취를 제한한 많은 여성이 그러한 비판적 위치에 있었던 것 같다. 그렇다면 그들은 오늘날 많은 현대 학자가 거식증 환자들이 그렇다고 제안하듯이 가부장제 사회의 중심 기둥 하나를 거부하고 있었던 것인가? 워커 바이넘은 중세 여성에게 음식의 관련성과 상징적 자본이 오늘날 여성보다 훨씬 더 풍부했다고 보기 때문에 이에 대해 확신하지 못한다. 그녀는 이러한 여성들의 음식 행동이 자기 수양뿐만 아니라 타인에 대한 섬김에 관한 것이었다고 주장한다. 그들은 결국 자신은 먹지 않으면서 가난한 사람들을 먹였고, 그들의 의식ritual에는 먹는 것뿐만 아니라 절제하는 것도 포함되었다. 워커 바이넘의 말처럼, "금식을 통해 여성들은 가부장적인 가족 및 종교적 구조를 내면화할 뿐만 아니라 그것을 조작하고 벗어날 수 있었다. 그러나 13, 14, 15세기 여성들의 자기 굶주림은 현대의 질병 실체에 대한 비유로는 포착되지 않는 울림과 복잡성을 지니고 있다"104고 말한다. 그녀는 현대 사회가 음식과 신체에 대해 편협하고 일차원적으로 이해한다고 비난한다. 인용문에서 알 수 있듯이 그녀는 성직자적, 문화적인 태도로 인한 여성 억압을 인정하면서도 여성이 어떻게 음식을 생명과 긍정적인 감각의 원천으로 이해했는지를 보여준다. 워커 바이넘은 우리가 음식을 이해하는 방식에 대해 다시 생각해보고 중세의 이해에서 실제로 무언가를 얻을 수 있다고 제안한다. 우리는 음식을 두려워하는 것 같다. 그래서 음식이 구현이라는 영광스러운 사실과 그 안에서 음식이 차지하는 위치를 감각적 즐거움으로 보기보다는 통제 문제를 살펴봄으로써 섭식 장애를 해결하고자 한다. 우리가 계속해서 음식을 통제의 관점에서만 이해한다면 우리가 원하는 통제를 절대 가질 수 없다는 것도 이해한다. 그녀는 결국, 우리가 통제할 수 없으므로 이것이 우리를 두려워하는 것들에 대해 폭력적으로 만든다고 주장한다. 이 전쟁의 최전방에는 가장 예측하기 어렵고 통제할 수 없는 것처럼 보이는 여성의 몸이 있다. 따라서 여성과 음식의 관계를 고려할 때 복잡한 그림이 나타나고 있으며 개신교 세계가 이러한 문제를 어떻게 바라보았는지는 아직 살펴보지 않았다.

음식과 종교개혁가들

중세 여성들이 금식을 이해한 방식과 후기 개신교 종교개혁자들이 금식을 이해한 방식 사이에 연관성이 거의 없다는 사실에 놀랄 필요는 없다. 그들은 가톨릭과 연관되는 것을 매우 꺼렸을 것이고 실제로 자신의 뚜렷한 정체성을 매우 엄격하게 지켰는데, 이는 우리에게 익숙한 신체와 경계 문제를 고려할 때 흥미로울 수 있다. 또한, 그들은 음식의 문제를 이해하는 같은 성만찬의 틀을 가지지 않았기 때문에 상당히 다른 노선을 따라 발전한 것처럼 보일 수 있다. 그러나 다시 한번 우리는 몸과 그 몸 안에 들어가는 것이 물질과 행동 자체에 실제로 포함된 것을 훨씬 뛰어넘는 상징적인 문제가 된다는 것을 알 수 있다. 몸은 다시 한번 기본적인 문제가 되고 외모와 크기에 따라 제외 및 포함이 결정된다. 16세기와 17세기에는 인간의 몸과 그 안에 있는 자아에 대한 이해가 법칙과 이성의 지배를 받는 기계 부품으로 구성된 질서 체계 시스템으로 바뀌었다. 당시 몸은 수동적이었고 이성적인 숙달과 통제가 필요했다.

개신교 개혁자들은 이전의 관습을 거부하는 것 외에도 금식에 대한 성경적 근거가 필요하다고 생각했고, 기독교 성서에서 마태복음 9장 14~15절이 가장 분명한 구절이라는 것을 발견했다. 본문을 찾은 후, 그들은 언제 어떻게 금식해야 하는지에 대한 질문도 다루어야 했다. 구원에서 육체가 차지하는 위치에 대한 그들의 견해는 가톨릭의 선조들과는 달랐다. 그들은 독신이나 수도사적 삶보다는 결혼과 가족 생성을 적극적으로 장려했다. 루터Luther는 섹스에 관한 생각을 그다지 좋아하지 않았지만, 결혼 안에서는 하나님이 섹스에 대해 봐주실 것이라고 말했다. 그래서 그들이 음식 문제로 돌아왔을 때 육체의 고행이 이런 식으로 필수적인지, 만약 그렇다면 그것이 그들에게 어떤 의미가 있는지 결정해야 했다. 확실한 것은 신학적 재고가 필요하다는 것이었다. 첫걸음은 사람에게 일반적으로 좋은 금식과 공적이든 사적이든 종교적 축제나 참회의 시간과 관련된 종교적 금식을 구분하는 것이었다. 이러한 문제에 대해 가톨릭 사상에 너무 가까워지지 않도록 항상 세심한 주의를 기울였다.

개신교 단체마다 금식을 사용하고 이해하는 방식에는 약간의 차이가 있었지만, 여기서 이를 자세히 다루는 것은 나의 의도가 아니다. 몇 가지 사례를 제시하는 것으로 충분할 것이다. 청교도들은 금식이 어떤 식으로도 구원에 도움이 된다고 이해하지는 않았지만, 일반적인 정치적 목적이나 교회 내의 죄인을 회개시키기 위해 금식을 정치적 도구로 사용했다. 이것은 다소 공격적인 형태의 금식으로 보일 수 있으며, 특히 친구들이 굶주리는 것을 볼 수 있는 사람에게는 심리적 협박으로 느껴질 수 있지만, 그들은 금식이 기도를 더 간절하게 만들고 하나님께서 허기진 배로 드린 기도에 더 쉽게 응답하실 것이라고 믿었다. 목사와 의사들도 우울증과 광기에 금식을 처방했는데, 이는 음식 결핍의 영향을 고려할 때 다소 이상하며 금식이 치료의 효과가 있다는 그들의 믿음을 증명한다. 이런 질병에 대한 이런 접근 방식은 가톨릭 악마 축출 의식을 더는 사용할 수 없었기 때문에 발전했을 수도 있다고 제안되었다.[105] 나는 이것이 우리가 종교적 다이어트 산업을 넘어 현대의 다이어트 산업을 살펴볼 때 기억해야 할 점이라고 생각한다. 이들 모두는 악마의 극복을 통해 절망적이고 불행한 삶에서 더욱 의미 있고 만족스럽고 의로운 삶으로 나아가는 어떤 형태의 치유를 제공하는 것처럼 보인다. 기도의 측면은 떨어져 나갔지만, 그렇다면 이러한 방식으로 다이어트가 치료적이고 구원적이라는 제안이 여전히 존재한다.

금식을 통한 구원이라는 생각은 개신교에서 가장 중요한 것은 아니었지만, 금식과 영적 순결의 영역에서 뚜렷한 사고의 흐름이 있는 것처럼 보인다. 그러나 다양한 견해가 있었다. 초기 감리교도들은 매주 금식을 지켰는데 이는 의지적 행동이었지만, 시간이 지나면 그 의지가 지워지는 것을 의미했다. 그들은 또한 매주 하는 금식의 건강상 이점을 강조했다. 일부 장로교 사상가들도 금식이 건강에 유익하다는 데 동의했지만, 많은 주요 사상가는 금식이 천주교, 감리교와 너무 비숫하다고 생각하면서 곧 선호하지 않게 되었다.106 금식이 '이교도적'이라는 개념과 함께 많은 개신교 단체 사이에서는 금식이 실제로 체력을 고갈시키므로 피해야 한다는 의혹이 커졌다. 많은 감리교도는 금식을 긍정적인 실천으로 여겼으며, 심지어 사람이 너무 무거우면 설교를 제대로 들을 수 없고 당연히 영적으로 고양될 수 없다고까지 주장하기도 했다. 체중이 적을수록 영성이 강하다는 개념이 이런 집단들에 의해 확고하게 자리 잡았고, 따라서 종교적 규율의 틀 안에 신체 사이즈 규제가 자리 잡게 되었다. 일부 사상가들은 한 걸음 더 나아가서 뚱뚱함을 악과 공포, 죄와 부패와 연관시켰다.107 영화 「바베트의 만찬」Babette's Feast을 본 사람이라면 음식에 대한 우려와 의혹을 어느 정도 이해할 수 있을 것이다. 영화에서 형편없는 음식을 먹고 사는 소수의 개신교도 그룹은 '외국인' 바베트가 그들이 한 번도 본 적 없는 음식, 곧 준비한 성대한 잔치를 즐길 수 없다는 데 동의해야만 한다. 안주인인 바베트는 호화로운 대접을 통해 큰 만족감을 얻고, 결국에는 자신의 관대함과 자기 기부를 통해 파산에 이르게 된다. 바베트는 그녀가 알기로는 다소 분별력이 없고 어쩌면 저항할지도 모를 사람들을 위해 잔치를 준비하는 정성과 열정에 자신을 쏟아붓는다. 이 인물의 그리스도적 차원은 간과할 수 없으며 유토피아적인 메시아 연회는 관객의 눈앞에 항상 있다. 복음서에서와 마찬가지로 영화에서 그것은 주저하며 꺼리고 반만 아는half-knowing 손님이 있는 연회이다. 음식과 친교의 감각적 기쁨을 통해 풍성한 삶을 받았을 때, 어떻게 해야 할지 잘 모르겠고 심지어 의심하는 사람들 말이다. 이 영화는 경건한 의도를 가졌지만 비열한 영혼이었던 이들이 음식을 즐기는 '죄'에 **빠져들면서**, 변화하고 행복하고 덜 비열한 모습으로 식탁을 떠나게 되는 과정을 잘 보여준다.

살을 조심하라!

이 장에서는 다음 장의 주요 조사 주제를 설정하기 위해 주로 미국에서 음식과 금식에 대한 개신교 사상이 어떻게 발전했는지에 대해 R. 마리 그리피스R. Marie Griffith와 함께 나머지 관심을 집중하고자 한다. 그리피스는 몰몬교도Mormons와 같은 집단들은 음식에 쓸 돈을 가난한 사람들에게 제공하기 위해 음식 섭취를 제한하라고 제안함으로써 금식에 대해 훨씬 더 공평하고 분별 있게 접근한 것처럼 보였음을 알려준다. 금식과 사회 운동에 대한 이러한 개념은 오늘날, 특히 사순절 기간에 낯설지 않다. 18세기 중반 벤자민 러쉬Benjamin Rush는 식생활과 생태학 사이의 연관성을 제기했다.[108] 그는 음식에 대한 인간의 요구를 끊임없이 충족하기 위해 자연이 압박을 받고 있으며, 따라서 음식 섭취를 조절하는 것이 지금까지보다 훨씬 더 광범위한 의미가 있다고 제안했다. 이 사고가 널리 받아들여지지는 않았지만 적어도 담론으로 제시되었다.

이 담론에는 몸은 위대한 속이는 자이며 실제로 하나님의 뜻을 왜곡하는 망상이라는 생각이 항상 숨어있었다. 간략히 말하면, 섹스에서처럼 음식 문제에서도 몸은 신뢰할 수 없으며 몸 자체의 필요와 욕망을 말하도록 허용되기보다는 '다루어져야만' 한다. 19세기 중반 엘리자베스 타운Elizabeth Towne109은 이러한 일반적인 견해에 다소 놀라운 아이디어를 추가했다. 그녀는 음식이 생각을 성육신하는물질로 나타내는 것과 관련이 있으며, 모든 형태의 물질과 마찬가지로 음식이 생각을 담고 있다고 믿었다. 따라서 사람의 몸은 그가 섭취한 죽은 물질과 반쯤 죽은 생각에 영향을 받는다고 생각했다. 우리는 말 그대로 우리가 먹은 죽은 물질이 우리에게 전달하는 다른 생각으로 막힐 수 있다. 이것은 아마도 "우리가 누구인가는 곧 우리가 먹은 것이다"라는 개념을 극단적으로 받아들이는 것이다. 그러나 다시 말하지만, 거룩한 빵 외에는 아무것도 먹지 않는 가톨릭 성인들로부터 이런 종류의 생각에 이르기까지 눈에 띄는 궤적이 있을 수 있다. 그들은 죽은 사상과 물질을 섭취했다고 믿지 않았고, 오히려 그리스도의 몸만이 순수하고 빛으로 가득 찬 유일하게 필수적인 음식이라고 믿었다. 타운에게는 우리가 세상에서 더 잘 기능할 수 있도록 죽은 생각으로 무뎌지고 밀도가 높아져서는 안 된다는 것이 중요했다. 이런 점에서 그녀는 음식 섭취를 조절하는 것이 우리를 중요한 개인으로 만들 뿐만 아니라, 결정적으로 재정적, 사회적으로도 성공할 수 있다고 믿었던 19세기 말과 20세기 초의 다른 사상가들과 궤를 같이한다.110 이전 가톨릭 성인들은 예상할 수 없었던 전환점이 바로 여기에 있다. 물론 그들 중 많은 사람이 사회에서 좋은 평가를 받기 위해 금식을 했다고 주장할 수 있지만, 이러한 삶의 방식이 재정적으로 도움이 되었다고 주장하기는 어렵다.

먹는 방식이 인생의 기회에 영향을 미친다는 주장이 제기되자 여성들은 자녀가 올바른 식습관을 배워 인생에서 유리한 고지를 점할 수 있도록 해야 한다는 무거운 책임감을 느끼게 되었다. 이보다 더 극단적으로 여성은 인종적, 사회적 의무를 수행해야 하는 백인 자녀에게 올바른 종류와 양의 음식을 제공함으로써 인종 자체가 활성화되도록 할 책임이 있다는 인종적 요소도 논쟁에 포함되었다.111 신체가 영적 운명보다는 사회적, 재정적 운명으로 여겨지고, 본질상 항상 이원론적이며 여성을 뒷전에 두었던 관념이 사라지면서 덜 젠더화된 접근 방식으로 발전할 것으로 기대할 수도 있지만, 이는 잘못된 생각이다. 금식과 음식에 대한 자제력은 단순히 자신을 깨끗하게 하는 방법일 뿐만 아니라 "현대 문명에 대해 쇠약해지고 여성화되는 모든 것을 극복하는"112 것이기도 했다. 따라서 우리는 이 수사에 자연스러운 부드러움과 곡선을 가진 여성의 몸이 그것의 질감을 넘어선 방식으로 쇠약하고 '부드럽다'라는 생각이 숨어있다는 것을 다시 한번 알 수 있다. 나는 신자들의 배에 신학적 전제가 미치는 영향이 대단하다는 것을 알아차린 윌리엄 제임스William James의 말에 동의한다.113 또한, 이러한 전제가 남성 사상가들이 고안한 천국을 실제로는 절대 닮을 수 없는 자연스러운 몸을 가진 여성들의 삶에 극적인 영향을 미쳤다고 덧붙이고 싶다. 게다가 하와와 마찬가지로, 여성은 다른 사람들의 식습관에 책임이 있을 것이며, 더 나아가 죄책감을 느낄 것이다.

미국 내에서는 이 제한된 식사 규범에 눈에 띄는 예외가 있는데, 흥미롭게도 그것은 흑인 오순절 교회에서 유래한 것이다. 1930년대에 디바인 목사114는 천국 사랑의 구체적인 예로서 음식에 대한 복음을 설교했다. 그의 교회는 거룩한 만찬Holy Communion을 연회로 이해했으며, 가난한 사람들뿐만 아니라 모든 신자에게 무료로 음식을 제공하는 데 헌신했다. 살아있는 몸과 영혼을 갖는 목적은 하나님의 풍성한 은혜의 아름다움을 통해 하나님의 사랑을 받는 것이었다. 이에 대한 제한이나 거부는 하나님을 거부하는 것으로 이해되었다. 몸과 영혼을 함께 유지하는 것은 디바인 목사에게 단순한 문구가 아니라 성육신이라는 복음 메시지에 대한 이해의 기초였다. 그는 살이 쪄서 퉁퉁했고 유난히 건강한 사람이었는데, 풍요로운 음식은 기적이므로 받아들여야 한다고 선포했다. 그의 신학은 단순히 굶주린 자를 돌보는 것이 아니라, 음식을 모든 사람이 누려야 하는 것으로 생각해서 오천 명을 먹이는 것이 그의 사명이었다. 그의 신학에는 매우 도전적인 것이 있는데, 모든 문제에서 하나님을 인정하는 것이다. 그래서 음식을 섭취하는 것이 악하고 죄 많고 부패한 것과는 거리가 멀고 하나님의 풍성함을 섭취하는 것이며, 또한 어떤 식으로든 하나님 자신을 섭취하는 것으로 간주한다. 그가 그렇게 말하지는 않았을 것이라고 나는 확신하지만, 이런 견해 안에는 풍성한 생명의 하나님이 음식 한입 한입에 들어있고, 생태학적 하나님이 각 곡물과 함께 섭취되며, 신자는 그것을 탐닉하도록 부름을 받는 진정한 성육신적 종교관이 담겨있는 것 같다.

모든 신학은 상황에 따라 다르다고 생각하기 때문에 디바인 신부의 어머니가 노예였다는 사실을 이해하는 것은 흥미롭다. 그녀는 많은 해방된 노예들처럼 살이 쪘고 실제로 디바인 목사는 어머니의 역사 때문에 그런 견해를 발전시켰다고 주장되었다. 그가 그랬을 가능성이 크지만, 우리가 여기서 말하는 것은 무엇인가? 음식에 대한 접근은 항상 부유한 사람들의 손에 달려있었고, 그래서 여러 면에서 식량에 대해 걱정할 수 있는 것은 특권층뿐이다. 역사적으로 대부분 사람에게 문제는 식량 부족이었다. 음식을 구할 수 있을 때 대다수는 그 음식을 최대한 먹고, 활용했다. 음식을 언제 다시 구할 수 있을지 알기 어려웠기 때문이다. 노예였던 사람들에게도 마찬가지였다. 그렇다, 그들은 살아남아야 했지만 생존하는 데 너무 큰 비용이 들지 않아야 했다. 해방된 노예가 살이 찌는 데는 음식에 대한 접근성보다 더 많은 이유가 있을 수 있다는 점을 잠시 무시하고, 우리는 디바인 목사가 만든 신학의 이면에 숨어있는 정치학을 볼 수 있다. 체중이 가난과 노예제에서 벗어난 사람들의 생존 표시, 실제로 승리의 신호가 될 수 있다면, 그것은 또한 매우 강력한 신학적 은유가 되었다. 또한, 뚱뚱한 몸은 순종적인 몸이 아니라, 말 그대로 자기를 스스로 기쁘게 하고 위로하며 자신들이 마음껏 누린 몸을 의미했는데, 이는 노예들 대부분이 누릴 수 있는 현실이 아니었다. 즐거움과 음식은 사랑의 하나님이 주신 축복이었으며, 감사하는 자녀들은 그분의 은혜를 거부해서는 안 된다. 아마도 또 다른 요점은 미국의 해방 노예 세대는 자신의 삶에서 구원받았다고 이해했기 때문에 규제를 통해 영혼을 준비해야 할 필요성을 덜 강조했다는 것이다. 그들은 많은 규제를 받으며 살아왔고, 그들의 몸에 노예 생활이 부과되었던 것처럼 몸에 자유를 입기 위해 자유로워지기를 기도했다.[115] 이것은 글로벌 자본주의와 관련하여 우리가 뚱뚱한 예수를 어떻게 생각할 수 있는지 고려할 때 내가 발전시킬 주제이다.

이 장에서 여성과 음식에 대한 고려와 뚱뚱한 예수의 창조를 가능하게 만드는 데 도움이 되는 많은 것들이 밝혀졌다고 생각한다. 성서가 금식에 관해 이야기하고 있지만, 주로 음식과 음식의 감각적 즐거움, 그리고 그것을 통해 주어지는 신성한 축복에 관해 이야기하는 성서적 그림이 있다는 것은 명백하다. 그렇다면 기독교 전통이 음식에 대한 제한적인 태도를 어디서 찾았는지에 대한 의문이 제기되는데, 이 역시 교부들의 유산으로 밝혀졌다고 생각한다. 우리는 또한 기독교 담론에서 음식이 실제로 젠더화된 현상이며 여성과 남성이 음식에 관여하는 방식이 상당히 다르다는 것을 보았다. 독신주의와 마찬가지로, 같은 전통을 공유하면서도 여성과 남성은 음식과 금식에 대해 서로 다른 이해를 하게 되었다. 더 나아가 남성이 여성을 위해 이것을 이해하는 방식과 여성이 자기를 위해 이해하는 방식이 항상 같지는 않다. 나는 여기서 어떤 엄격하고 **빠른** 규칙을 주장하는 것이 아니라, 여성이 그들의 현재 음식과의 관계 이해에 도움이 될 뿐만 아니라, 가부장적 서사에 저항하는 몸으로서 여성의 몸에 대한 또 다른 이해를 발전시키는 데 도움이 되는 자료가 기독교의 과거에 있을지 모른다고 제안하는 것이다. 이 두 번째 시나리오는 성육신 종교에 매우 중요하다.

나는 성체성사 전통이 깊은 가톨릭에서 여성에게 개신교 자매들이 거부한 가능성, 즉 여성이 자기 자신을 몸 안에 계신 그리스도로 이해하는 법을 제공하는 방식을 고려하는 것이 매우 유익하다는 것을 알게 되었다. '뚱뚱한 예수'Fat Jesus를 개발한다는 측면에서 성만찬과 여성과 그리스도의 몸 사이의 교차점은 흥미로운 숙고의 지점을 제공한다. 또 다른 주변화된 인물인 디바인 목사가 어떻게 자신의 몸을 그리스도의 몸으로 이해할 수 있었는지도 매우 설득력 있다. 통제되고 규제되는 몸과 사회적, 재정적 이점에 대한 새로운 담론은 '뚱뚱한 기독론'을 발전시키는 데 매우 중요하다. 현재로서는 이러한 모든 점을 앞으로 이어질 장에서 가능한 구성 요소로 주목할 필요가 있다. 다음 장에서는 20세기에 기독교인의 다이어트가 폭발적으로 증가하게 된 배경을 좀 더 심도 있게 살펴보고, 그 이면에 있는 신학적 정당성을 고려하고자 한다. 우리는 단순히 세속 문화가 기독교인과 기독교인에게 영향을 미치는 것을 목격하고 신학적 정당성을 찾으려는 것인가, 아니면 그 반대로 세속 세계에서 우리가 보는 것은 그저 몸을 규제하는 것에 집착을 가진 기독교 유산의 불가피한 결과인가?

3장

그분을 위해 날씬하기[116]

여성의 몸을 황폐화하는 것은 부분적으로 여성이라는 불안감이다.[117]

나는 이 장에서 기독교와 유대인의 음식에 관한 접근방식을 비교하고 싶지 않다. 하지만 최근 음식에 대한 유대인의 생각을 듣고 거부할 수 없다. 그 표현은 다음과 같다. "그들은 우리를 미워하고, 우리를 죽이려 했고, 실패했다. 그냥 먹자!" 앞의 2장에 나오는 복잡한 그림을 비추어 볼 때 이것은 상쾌하고 단순하며 실제로 매우 성서적으로 보인다. 천상의 여왕을 위한 케이크를 구울 거라면 살아있음을 축하하는 의미로 먹어보는 건 어떨까? 이 장에서는 19세기 후반에서 20세기 사이에 다이어트 문화, 특히 종교적 다이어트 문화에서 어떤 영향을 받았는지 좀 더 자세히 살펴보고자 한다. 19세기에는 날씬함이 건강에 해로운 것으로 여겨졌지만, 비만을 악마화하는 복음주의 종교의 영향으로 또 다른 수사가 등장했다. 이는 공적/사적 분열과 맞물려 극장에서는 풍만한 몸매를 가진 여성을 칭찬하는 반면, 그들의 미덕은 종종 의문시되었고, 가정에서는 연약하고 마른 몸매를 가진 여성을 칭찬했다. 이를 통해 남성의 시선에 따라 여성의 몸은 매우 다양한 목적을 가지며, 그에 맞는 다양한 요구 사항을 충족해야 했다. 또한, 이 시기는 촌충에 감염되어 해골처럼 마른 남성을 선보이는 기괴한 쇼가 큰 인기를 끌었다. 이것은 상업적 단식이라고 할 수 있지만, 앞으로 살펴볼 것처럼 종교적 맥락에서도 이어졌다.

공동체적 금식

금식이 종교적인 맥락으로 이루어졌을 때 금식하는 이들은 주로 소녀와 여성이었다. 예를 들어 네덜란드 소녀 엥겔테 반 데르 블리스 Engeltje van der Vlies에게 천 명의 사람이 방문했고 영국 여행자 가이드에 등재되어 영국인 관광객을 위한 해외 명소를 소개하는 책에 이름이 실렸다. 집 근처에는 터트버리의 앤 무어Ann Moore of Tutbury가 있었는데, 1807년에 식사를 중단했을 당시 두 아이를 가진 가난한 어머니였다. 그녀는 아이들의 아버지이기도 했던 고용주의 침대 시트를 갈아줄 때 음식에 대한 혐오감에 사로잡혔다고 주장했다. 음식을 멀리하며 그녀는 매우 종교적인 사람이 되었고 실제로 신비주의자라는 명성을 얻는데, 이는 가정부나 첩이 되는 것보다 확실히 더 유리한 삶의 방식이라는 것이 입증되었다.118 그녀는 유명해졌지만, 이때는 과학이 발전했고 남성은 자신의 학문과 도덕적 선언에 대한 저항을 좋아하지 않았던 새로운 시대에 그녀는 사기 혐의로 감시를 받았고 실제로 먹는 모습이 발견되었다. 이처럼 물이나 적은 양의 빵으로만 살아남는 '기적의 처녀'가 많았고, 그들은 종교적 현상만큼이나 호기심의 대상으로 여겨졌다. 웨일스 출신의 금식하는 소녀였던 사라 제이콥Sarah Jacob은 1867년 2월 어느 날 아침, 복부에 날카로운 통증을 느끼며 잠에서 깼고, 학교에서 돌아왔을 때는 고통이 배가 된 상태였다고 전해진다. 그녀는 다시는 학교로 돌아가지 않았고 그때부터 그녀에게 사람들의 이목이 쏠렸다. 어린 소녀의 다양한 질병에 대해 심리적 이유뿐만 아니라 신체적 이유를 알고 있었을 의사가 그녀를 진찰했지만, 사라는 어떤 질병도 진단받지 않았다. 일반적으로 당시 의료진은 그녀의 발작과 마비에 대해 자위가 문제의 원인인지, 음핵 절제술이 치료법인지에 대한 사춘기 전체 문제를 살피도록 지시했을 것이다.119 아마도 이 젊은 여성들의 자위행위는 성인기에 가까워짐에 따라 그들의 선택의 폭이 매우 제한적이며 경건함이 더 넓은 선택을 제공한다는 사실을 깨닫는 것보다는 문제가 되지 않았을 것이다.

사라 제이콥은 처음에 제한된 음식 섭취를 하며 많은 주목을 받았다. 1867년 10월에 그녀는 식사를 완전히 중단했고, 사람들은 이 어린 소녀를 보기 위해 먼 런던에서까지 찾아왔다. 물론 이런 사고방식에는 문화적인 측면도 있었다. 당시 웨일스는 영국인들이 사라져가는 세계로 여겼던 곳이었으며, 환경과 언어의 기이함이 여행을 더욱 이국적으로 만들었다. 새로 문을 연 펜카더Pencader 역에 도착한 사람들은 카트를 타고 농가로 이동했다. 이 모든 경험은 그들이 알고 있던 세계와는 다른 세계로 들어가는 것이었다. 이것은 어른들이 여전히 요정의 반지에 들어가서 사라질 수 있다고 믿는 세상이었고, 어떤 사람은 사라가 그런 일을 했기 때문에 밥을 먹지 못한다고 생각했다. 사라 자신도 기독교의 경건한 관습 안에서 음식을 먹을 수 없다는 것을 점점 더 이해하게 되었고, 그녀는 방문하는 사람에게 종종 성경을 읽거나 자신이 쓴 종교시를 낭송하는 것으로 대접했다. 제이콥의 가족은 비국교도였지만 사라의 요청으로 성공회 교회에 입교한 것으로 보인다. 그녀 가족이 이것을 받아들인 것은 종교적 관용보다 그들의 사회적 열망과 더 관련이 있었을 것이다. 웨일스 사람이라면 경력을 쌓거나 사회적으로 상승하고자 하는 사람은 성공회 교도가 되어야 한다는 것을 받아들였고, 제이콥 가족은 딸이 종교적 골동품curio가 되기 전에도 상승세였지만 그 이후에는 더 확실히 상승세를 보였다. 실용주의였을 수도, 기회주의였을 수도 있다. 성공회 목사는 그런 유명인을 교인으로 받아들이는 것을 기쁘게 생각했을 것이다.

이 흥미로운 아이를 보기 위해 몰려든 방문객은 훨씬 더 현대적인 세계에서 왔기 때문에 시간을 거슬러 올라간 듯한 느낌을 받았을 것이다. 그리고 그들은 금전적인 선물을 통해 이 경험에 대한 감사를 표시했다. 방문객의 유입으로 비즈니스가 번창하면서 지역 전체가 이 관심의 혜택을 받았다. 하지만 이 이야기에 행복한 결말은 없었다. 그녀에게 일부 의혹이 제기되어 간호사가 며칠 동안 아이를 지켜봤고, 그 결과 아이는 사망했다. 의료진이나 성직자가 아닌 불행한 부모가 살인죄 혐의로 기소되어 감옥에 갇혔다. 사라는 먹고 마실 기회가 많았지만 이를 모두 거절했다. 그녀가 완전히 속였다고 믿지 않는 사람은 그녀가 히스테리를 앓았다고 믿었고, 어떤 사람은 그녀가 감시당하는 것이

참을 수 없는 고통을 유발하여 죽음에 이르렀다고 믿었다.

이와 같은 길을 선택한 또 다른 많은 여성과 소녀의 행동을 어떻게 이해할 것인지는 여전히 논쟁의 여지가 있다. 19세기 말 여성은 매우 상반된 이미지에 직면해 있었고, 이로 인해 이상한 현상이 나타났다고 주장할 수 있다. 이 시대 여성은 "무조건적 충성심은 개인의 자율성을 허용하지 않고, 낭만적인 사랑은 공개적인 갈등을 용납하지 않으며, 도덕적 자기 규율은 모든 좌절을 억압하는" 친밀하면서도 통제적인 가족 환경 속에서 정기적으로 '우울증'을 얻었다.120 이러한 상황에서 가족 식사는 가족 삶의 중심이라는 식사의 은유적 의미 때문에 전쟁터가 되었다고 주장할 수 있다. 이 식탁에서 여성은 제한된 역할을 행했고 아이는 음식 거부가 반항이라는 것을 배웠다. 항상 그렇듯이 여기에는 계급적 차원이 있어야 한다. 그럼에도 불구하고 우리는 이 시기의 여성들을 위한 음식에 관한 문제들이 있었다는 것을 안다. 그것은 중세 여성들에게 순수하게 종교적 의미로 이해되지는 않았을 것이다. 여성의 음식 섭취를 제한하는 것을 새롭게 의학화 하였고 '새로운 질병'을 진단받은 이는 강한 지위를 갖은 도시 엘리트의 딸인 경우가 더 많았다. 조안 제이콥스 브룸버그Joan Jacobs Brumberg는 거룩한 성자에서 환자로의 전환이 실제로 1870년대 즈음에 일어난 계급과 성의 특정한 교차점에 의해 형성되었다고 주장한다. 도시 엘리트들이 진단받는 동안, 교육을 덜 받은 시골 여성은 여전히 이 세상의 권력을 거의 또는 전혀 갖지 못한 채 다른 세상의 권력에 관해 이야기하는 '종교적 경험'을 하고 있었다.121 사라 제이콥의 사례는 이러한 상황이 서서히 변화하고 있음을 잘 보여준다. 그녀가 살아있는 동안에는 의학적 설명을 하려는 시도가 없었지만, 그녀가 죽고 나서 그녀 가족이 기소된 그 이후의 설명은 매우 의학적이었다. 빅토리아 시대의 여성의 정체성은 먹는 것으로 판단되었으며 이 역시 계급의 영향이 많았다고 말하는 것은 사실이다. 여성의 식욕은 성적 욕망을 판단하는 척도로 여겨져 풍만한 여배우와 날씬한 아내로 구분했고, 먹지 않는 능력은 하층 계급과 자신을 구별하는 중산층의 성취로 여겨졌다. 이처럼 여성이 무엇을 먹는가의 문제에는 여러 단계의 의미와 중요성이 얽혀 있다.

기독교 아이콘에서 미디어 이미지로

일반적으로 음식 제한의 종교적 의미는 20세기에 접어들면서 사라지고 순전히 의학적 모델로 대체되었다고 생각하지만, 전적으로 그렇지만은 않다. 다시 말하면, 음식의 신비한 가치와 순수한 칼로리를 넘어선 음식의 특성에 대한 수사는 실제로 오늘날에도 여전히 지속한다고 주장할 수 있다. 사라 제이콥이 굶어 죽던 때와 거의 같은 시기에 윌리엄 밴팅William Banting122은 음식에 숨겨진 미덕, 즉 좋은 칼로리와 나쁜 칼로리가 있다는 것을 처음으로 이야기하고 제안한 사람 중한 명이다. 흥미롭게도 밴팅은 처음에 미국 북부로 이민 온 가난한 이민자, 특히 아일랜드와 이탈리아 사람을 대상으로 새로운 아이디어를 제시했다. 그러나 식품 기업이 발전하고 성장하면서 좋은 음식과 나쁜 음식에 대한 분류가 창의적인 마케팅 기법으로 자리 잡았다. 이제 음식은 종교적 수사에 항상 사용되었던 것과 같은 방식으로 사회적 순수 순결 수사에 적합할 수 있다. 따라서 음식 수사의 종교적 기반은 전혀 사라지지 않았다고 주장할 수 있다. 다시 메리 더글라스의 말로 돌아가서, '종교적 행동의 가장 명백한 형태 중 하나는 유기적 사회 체계의 개념을 표현하기 위해 신체적 상징을 사용하는 것'이라고 주장할 수 있다.[123] 우리가 보는 것은 의학적이고 따라서 객관적이라고 자부하지만, 그것은 기독교 유산의 최악의 규제와 매우 밀접하게 연관된 사회적 수사학이다.-나는 여신이 우리의 유산이었다면 여성의 몸은 어땠을지 항상 궁금하다.- 이를 인식하는 것이 중요한 이유는 두 가지다. 첫째로는 기원을 이해할 수 있고 둘째는 뿌리를 보면 나무를 느낄 수 있기 때문이다. 아마 우리는 나무가 더 유리한 방향으로 자라도록 말뚝을 받칠 수 있을 것이다. 여성 잡지가 영적 지도자나 교본 역할을 대신했을지 모르지만, 이상적인 여성 모델은 우리의 선조 여성들에게 그랬던 것처럼 고정되어 있다. 이 과정은 가장 걱정스럽게도 의식적이지도 무의식적인 것도 아닌 습관적이라는 것이다. 그것은 우리의 선조 여성들과는 다른 방식으로 사고를 우회한다. 그들의 방식은 종교적인 훈련이었기 때문에 현대 여성 잡지에서 장려하거나 실제로 요구하지 않는 방식으로 정신적 헌신, 사고 및 성찰을 요구했다. 확실히, 이상적인 여성의 이미지는 전적으로 고정되어 있지는 않지만, 해석에 개방적이지 않다. 이상적인 여성 이미지는 해석적인 것을 넘어서서 '주어진' 것이 되었고, 이 주어진 본질은 수 세기 동안 이어졌으며, 여성의 몸은 외부의 힘들에 의해 형성되었고, 여성은 이에 순응하리라는 '법'에 기초해있기 때문이다. 이러한 순응은 많은 형태의 학대와 마찬가지로 여성에게 불확실성, 갈망 및 고통을 억제할 수 있는 이미지를 제공해 세계에서 여성의 의미를 중재할 수 있기에 거의 환영받는다. 종교 소멸과 함께 우리는 여전히 의미를 찾는 '종교적 갈망'을 목격하고 있으며, 여성의 몸은 여전히 사회에 중요한 의미를 전달하는 매개체이다. 여성의 몸과 여성이 남성적인, 더 나아가 문화적 기대의 무게를 견디는 방식에 대한 문제는 나중에 다룰 예정이다.

기독교 여성은 정체성을 찾을 때 항상 시각적 이미지에 의존해 왔으며, 오늘날에도 이러한 방식이 중요하다고 생각한다. 그러나 성육신 신학자가 우려해야 할 점은 현대 과학의 정상화 기술로 정체성이 피부의 경계로 축소되었다는 것이다.[124] 몸은 더는 자아를 비추는 거울로 여겨지지 않는다. 그런 식으로 신체는 진정한 성육신적 잠재력을 잃고 개인적인 도덕적 미덕을 나타내는 지표, 이미 작동하는 사회적 통제의 전달자가 된다. 육체는 신적/인간적인 춤의 영광스러운 쏟아부음이 되기보다는 단지 대상이 되고 마는데, 그 춤은 끊임없이 성찰하고 점점 더 욕망하는 주체성의 베일 속에서 추는 것이 가장 좋다. 새로운 구원은 이상과 실천에 있어 매우 좁으며, 그래서 "의미를 찾는 인간의 다양성과 복잡성을 키우지 못하는 사회 상징적 시스템을 유지하는 데 도움이 된다."[125] 여성은 살아갈 때 타고난 열정과 욕망의 신성한 힘으로 빛나는 모습icons이 되기보다는 습관적인 이미지 속에 갇혀있다. 따라서 성육신 신학은 여성 앞에 놓인 시각적 관습과 내러티브를 파괴하고, 그 대신 여성이 자신의 피부를 통해 자신이 신성한 존재임을 느낄 수 있도록 요구할 것이다. 이것은 개인적으로 번창하려고 하는 좁은 요구가 아니라 다양하고 전 세계적으로 나타나는 경제적, 사회적 통제에 대한 정치적 도전이다. 앞으로 살펴보겠지만, 이는 대부분의 기독교 다이어트 체제가 요구하는 바가 아니다.

신체 사이즈에 대한 세속적인 관점의 핵심에 있는 기독교적 내러티브는 잊혔지만, 음식과 신체 사이즈를 다루는 종교적 사고요소는 항상 존재했다. 앞서 언급했듯이 밴팅은 음식에 좋은 특성과 나쁜 특성이 있다는 생각을 도입했고, 이는 20세기까지 이어졌다. 이는 지방을 죽은 무게로 이해하고 사고와 진보에 방해가 되는 것으로 여기던 1920년대에 발전한 '효율적이고 성공적인'lean and mean 담론과 연결되었다. 이 날씬하고 효율적인 모델은 20세기 동안 유행했지만, 앞서 살펴본 바와 같이 전쟁으로 문화적으로 도움이 필요한 국가는 양육자로 여겨지는 매력적인 여성이 필요했다. 날씬하고 효율적인 몸매를 원하는 욕구와 함께 이에 부합하지 않는 여성을 처벌하는 수사학도 존재했다. 그들은 못생기고, 병들어 일찍 죽게 될 것이기 때문에 그 당시에는 비판이 없었다!

'살 빼는' 종교를 내게 달라!

1950년대가 되어서야 신체 크기와 종교 사이의 명백한 연관성이 다시 한번 고개를 들었고, 그것은 이번에는 사람들이 기대할만한 모든 표시를 지닌 진정으로 개신교적인 현상이었다. 1957년 찰리 셰드Charlie

Shedd126는 뚱뚱한 사람은 말 그대로 자신의 죄의 무게를 잴 수 있는 사람이라고 주장하며 『살 빼는 기도를 하라』*Pray Your Weight Away* 라는 책을 썼다. 그는 지방은 거룩한 성령이 통과할 수 없어서 사람의 마음에 침투하지 못하게 방해하므로 하나님에 대한 불순종이 몸으로 구체화된 것이라고 주장했다. 셰드는 하나님은 뚱뚱한 것을 상상하지 않으셨다고 말하며, 이 진술이 옳다고 그가 제시한 근거는 날씬한 사람이 세상에서 성공한다는 것이다. 이 초기 단계에서 이 문제는 여성에게 막대한 책임을 부각했는데, 셰드는 이 책의 여섯 챕터를 할애하여 여성이 통제 불가능한 폭식으로 다른 사람의 식단을 어떻게 망치는지 설명했다. 특히 어머니는 자녀에게 매우 죄악 된 패턴을 심어 자녀를 파멸시킨다는 것이 그의 견해다. 빅터 케인H. Victor Kane은 약 10년 후 『다이어트를 하는 이들을 위한 헌신』*Devotion for Dieters*에서 우리의 타고난 권리는 연약하지 않고 단단하고 경건한 것이라고 선언했다. 여기서 우리는 넬슨이 말하는 남근적인 하나님이 신자의 몸과 정신에 크게 써진 것을 다시 본다. 상당히 눈에 띄는 것은 음식이 악마의 것이라는 수사학 속에서 굶주린 사람에 대한 언급이 없다는 것이다. 너무 많이 먹는 것이 죄라고 제안하려면 나눔에 대한 균형 잡힌 수사도 있을 법하다. 그러나 먹는 것을 절제하는 목적은 사회적인 분석이 전혀 없이 지극히 개인적인 방식으로 마귀를 이기기 위한 것이라는 더 넓은 점에 대한 언급은 전혀 없다.

이 시기에 나온 책 중에는 『당신의 죄를 위한 예수 다이어트』*Jesus Diet For your Sins*와 『그리스도를 위하여 당신 자신을 치유하라』*Heal Your-*

*self for Christ's Sake*라는 이상한 제목을 가진 책이 있었는데, 이 두 책은 모두 다이어트하는 사람이 날씬해질수록 하나님께 더 많은 쓰임 받을 수 있으며, 그 이유는 길이 좁아 날씬해야만 그 길을 따라갈 수 있기 때문이라고 주장했다. 이 주장이 재미있어 보일지 모르지만, 일부러 유머를 의도한 것은 아니다. 1970년대에 출간된 두 권의 책, 조안 카바나Joan Cavanagh의 『예수는 더 많이, 나는 더 적게』*More of Jesus. Less of Me*와 C. S. 러벳C.S. Lovett의 『주여 도와주소서, 악마는 내가 살찌기를 원합니다』*Help Lord, the Devil Wants Me Fat*는 각각 10만 부씩 팔리며[127] 이 이상한 신학을 추종하는 무리가 있다는 것을 다소 우려스러운 방식으로 알렸다. 러벳은 다이어트 효과가 없는 이유는 실제로 악마가 우리를 내부적으로 포로로 잡고 있지만, 외부에서 문제를 제기하기 때문에 효과가 없다고 말한다. 짧은 금식을 하여 마귀의 지배를 깨뜨리면 마귀가 있던 자리에 성령이 거하게 되므로 다이어트에 효과가 있다는 것이다. 이것은 믿기 어렵겠지만 20세기와 21세기 사람들이 받아들였던 '음식 악마'에 대한 비뚤어진 신학이다. 1981년까지 5천 개 교회와 10만 명 참가자가 종교인들을 위해 '웨이트 와쳐스'체중감량 기업를 대체한 새로운 3DDiet, Discipline, Discipleship, 다이어트, 훈련, 제자직 프로그램에 참여했다는 사실은 이를 더욱 증명한다. 이 프로그램은 1973년 캐롤 쇼월터Carol Showalter가 시작한 것으로, 비만의 죄를 극복하기 위한 여러 프로그램 중 하나였다. 1977년 미네소타에서 시작된 "승리하는 과식자들" 프로그램은 설립자 네바 코일Neva Coyle의 체중이 증가하여 부끄러운 마음으로 문을 닫아야 할 정도로 뚱뚱함을 죄로 여겼다.[128] 이러

한 그룹은 죄인이 이끌 수 없었다. "앞으로 나오라, 예수만이 모든 것이다"Step Forward and Jesus is the Weigh와 같은 다른 그룹은 그들의 신학적 토대를 이름에서 힌트로 제공한다. 예수 앞으로 나아가기만 하면 더는 과식할 필요가 없는 사람이 된다는 것인데, 반대로 말하면 체중감량에 실패하면 신진대사가 아니라 신앙이 문제가 된다는 것이다. 그들은 옛날처럼 사람의 앞니를 뽑는 것과 같은 방식을 정확히 의지하지 않지만, 죄책감과 수치심은 아마도 사람을 더욱 치명적으로 손상할 것이다. 가장 성공적인 그룹 중 하나는 "첫 번째 장소"First Place로, 하나님을 우선시하면 체중이 줄어든다는 단순한 신학을 가지고 있다.

다이어트 체제 외에도 "찬양 에어로빅"과 "하나님을 위해 탄탄한 몸만들기"와 같은 이름을 가진 종교적 건강관리 체제도 있으며, 후자는 참가자에게 8주 동안 악마를 쫓아내고 건강과 탄탄한 몸을 얻을 계획이라고 말한다. 이러한 언어는 매우 인상적이다. 여기서 하나님은 건강과 체력으로 쉽게 대체되어 독자는 두 가지가 실제로 같다는 것을 전혀 의심하지 않는다. 그의 저서 『예수라면 무엇을 드실까? 잘 먹고, 행복하며, 더 오래 살기 위한 궁극적 프로그램』129 *What Would Jesus Eat? The Ultimate Programme for Eating Well, Feeling Great and Living Longer* : 마지막 부분의 오래 산다는 것은 구세주를 간절히 만나고 싶어 하는 사람들에게는 이상한 욕망으로 보인다에서, 돈 콜버트Don Colbert는 음식은 악마의 도구이기 때문에 비만은 선한 기독교의 증인이 아니라고 말한다. 거룩한 식생활에 관한 전문가로서 그는 예수가 드셨을 음식을 안내한다. 그 식탁에는 소금과 후추를 찾을 수 없으며 랍스터는 만지지 않았을 것이라고 한다. 그러나 그는 책의 2장에서 예수가 가장 좋아하셨던 음식을 공개하고 갈릴리 생선에서 발견되는 건강 성분에 대해 논의할 것이다. 건강한 성서적 간식을 다루는 데에 한 장 전체가 할애되었고 예수의 방식대로 외식하는 안내지침도 있다. 그의 주된 주장은 예수가 채소, 생선, 가끔 많은 양의 물과 약간의 포도주를 곁들인 고기로 이루어진 건강한 식단을 섭취했다는 것이다.-당시 예수의 시대에 평균적인 농민은 빵에 약간의 생선을 고명으로 얹어 먹었을 것이라고 주장하는 성서학자들의 이견이 있지만 돈 콜버트 주장엔 방해되지 않았다-그는 다른 많은 사람과 마찬가지로 음식 문제 속 악마의 힘에 더 관심을 가졌고, 정확한 역사적 묘사에는 관심이 덜하며 뚱뚱한 사람은 악마에게 너무 개방적이라는 이유로 처벌받는 것을 보고 싶어 한다. 말할 필요도 없이, 하나님은 그를 실망하게 하지 않고 탐욕과 폭식에 빠진 사람은 오래 살지 못하고 속박 속에서 살다 죄책감으로 일찍 죽는다고 보장하신다. 구원받은 사람은 '그리스도를 위해 건강한 몸만들기'와 같은 이름으로 그의 의도를 드러내는 피트니스 비디오와 같은 유용한 것을 만들어 약자를 돕기 위해 최선을 다하고 있으며, 모두 faithfullyfit.com에서 살 수 있다. 물론 이 운동에는 다양한 신학적인 이상함이 나타났고, 『뒤늦은 위대한 행성 지구』Late Great Planet Earth를 저술한 할 린제이Hal Lindsey가 가장 괴상한 사람 중 하나였다. 그 신학은 극단적으로 실현된 종말론이라고 할 수 있는데, 현세의 몸이 마음에 들지 않으면 사후에 새 몸을 얻기 위해 기다릴 필요가 없으며, 기도의 힘과 구원의 은사를 통해 지금 당장 새 몸을 가질 수 있고, 원하는 만큼 먹어도 살이 찌지 않는다는 것이었다.130 이 움직임을 제외하고는 대부분 1970년대에 설립되었는데, 그 이전까지는 비만에 대한 처벌과 정죄 의식이 매우 강했다.

1980년대로 접어들면서 많은 용어가 바뀌었지만, 근본적인 메시지는 변하지 않았다. 그웬 샴블린Gwen Shamblin이 1986년 내슈빌에 설립하였던 체중감량 워크숍131은 현재까지 가장 성공적인 기독교 다이어트 산업으로 자리 잡았다. 흥미롭게도 이 프로그램은 원래 세속적인 프로그램이었으나, 1980년대에 영적 굶주림을 채우고 날씬하게 만들기 위해 12주 동안 성경 공부 코스를 개발하면서 기독교화되었다. 창립자는 성경 공부를 하여 얻은 힘을 이용해 125파운드에 달하던 몸무게를 107파운드로 줄였다고 말한다. 샴블린은 과식하는 것을 하나님에 대한 불순종으로 분명하게 여기고 있다. 이는 마치 9.11 테러와 같은 재앙의 원인을 제공하며, 이런 형벌 모델이 샴블린 신학 속에 견고히 자리 잡은 것처럼 보인다.132

이런 1980년대 종교적인 다이어트 산업은 도발적인 접근방식을 취하고 있지만, 더 '과학적'이고 의료화 된 용어를 사용했다. 실제로 업계 전체는 더욱 전문화되고 기업/치료 모델에 따라 운영되었다. 참가자가 경험한 이야기에는 회심에 관한 내용이 없으며, 프로그램에서 하는 단순한 일반적인 접근방식은 대부분 하나님은 당신이 날씬해지기를 원하기 때문에 그렇게 해야 한다는 것이다. 성sex에 사용되는 것과 유사한 용어가 있으며, "진정한 사랑은 기다린다"True Love Waits133 프로그램과도 유사점이 눈에 띈다. 식사는 후회와 수치심이라는 감정을 동반하는 열정적인 행위가 될 수 있다. 이를 방지하는 가장 좋은 방법은 우리가 하나님과 친밀감을 추구하는 것이며, 이는 그에게 완전히 통제권을 맡기는 것이다. 여기서 자녀의 온전한 자율성을 좋아하지 않는 통제자로서의 하나님이 등장한 것이 분명하다. 심지어 바르게 행하지 않은 사람을 죽음으로라도 처벌하는 그런 신이다. 이것은 페미니스트 해방신학에서 수십 년 동안 지지하지 않았던 유형의 하나님이며, 그러한 신을 어떻게 실제 수사의 일부인 해방자로 볼 수 있는지 고려하기 어렵다. 우리는 흔히 가해자가 피해자를 바보 취급하며 자신의 학대 행위를 피해자에게 이로운 것이라고 믿도록 세뇌하는 이런 전형적인 가해자 유형을 만나게 된다. 페미니스트 해방의 관점에서 볼 때 더 나쁜 것은 지나치게 개인화된 하나님over-privatised God, 즉 개인적으로 잘 돌봐주는 것 같지만 사실상 굶고 있다는 사실을 알아채지 못하는 나 자신만 아는 하나님Me-me God의 등장이다.134 이 기업적이면서도 지극히 개인주의적인 하나님으로 전환하는 것은 다른 사람의 뒤에서 돈을 벌고 싶어 하는 사람에게는 올바른 방향으로 나아가는 것이지만, 복음서가 담고 있는 급진적인 평등과 상호성이라는 세상을 변화시키는 메시지를 여전히 믿는 사람에게는 무서운 움직임이다.

이러한 다이어트 그룹의 종교적 기반이 해방신학에서 얼마나 멀리 떨어져 있는지는 그들이 사용하는 용어와 성경에 대한 이해 방식을 깊이 파악해 보면 알 수 있다. 종교적 다이어트 업계의 충실한 지지자 중 한 명인 맙 그래프 후버Mab Graff Hoover는 다음과 같이 털어놓는다. "초콜릿이나 아름다운 생일 케이크 또는 덴마크식 페이스트리를 보았을 때 처음에는 내가 사탄의 시험을 받게 되었다는 사실을 믿고 싶지 않앉다. 하지만 성경을 보며 사탄이 하나님의 성전인 교회, 즉 내 몸을 망치려고 지속해서 시도한다는 것을 알고 있었다." 이어서 그는 다음과 같은 위로의 말을 하며 우리를 안심시킨다. "오늘 나는 껍질을 벗긴 닭고기 한 조각과 많은 양의 샐러드, 그리고 약간의 채소와 과일, 작은 빵 한 조각을 잘 씹어 먹겠다. 그리고 나는 주님을 본받겠다."135

예수가 식단을 했다는 것은 다른 다이어트 레시피 책에서도 볼 수 있는데, 메뚜기와 꿀, 양고기와 요구르트 드레싱을 곁들인 저지방 식단을 먹었다는 기록에서 확인할 수 있다. 아담과 하와의 식단, 이스라엘 백성을 위한 하늘의 만나, 채식하고 물만 마시는 다니엘, 메뚜기와 꿀을 먹는 요한 등을 봤을 때, 이러한 식단은 성경에 근거한 것임을 알 수 있다. 2장에서 언급했듯 그들은 기독교 유산 중 일부인 모든 잔치에 전혀 참여하지 못했던 것처럼 보인다. 물론 예수의 식단을 알아야 한다고 주장하는 것은 이러한 식단이 단순히 기독교인들이 따르는 세속적인 것이 아니라 기독교적으로 보이게 하기 위한 목적이 있다. 그이유는 영적인 것보다는 금전적인 이유인 수백만 달러 규모의 산업 때문이다. 이 산업은 기독교 생활방식 제품, 책, 잡지, 보석류, 범퍼 스티커, 비디오, DVD 및 다이어트 그룹으로 형성된 거대한 시장이다. 이것의 40%가 다이어트에 관한 것이라는 사실이 놀랍다. 실제로 2000년에 이러한 기독교 다이어트 산업의 추정 가치는 770억 달러였으며, 일반적으로 사람들은 체중이 줄어들기보다 늘어나기 때문에 앞으로도 고객이 확보된 안정된 시장으로 항상 남아있을 것이다.

예수의 식사 방식과 생일 케이크와 초콜릿 뒤에 숨은 악마의 의도에 대한 이런 쏟아지는 순진함은 그들이 수천 명을 손에 쥐고 있다는 것을 제외하고는 불쌍할 정도다. 그들이 예수의 식사 방식을 모방하는 것은 뒤집어 말하면 바로 누군가 마귀에게 사실상 정복당해 죽음을 기다리고 있다는 것이다. 이런 점에서 볼 때 이것은 단순하고 무해한 사업이 아니다. 그 자체로 지지자의 건강을 심각하게 손상할 수 있다. 이러한 기독교 다이어트 그룹에 속하는 사람은 대부분 개신교인이라는 점을 언급할 필요가 있다.-미국에 한 가톨릭 그룹이 있었지만 개장하자마자 문을 닫았고 참석자 대부분이 여성이었다-또한, 이 사업에 참여한 여성들은 각자가 속한 그룹에서 다소 유사하게 간증했다. 자신은 약한 음식 중독자라며 종종 남편의 힘을 이와 관련지어 선언했다. 실제로 많은 여성은 남편이 음식 문제로 질책하는 것에 감사하며, 이를 축복으로 간주했다. 이 수사적 표현은 페미니스트 해방신학자들에게 아주 익숙하면서도 불편한 내용이다. 이들은 기독교 역사 속에서 수세기 동안 다양한 방식으로 여성이 남성에게 지배받았던 사실을 연구해 밝혔다. 우리는 1장에서 탐구했던 여성이 세상에 드러났던 방식 가운데 특별히 여성의 문제와 신체 사이즈를 관련지어 설명하고자 했던 학자들이 발견한 그 이유를 의식할 필요가 있다. 그러면 아마도 이러한 고결한 남성학자의 선언을 보고 여성의 몸에 가해지는 피해를 이해할 수 있을 것이다.

www.laymanstraining.com/weight 웹 사이트는 예비 가장이 가정에서 가족에게 강요할 수 있는 성경적 식습관 정보를 제공한다. 이 웹 사이트는 1997년에 개설된 이래로 100,000회의 조회 수를 기록했음을 볼 때 확실히 모호한 사이트는 아니다. 먼저, 당신은 거룩한 성도가 되고자 하는 의지가 있는지에 관한 질문을 받게 될 것이다. '그렇다'라고 대답하게 되면 곧바로 21일 안에 어떻게 성경적 식습관이 확실히 자리 잡게 되는지 보여줄 것이다. "내가 예수께 속하였기 때문에 그 정욕과 탐심을 내 육체와 함께 십자가에 못 박았다. 내가 성령을 따라 걷기 때문에 나는 육체의 욕심을 이루지 않는다."갈라디아서 5:24, 16 또는 "예수의 이름으로 육체와 식욕을 진정시키고 하나님의 말씀에 순응하라"라는 구절이 있다. "매일 3.8L가량의 물을 마시라"라는 것과 같은 실용적인 조언도 포함되어 있고, "없는 것을 있는 것같이 부르실 가능성이 있다"로마서 4:17b라는 말씀을 기억하고 "내 배는 날씬하다"를 반복하라는 조언의 글도 있다. 이 모든 것의 목적은 하나님께 순종하기 위해 수행하여 그 정점에 도달하는 것이다. 성경에서 많은 본문이 다이어트 사명 선언문으로 사용된다. 예를 들면 "네가 만일 음식을 탐하는 자이거든 네 목에 칼을 둘 것이니라"잠언 23:2~3라는 것처럼 음식은 예수를 효율적으로 섬기지 못하도록 몸을 속이고 약화하는 사탄의 도구 중 하나이기 때문에 배반이라는 의미로 이해한다. "여호와여! 내 입에 파수꾼을 세우시고 내 입술의 문을 지키소서… 내가 그들의 진수성찬을 먹지 말게 하소서"시편 141:3-4와 같은 구절은 당 수치를 높이고 에너지를 고갈시켜 질병을 유발하는 사탄의 덫인 패스트푸드에 빠지지 말라는 경고로 그 의미가 전달될 것이다! 절제는 우리 왕국 유산이며 결코 우리는 단 것에 굴복해서는 안 된다고 말한다. 이 웹 사이트에는 숙면하는 방법을 비롯한 다양한 조언으로 가득하다. "부자의 배부른 위는 그로 하여금 잠들지 못하도록 한다."전도서 5:12 여기에는 잠자기 전에 가벼운 간식을 먹으라는 몇 가지 제안과 숙면하지 못하면 제 기능을 발휘할 수 없다는 경고가 함께 들어있다. 전 세계적으로 많은 사람이 굶주리고 있는 상황에서 이런 종류의 웹 사이트는 좀처럼 이해하기 어렵다.

이 다이어트 산업에는 더욱 우려되는 측면이 있다. 진정한 크리스천 여성이 하나님의 영웅적인 위엄을 진정으로 반영하려면 더 날씬해지고 아름다워야 한다는 것이다. 요리책, 경건 서적, 피트니스 비디오, 그리고 아름다움을 가꾸는 관련 서적도 있다. 이 책에서 하나님은 아름답고 건강하며 활기가 넘치는 분이므로 그를 따르는 여성도 그래야 한다고 말하며, 매일 자신을 최대한 아름답게 가꾸어 하나님을 선전하는 데 시간을 투자해야 한다고 말한다. 실제로 기독교 여성이 다른 여성들이 부러워하는 대상이 된다면, 그들도 그리스도 안에서 이렇게 아름다워질 수 있다는 희망을 품고 그리스도를 믿도록 인도할 수 있으므로 좋은 일이 될 수 있다.[136] 이런 식으로 좋게 보이는 것은 신성한 일이다. 신디아 컵 앨런Cynthia Cup Allen과 채리티 앨런 윈터스Charity Allen Winters는 아름다움에 관심이 많은 기독교인을 위해 『몸과 영혼의 아름다운 균형』The Beautiful Balance of Body and Soul이라는 책을 썼는데, 이 속에는 아름다움을 관리하는 조언을 포함한 여러 성경 구절이 있다. 그들은 "왜 자신감 있는 모습으로 예수를 다른 사람에게 표현하려 하지 않고 외면과 내면 모두를 아름답고 매력적으로 보이려고 노력하지 않는가?"[137]라며 마치 포장을 제대로 하지 않은 물건은 값이 싸 보이기에

값나가는 물건처럼 포장을 잘해야 한다고 믿으며 그 책을 쓴 이유를 정당화한다. 네바 코일Neva Coyle과 마리 채플린Marie Chaplain은 『날씬해질 자유』Free to Be Thin라는 책에서 가족 전체 식사 문제를 게으르고 이기적인 주부의 잘못으로 보며 여성들을 비난했다. 이 책을 쓸 때 네바는 체중이 늘기 전이었고 자기 자신에 대해서나 그 프로젝트에 대해서 수치감을 느끼고 있었다고 나는 추측한다. 하지만 네바와 마리는 독자들에게 아가서를 인용하여 다음과 같이 이 책을 마무리했다. 일단, 여성이 과식이라는 사악함을 극복하였다면 그 보상으로 "보라! 당신은 아름답다. 나의 사랑이여, 보라! 당신은 아름답다. 나는 몰약과 유향의 산으로 나를 서둘러 데리고 갈 것이다, 당신은 모두 괜찮다. 내 사랑, 당신 안에 흠이 없다"138라는 예수의 말씀을 듣게 될 것이라고 표현한다. 이 구절에서 제안하는 내용의 표면적 달콤함을 이용한 순수한 접근방식 때문에 실제로 이 이야기 속에 포함된 성적 욕망은 전혀 온전히 인식되지 않는다. 이런 식으로 예수 다이어트를 수행하는 사람들은 그렇게나 많은 구체화된embodied 열정을 절대 직면할 수 없었다. 그러나 하나님과 예수가 아름답듯이 식탐이라는 악마를 이긴 선한 신자역시 아름답고, 그 아름다움은 육체적일 것이며 예수 자신도 크게 감탄하실 요인일 것이라는 대담한 메시지가 있다. 참된 신자에게는 흠이 없을 것이라는 걱정스러운 신학적 진술이다.

예수와 신체적 아름다움, 건강 및 생명력 간의 관계는 불길한 이면이 있는데, 바로 많은 개신교 근본주의자가 신체적 장애 문제를 바라보는 시각이다. 요컨대 그들은 신체적 장애를 악마적인 것으로 보는 데, 이는 다이어트 산업에서 건강과 피트니스를 대표하는 방식에서 유추할 수 있다. 기독교인은 하나님을 모든 면에서 완벽하다고 생각하기 때문에, 부끄럽게도 장애를 불완전하고 때로는 악마적인 것으로 간주했다. 장애가 있는 여성은 이중으로 죄를 범하는 것으로 간주하여 더 추가적인 부담을 안고 살았다. 마녀로 화형당한 사람 중 상당수는 소위 "악마의 젖꼭지"139로 불리는 세 번째 젖꼭지보다 더 이상한 기형적인 형태를 가지지도 않았다. 죄와 장애를 융합한 것은 기독교가 회개해야 할 끔찍한 실수이지만, 내가 관찰한 많은 어떤 그룹도 그러한 회개 근처에 있는 것처럼 보이지 않는다. 실제로 그들은 이상적이고 완벽하며 날씬하고 건강한 하나님을 열렬히 옹호하며 추종자에게도 똑같이 요구한다. 만일 그런 추종자들에게 완전히 건강하고 기능하는 사람들의 모델이 될 수 있는 능력이 없다면 그들은 어떻게 해야 하는가? 장애인 신학의 몇 가지 측면을 간략히 살펴보면 신체 사이즈, 몸매 및 건강 등으로 중독된 개신교 근본주의자의 신학에서 가장 건강하지 않은 측면을 강조하는 데 도움이 되리라 생각한다.

경계를 넘어선 구원

낸시 아이슬랜드Nancy Eiesland는 장애 신학 개발을 시도한 최초의 신학자 중 한 명으로, 장애인 인권과 관련된 문제를 제대로 파악하기 시작한 교회보다 한발 앞서 있다. 안타깝게도 일부 교회에서는 여전히 장애인을 안수하는 것을 꺼리고 있다. 이는 물론 하나님을 완벽한 분으로 여기고, 따라서 그분의 대리자들도 그 완전함을 반영해야 한다고 주장하는 데서 비롯된 직접적인 결과이다. 아이슬랜드는 재상징화와 함께 정치적 활동으로 동참하게 하는 신학적 방법으로 설명하는 '행동화'를 촉구한다. 그것은 명백한 차별이 만연한 사회에서 육체와 관련된 법을 제정하는 것이다. 그 정치적 행동에는 장애인 평등권과 접근권 캠페인뿐만 아니라 고정관념을 가지고 생각 없이 행동하는 사람과 직접 대면하는 것이 포함된다. 다시 말해 '행동화'는 그동안 묵인해온 것을 저항한다는 혁명적인 과업이다. 이는 신체 그리고 사람들이 동의하지 않은 부분과 연관되었기 때문에 필연적인 부딪힘을 수반한다는 의미이다. 또한, 현실적인 참여라는 점에서 때때로 큰 대가를 요구하기 때문에 항상 축하할 일은 아니다. 아이슬랜드는 일반적인 기준에 맞지 않는다고 자신을 자책하는 것을 거부하고 있다. 대신 자책하지 않고 그들 자신의 있는 모습 그대로 고통과 즐거움을 받아들이며 사는 법을 배우는 '살아남는 게 가능한' 신체에 관해서 이야기한다. 그녀는 완벽한 몸매에 대한 강박적인 추구에 몰두하는 사회에서 이러한 자존감과 자기애의 행위는 저항과 해방의 올바른 행위라고 지적한다.

이 과정에서 근본적으로 중요한 것은 다른 장애인과의 연대이며, '선한' 장애인과 '나쁜' 장애인으로 구분하는 게임을 거부하는 것이다. 이러한 연대의식은 전 세계로 확장되어 영양실조나 고문으로 생긴 신체장애에 대한 의문을 제기한다. 전 세계에 있는 약 6억 명의 장애인 중 최소 20%는 영양실조가 원인인 것으로 추정된다. 내가 조사한 프로그램 중 음식에 대한 수사학에서는 이런 사실을 듣지 못했다. 이 프로그램은 개인의 영혼을 구원하는 데 초점을 맞추고 있다. 즉 예수가 이 사람들을 개인적으로 사랑하기 때문에 마귀도 그들을 개인적으로 공격하고, 이러한 개인적인 의제가 다른 사람들의 식량 수요를 고려하는 것을 방해하기 때문에 치명적일 정도로 세계 식량 분배 문제 침묵한다. 물론 예수 다이어트를 이용해 날씬하게 만드는 대부분 업무는 세계적인 불평등을 경감시키기보다 더 증가시키는 것이다. 이에 대해서는 나중에 더 자세히 살펴보겠다. 그래서 또다시, 예수 다이어트를 하는 사람에게는 자신에게 질문할 능력이나 의지를 갖지 않은 매우 심오한 신학적 질문이 생긴다. 장애 신학은 고통의 원인에서 구제하며, 비장애인과 장애인 모두가 죽음에 이르게 하는 사업과 정치에서 벗어날 수 있도록 돕는 사명을 포함한다.

이 신학의 중심에는 신체장애가 있는 그리스도가 있으며, 그분은 이러한 것들을 추구해야 하는 도덕적 명령자로서 역할을 감당한다. 우리가 알고 있듯이 육신이 되신 하나님은 다양한 형태와 크기, 다양한 능력과 장애를 동시에 가진 존재로 오셨다. 아이슬랜드에게 신학의 출발점은 부활의 예수시다. 부활하신 예수 그리스도 안에서 그들은 "비극과 죄로 고통받는 종의 모습이 아니라, 상한 손과 발 그리고 창에 찔린 옆구리의 신체로 구현된 장애인 하나님과 하나님의 형상이마고 데이 imago Dei을 본 것"140이기 때문이다.

예수께서 신체적 장애가 있는 부활한 몸을 드러냄으로써 모든 신체장애 금기가 깨졌다. 장애가 있는 몸은 만질 수 없거나 사랑할 수 없는 존재가 아니라 '온전함의 새로운 모델이자 연대의 상징'이다.

아이슬랜드는 신체장애를 지닌 그리스도가 그리스도의 남성성이 행하는 페미니스트의 우려를 완화하는 데도 어느 정도 도움이 된다고 강조한다. 장애인 그리스도는 고난받는 종이나 제국의 군주가 아닌 존재로, 오히려 약하고 버림받은 자라는 것이다. 또한, 이 모델에서 강조하는 것은 남성성이 아니라 육체성이다. 이 그리스도는 '해결사'가 아니라 오히려 고통받는 여성을 격려하는 이미지를 가진 생존자로서의 그리스도이다.

장애인 그리스도는 많은 장애인이 삶을 유지하는 중요한 조건인 상호성과 상호의존의 필요성을 강조한다. 이것은 우리에게 생존을 위한 돌봄과 상호의존이 필요한 그리스도를 제시한다. 우리 사회에서는 진정으로 유능한 사람은 타인을 필요로 하지 않고 상호의존을 넘어선다는 신화를 영속화하지만, 장애인 모델은 이에 도전하고 우리를 인간답게 돌려놓는다. 무엇보다도 장애인 그리스도는 '질서정연한 대인관계 및 구조적 관계의 상징'이다.

엘리자베스 스튜어트Elizabeth Stuart는 "장애인 그리스도 속 하나님은 예수 그리스도에서 성육신을 의미했던 사회적-상징적 질서를 파괴한다."라는 아이슬란드 주장에 주목한다.141 스튜어트는 이 주장은 매우 도전적인 견해이며, 새롭고 흥미로운 기독교적인 토론의 가능성이 있는 주제라고 생각한다. 그래함 워드Graham Ward와 함께 그녀는 예수의 몸이 많은 변화, 즉 성육신, 할례, 변형, 부활을 증명하고, 그 모든 것이 실제로 무엇인지에 대한 우리의 생각을 아주 혼란스럽게 한다는 데 동의한다. 그리스도 육체를 상징하는 교회는 육체에 대한 모든 지식에 의문을 제기하는 매우 불안정한 몸을 공유한다. 또한, 스튜어트에 따르면 그리스도인은 구속되는 과정이기 때문에 사회 구조와 아주 중요하게 연결된 세상 속에 살고 있다고 한다. 그래서 기독교인은 모두를 짓밟는 이성애적 가부장제의 독재적 현실에 순응하지 않을 아름다움 혹은 완벽한 신체구현과는 다른 급진적 견해를 취하게 될 것이다. 스튜어트는 육체 경계를 다르게 생각하는 일부 장애인의 경험을 반영한다. 휠체어를 사용하는 많은 장애인은 자신과 의자 사이에 보이지 않는 경계가 있다고 주장하며, 의족을 사용하는 사람도 마찬가지다. 스튜어트는 이러한 육체의 경계 유동성fluidity은 물리적인 신체에 고정된 규율이 없고 경계를 무너뜨릴 수 있는 그리스도를 위한 좋은 모델이라고 말한다. 기독교인들의 상징적 세계의 중심에는 부서지고 고문당하고 일그러진 육체가 있다. 그러나 그들은 이원론적 형이상학의 상아탑에서 살았던 것처럼 살면서 이러한 현실을 받아들이는 데에 더디게 반응했다.

우리가 완벽한 몸, 완벽한 신체 사이즈, 매우 날씬한 몸의 경계를 고집하다 놓치는 것은 이 유동적이면서 끊임없이 도전하는 하나님이다. "예수 다이어트를 수행하는 사람들"이 성경적 아름다움 조언과 성서적 식습관을 글자 그대로 실천하면서 구속 가능성을 제한한다. 그로 인해 제한할 수 없는 복음 속 급진적 메시지의 구원 가능성은 더 줄어든다. 실제로 나는 그러한 제안을 보면 불쾌하다. 왜냐하면, 내가 보기에 그것은 기독교 신앙의 목적이 신적/인간적 잠재력이 있는 육체를 향한 엄격한 통제와 불신이 아니라 상호성과 취약성을 적용해 세상을 변화시키는 것이라는 점을 제대로 이해하지 못하기 때문이다. 예수 다이어트를 수행하는 사람과 이를 미화하는 사람들은 그들이 따르고 있지만 그렇지 않다고 주장하는 것이 실제로 가치 있는 존재와 가치 없는 존재로 구분하는 또 다른 분열적인 세속적 계층 구조라는 것을 이해하지 못했다. 그로 인해 그들 자신이 아주 잘 안다고 주장하는 복음의 급진적 가능성을 희생한다. 이러한 세속적 위계질서에 순응하는 젠더적 본성142은 여성 육체를 엄격한 통제와 자기 불신 상태로 몰아넣어 자신의 신성한 본성을 온전히 받아들일 수 없게 하기에 매우 우려스럽다. 여성은 악마가 초콜릿 등을 먹기를 원해 그들을 유혹하고 넘어뜨리려 한다고 믿도록 격려받으며 자율적이고 능력 있는 성육신으로서 자신의 가치를 잘 알지 못한다. 그들은 거룩한 몸매 사이즈 23인치를 만드는 데 성공하든 실패하든 자신의 욕망을 불신하고 자신의 나약함을 경멸하도록 부추기는 피해는 고스란히 여성들 자신에게 돌아간다. 이것은 기독교 역사 속에서 발견된 여성의 삶 속에서 익숙한 패턴이며, 페미니스트 신학은 이를 극복하기 위해 여러 방면에서 노력했다. 하지만 지금까지 여성이 경험한 피해가 증가하던 종교 다이어트 산업에 진지한 관심을 기울이지 않았으며 이것은 해결되지 않은 실수로 남았다. 또한, 그들은 넬슨이 그토록 폐위시키기 위해 노력했던 '단단하고 위를 향한 하나님'을 복원하며 단단한 몸이 하나님을 가장 잘 섬길 수 있다고 주장한다. 그리고 그들은 하나님과의 관계를 우리가 먹는 음식으로 축소하면서 의지력에 대한 개념을 지나치게 강조하고, 장애인 예수가 기독교의 하나님 속 장점으로 보여주는 취약성 부분은 전혀 포함하지 않는다. 그 결과 투과성 있는 공동 구원자보다는 오히려 강경한 비난자, 그리고 신적이며 인간적인 실재의 영광스런 분출에 힘을 주도록 성육신의 불확실성과 관계하며 열정적으로 위험을 감수하는 존재가 아닌 통제적인 괴물[143]이 나타난다. 이 모든 것은 케이크를 먹느냐 마느냐에 구원이 달려 있다고 믿는 예수 다이어트를 수행하는 이들의 통제적 수사에서 사라졌다. 우리가 알다시피 그들은 확실한 세상을 찾고 있으며, 그러한 곳은 우리가 우리 몸 주변에 만든 엄격한 경계가 우리의 삶, 국가 및 종교로도 확장할 것을 요구한다. 내가 보기에 이 성육신의 메시지는 "그분을 위해 날씬하기" 프로그램을 발전시킬 수 있는 신학에서는 결코 나올 수 없는 것이다.

작은 다이어트, 큰돈

수백만 달러 규모의 이 산업에 대한 조사는 동종 업계에서 가장 성공적인 그웬 샴블린의 체중감량 프로그램을 진지하게 살펴야 완성할 수 있다. 샴블린은 "은혜는 돼지우리로 내려가지 않기 때문에 뚱뚱한 사람은 천국에 가지 못한다."[144]라는 대담한 주장으로 헤드라인을 장식했다.[26] 즉, 그녀는 미국인의 비만은 심각한 영적 위기라고 주장하며 날씬한 엉덩이와 함께 이룰 수 있는 영원한 구원을 제안했다. 그녀의 저서 『체중감량 다이어트』The Weigh Down Diet는 수백만 부가 판매되었고, 그녀가 개발한 12주 프로그램은 미국 전역의 3만 개 이상의 단체에서 사용한다. 그녀는 사람들이 음식을 골라 먹고 대부분 남기는 것을 의미하는 날씬한 식사를 해야 하고, 가장 중요한 것은 그들이 육체적 굶주림과 혼동하는 영적 굶주림으로 진정 고통받고 있음을 인정해야 한다고 주장한다. 냉장고 문을 그만 열어보고 대신 하나님께로 향하라. 1장에서는 페미니스트 관점에서 여성이 먹는 이유와 여성의 체형을 바라보는 시각을 살펴봤다. 여기서 '영적 굶주림'을 '정의와 평등에 대한 굶주림'으로 번역하고 싶은 유혹을 느낀다면, 샴블린이 여기서 뭔가 중요한 것을 말하고 있다고 결론 내릴 수 있을 것이다. 하지만 그 결론에 도달하기까지는 조금 더 기다릴 필요가 있다고 생각했다. 가장 먼저 내 발걸음을 멈추게 한 것은 알코올 남용, 약물 남용, 동성애, 아내가 남편과 동등한 지위에 있어야 한다는 주장 등 식습관 외에 다른 형태의 불경건한 행동을 극복하는 데 이 프로그램을 사용할수 있다는 샴블린의 주장이다.145 이 모든 것들은 마치 사람들이 자신을 제외한 모든 것을 바꿀 수 있다고 주장하는 심각한 문제였다. 그리고 그녀는 이러한 모든 죄는 오직 하나님께 의지하여 극복할 수 있다고 우리에게 말한다. 그녀와 그녀의 추종자는 근본주의 교회 메시지마저도 충분히 강경하다고 믿지 않기 때문에 남은 자 선교회Remnant Fellowship라는 자신만의 교회를 개척했다.

반면 샴블린이 한 충고는 매우 실용적인 측면도 있다. 심지어 음식을 먹는 가장 좋은 방법까지 추천하기도 한다. 예를 들어, 접시에 쌓인 과자 더미에서 소금기가 가장 많은 것을 골라 한두 개만 먹고 나머지는 그대로 두라는 식이다. 그녀는 출애굽기를 인용하며 음식 낭비를 정당화하고 전혀 걱정하지 않았다.-하나님은 저장된 음식을 구더기로 바꿨다-그녀는 "썩거나 낭비되더라도 상관없다. 그분은 당신을 위해 더 많은 것을 가지고 있다."146라고 책에 기록했다. 아마도 이것은 하나님이 주는 풍성한 사랑이 아닌 그 무엇보다 더한 특권과 오만 속 근시안적인 면을 실질적으로 보여준다. 샴블린의 솔직함은 이러한 종교적 다이어트 프로그램이 자신의 좁은 세계 밖에 있는 사람에게 전혀 관심이 없다는 핵심을 보여준다. 물론 '일단 먹고 보자'라는 사고방식은 신앙의 힘을 보여주기 위한 것이지만, 그것은 가장 나쁜 종류의 반反기독교적 소비주의자적인 종교형태를 보여줄 뿐이다. 그러나 샴블린은 어느 정도 시간이 좀 걸리긴 했지만, 회심 경험을 이야기했다. 하나님께서는 그녀에게 다마스커스로 가는 길보다 이집트에서 출애굽하는 방식으로 더 점진적인 방법을 이용해 그 프로그램을 계시해주었다고 했다. 그녀는 단계마다 인도하심을 구하며 기도했고, 순전히 세속적인 다이어트 프로그램으로 시작한 프로그램에 영성을 서서히 더했다. 그렇게 해서 체중감량 다이어트 프로그램이 탄생했다! 기도 응답을 받은 그녀는 그 프로그램에 보석류, 책갈피, 기독교 복음성가 가수인 아들 마이클의 CD를 추가했다.

샴블린은 세속적인 다이어트 산업이 사탄에게 사로잡힌 것으로 보고 매우 비판하는데, 사람이 그 안에 있을 때 음식에서 마음을 떼고 하나님께 인도받을 필요가 없기 때문이라고 설명한다. 칼로리를 계산하는 것은 마귀의 짓이라고 한다. 반면에 성경은 우리에게 다이어트 안내서를 제공하며 살찐 송아지는 하나님이 필레미뇽을 승인한다는 것을 증명한다. 또한, 저탄수화물 다이어트는 그녀가 보기에 불경스러운 것인데, 이는 예수가 "나는 생명의 떡빵이다"라고 말씀하셨기 때문이며, 그래서 우리도 빵을 많이 먹어야 한다고 말한다. 게다가 레위기 속에는 기름, 밀가루, 소금으로 만든 소제素祭: 곡물 제사, grain offering가 나오는데, 샴블린은 "그 소제가 오늘날 프리토Frito 감자칩과 매우 비슷하다!"147라고 기뻐하며 선언한다. 샴블린은 사람들에게 적당히 먹는 것이 좋다고 제안한다. 또한, 세속적인 다이어트 산업이 다이어트 식품으로 많은 돈을 벌어들이긴 하지만, 그녀는 아직 이런 식으로 사업을 확장하지 않았다고 한다. 그녀는 사람에게 필요한 유일한 실천은 무릎을 꿇고 기도하는 것이라고 말한다.

샴블린은 사람들에게 거룩한 로맨스를 약속하며 그 프로그램에 참여하도록 끌어들인다. 그리고 그녀는 대부분 여성인 청중에게 하나님은 잘 생기고 매력적이며 사랑스럽고 부유한 남편이며 모두가 꿈꿔 왔던 영웅이라고 말한다. 여기에는 여러 가지 걱정스러운 점이 있는데, 특히 부유하고 잘생긴 영웅인 계급적 인물을 전적으로 소비하는 것이 그렇다. 여기서 우리는 우리 앞에 놓인 전문가의 수단을 이용해 오드리 로드 분석을 다시 인용할 수 있다. 사회적, 경제적 계급에는 의문의 여지가 없으며 날씬해진 여성은 신성한 연애뿐만 아니라 삶에서도 이러한 모든 것을 활용한다는 가정을 받아들일 수 있다. 우리는 이미 날씬한 여성이 부유한 남편을 포함한 가부장적 위계의 덫에 더 쉽게 접근할 수 있다는 사실을 관찰했다. 그것을 소비하는 남편을 신성한 하나님으로 기념하는 것이 내 기독교적인 마음속에 불편함으로 느껴졌다. 샴블린은 자신이 아버지 하나님과 사랑에 빠졌다고 말했다. 그러나 이 말을 들었을 때 나는 우리가 아버지 하나님과 아들 예수와의 관능적 관계 가운데 자신이 살아온 현실 속 좁은 성별화된 세계를 뒤집어 놓은 중세 신비주의자인 마저리 켐프Margery Kempe148와 같은 세계를 경험할 것으로 생각하지 않는다. 마저리는 자신을 집어삼킨 신격 하나님과 관능적인 관계를 맺었고, 그로 인해 그녀는 허영심 많던 여인에서 정의와 여성 권한 부여에 열정적인 여성으로 변화했다. 내가 본 샴블린과 하나님 사이의 로맨스에서는 그런 일이 일어나지 않는다. 샴블린은 부유한 남편을 쇼핑 여행에 데려가는 이유는 남편이 옷을 입는 것을 좋아하기 때문이기도 하지만, 남편의 취향이 뛰어나고 컬러 코디에 능숙하기 때문이라고 말한다. 그녀는 여행 중에 하나님께 자신의 옷이 마음에 드는지 물어본 다음 디자이너 명품 옷을 구입하는데, 이는 그녀가 하나님에 대해 말했듯이 다음과 같은 이유 때문이다. "그분은 놀라울 만큼 굉장히 잘 생겼다. 그분은 매우 강하시고, 아주 부자이시며, 대단히 유명하시다. 그분은 디자이너가 만든 명품 옷들designer clothes을 입으신다."149 같은 편이라면 다른 한쪽을 낮은 수준으로 떨어지게 해서는 안 되기 때문에 그쪽의 수준에 걸맞은 적절한 옷을 입어야 한다. 이는 하나님을 보면 두근거림과 황홀함을 경험하는 샴블린과 같은 그녀의 주요 청중인 특정 연령대에 속한 중산층 백인 여성에게 설득력 있는 표현이다. 이것은 예수 다이어트가 될 수 있다. 그러나 그것은 수사적 기교로 당연하게 여겨지면서 결과가 가정된 사회적인 혜택이 있으므로 매우 품위 있는 방식으로 행해지고 있다. 하나님 팔에 있는 패션 액세서리 위치는 샴블린이 여성을 어떤 역할로 보느냐에 따라 확장되기는 하지만 여기에 역설이 존재한다. 즉, 샴블린은 여성이 설교하거나 예언을 전해서는 안 된다고 믿는다. 그 프로그램에 참여하는 사람 대부분이 여성이기 때문에 그녀는 자신의 체중감량 메시지를 전해줄 남성이 없어 슬퍼한다. 그래서 이것을 신학적으로 단지 종말의 징조로 이해한다. 요엘서 말씀을 지침 삼아 그녀는 하나님이 마지막 심판 날에 남성과 여성 모두에게 그분의 영을 부어줄 것이라고 안내한다.

예수 다이어트 산업과 마지막 날을 연결하는 것은 샴블린만이 아니다. "천국에는 뚱뚱한 사람이 없다No fatties in heaven"150라는 제목의 웹 사이트에서는 기독교인은 날씬해져야 한다는 하나님 요구를 이해하게 된 것은 환난최후 심판의 날이었다고 말한다. 환난이 오면 그/그녀는 정말 배고프면서도 다른 사람이 먹을 수 있도록 할 것인가? 그 대답은 '아니오'였다. 이 세상에서 다가올 일에 직면할 수 있도록 준비했고, 필요한 것은 굶주림에도 불구하고 일할 수 있는 믿음이었다.151 이를 위한 길은 절박한 기도, 먹고 싶은 욕망 때문에 모든 것이 마귀에게 파괴되었던 중독자의 기도였다. 이 신자에게 위로를 주는 성경 구절은 "'화 있을진저 이제 배부른 자여 너희는 주리리로다'눅 6:25였고, 환난에 허우적거리지 않기 위해서 지금부터 절제가 필요하다는 것을 알려주었다. 물론 천국에는 뚱뚱한 사람이 없고, 그들을 위한 용서도 없다. 뚱뚱한 사람은 영원히 뚱뚱한 채로 아름다운 사람과 날씬한 사람을 지켜보아야 하는데, 이는 영원한 형벌로 추측된다. 또한, 체중감량은 우리가 환난에서 살아남을 자격이 있는 훈련된 사람인지 아닌지 아닌지를 측정할 수 있는 측정대 역할을 한다. 종말론적 사고가 우리 엉덩이 크기에도 영향을 미친다는 것이 놀랍다! 이러한 형태의 사고는 잠재적으로 전 세계에 참혹한 결과를 초래하며 미국 정치적 권리에 영향을 미치는 것으로 보인다. 우리가 알다시피, 종말론적으로 사고하는 사람은 이스라엘 건국을 매우 긍정적인 방법으로 보며 종말의 시작을 이해하기 때문에 중동지역에서 대학살을 일으키고, 특정 구역에서 집중공격하여 대학살을 가속한다. 종말론적인 관점을 가진 사람이 실제로 그런 학살을 환영하고 실제로 정치와 종교를 이용해 종말을 앞당기려고 노력할 것이다. 그러한 권력을 가진 사람은 대중의 표를 의식하며, 우리가 알다시피 미국 유권자는 영국보다 특정 문제를 다루는 후보자의 도덕적 입장에 더 관심을 두고 있는 것 같다. 지금도 미국 전역에 있는 수천 명의 여성이 체중 측정을 하며 앞으로 다가올 몇 년을 대비한 구시대적/종말론적 종교 다이어트를 하고 있다. 그들이 투표대에서 자신이 감량한 육체를 뽐내며 앞장서서 선거운동을 할 것이라고 이야기하는 것이 과언이 아닐 것이다. 우리가 이런 점에 대해 이해하고 받아들일 수 있을지 말지를 선택할 수 있게 돕는 단적인 예시는 부시 대통령이 과거 종말론적인 사고를 이용해 영향을 미쳤던 경우다. 그는 UN에 대표자와 EU에 감시자를 파견해 그들이 여성과 소수 민족에게 유익한 많은 부분을 전복시키고자 적극적으로 시도했는데, 이 역시 종말론적인 사고이다. 종교적 근본주의는 신의 명령에 따라 가정 속에서 자녀를 양육하고 남성을 섬겨야 하는 것으로 여성의 역할을 제한해 그것을 기반으로 세워졌다. 이는 체중감량 프로그램과 부속 프로그램 속에 숨어 여성이 모든 가족의 신체 사이즈와 몸매에 책임이 있는 것으로 간주한다. 따라서 이 종교적/근본주의가 유엔과 유엔의 자유주의적 정책 수립152, 즉 여성과 아동의 권리에 대한 우려에 관해 관심을 보이는 것은 당연한 일이다. 기독교인의 권리를 주장하는 사람은 이 아동의 권리 주장이 친권을 약화한다고 믿는다. 예를 들어 '여성차별철폐협약'이 가족의 삶을 훼손하고 심지어 파괴한다고 믿는다. 또한, 그들은 동성애와 관련된 모든 평등법을 뒤집으려 한다. 이러한 분열적 사고는 멀리 갈 필요 없이, 평등을 추구하는 여성과 동성애를 비롯한 다른 부분을 사탄적인 실재로 간주하며 그들을 변화시키기 위한 프로그램을 확장할 수 있다는 샴블린의 주장에서 확인할 수 있다. 이런 점은 우리를 불편하게 만들었기만 무시하는 것도 현명하지 않으며 그 연결 고리는 바로 여기에 있다. 즉, 종말론적 사고는 사실상 더 세세한 부분까지 들어가면 비非성경적인 많은 부분이 있어서 정치적으로 큰 위협이 된다. 만일 우리가 소비자 중심으로 하나님과 사랑에 빠지고 종말론을 취하는 것이라면 우리는 몇 가지 심각한 질문을 던질 필요가 있다.

너희는 눈같이 희어질 것이요 우리는 부유하리로다.

샴블린이 성경, 신앙, 삼위일체, 육체를 이야기하는 방식이 웃음을 자아내기 때문에 그녀를 정신이상자로 완전히 뭉개버리는 것은 어렵지 않다. 내가 그런 웃음을 멈출 수밖에 없는 이유는 이런 거룩한 어리석음 속에 숨어 있는 선진 자본주의적 메시지 때문이다. 그리고 항상 그랬듯 그것을 제자리에 있게 해주는 것은 불평등이라는 성차별화된 메시지 때문이다. 사실 이것은 웃어넘길 문제가 아니며 몇 가지 신학적인 가치를 위해 필요한 반응이다. 샴블린은 신학자가 아니지만, 최근에 점점 더 그런 것은 중요하지 않은 것을 보여준다. 샴블린 본인은 이미 받아들여진 메시지를 갖는데, 저항 문화적인 복음countercultural gospel153에 비춰 보면 이상하게도, 그 메시지는 가끔씩 종교적 골동품 curio과 같은 성경에서 말하는 식사 습관을 운운하는 지배적인 패러다임에 완벽하게 들어맞는다. 이제까지 나는 저항문화적 성육신 종교 내에서 여성의 육체는 경제적, 사회적 제도권 속 실천되는 가부장제에서 최악으로 활용하는 것을 강력히 저항하는 현장에 있다고 제안했다. 그래서 나는 이런 프로그램으로 여성을 그렇게 다루는 현실을 보면 슬픔과 두려움으로 가득 차게 된다. 우리가 볼 수 있듯 페미니즘 신학에서 보면 초기 기독교 예수 운동 메시지에 근접했던 젠더, 경제, 계급, 그리고 인종적 평등을 포함한 급진적 복음은 이곳에서 전혀 나타나고 있지 않다. 나는 샴블린 체중감량 프로그램이 우세한 미모를 다룬 복음을 선포하고 있고, 고의든 아니든 흑인을 제외하는 메시지를 포함하고 있으므로 백인 우월주의자일 수 있다고 감히 말할 수 있다. 이는 그들이 내세우는 예수와 체중감량 다이어트 프로그램에 완전히 복종해 변화된 삶을 증명하는 홈페이지에 나타난 몇 안 되는 흑인 여성 주장과는 전혀 다를 수 있다. 내가 몇 년간 탈식민지를 연구하며 배웠던 것처럼 백인 중심적인 담론은 이보다 더 심각하다. 심지어 흑인을 포함해

교묘하게 투사시키고 있다.

그리피스는 평범하고 자연스러우며 아름다운 육체 외관에 나타난 아름다움 그 자체에서 유발될 수 있는 매우 염려스러운 몇 가지 숨겨진 가정이 있음을 제일 먼저 지적한 사람이다. 그녀는 기독교적인 다이어트 문화는 "비非백인적 문화를 차단하고 인종화된 백인 중심주의 사상의 번식과 귀화에 중심적인 역할을 한다."154라고 썼다. 수잔 보르도는 세속적인 관점으로 이것을 연구한 결과, 서구 다이어트 문화적 관행은 여성을 표준화하여 우려되는 방식으로 여성 육체의 문화적인 다양성을 감소시켰다는 것을 보여주었다. 그녀는 1970년대부터 인종적, 경제적 배경과 무관하게 진행한 10대를 중심으로 한 연구 결과는 이전 시대보다 더 날씬해졌고, 뱃살도 없으며, 꽉 끼인 옷을 입는 10대 여성이 더 늘어난 것으로 보인다고 주장한다.155 우리가 알다시피 기독교적 다이어트를 문화적 관점에서 볼 때 근본주의자를 중심으로 기독교 신학 자체가 한동안 백인 위주로 돌아갔고 많은 곳에서 아주 오랫동안 백인우월주의가 자리 잡고 있었기 때문에, 여기서도 경고음이 울리고 있다. 기독교 신학에서 표현이 되었든 그렇지 않았든 하나님은 백인이라는 가정이 항상 성립하고 있다. 식민주의가 팽창하고 있었을 때는 십자가의 예수와 백인 남성의 이미지가 거의 동일시되었다. 세상 여러 분야에서의 건전한 비평들과 흑인 여성 신학womanist theology의 상당 부분에서 이 주제를 다루었으므로 여기에서 그것을 다시 다룰 필요는 없다. 중요한 것은 다름을 존중하는 중요한 가치는 인정받지 못했다는 것이다. 오히려, 선입견적 가치를 배경으로 부여된 계급적 조직에 익숙해야만 했던 그리스도는 이런 백인 중심적 가치와 계급조직 뒤에 숨어 있었다. 이미 언급했던 것처럼, 이런 그리스도는 강력하게 비평받았다. 그리고 정통적인 신학 속 대부분 주류 신학은 이원론을 주장하며 분열적인 계급조직 역할로 쉽게 활용된 점을 적어도 어느 정도는 인식할 필요가 있다. 기존 신학은 선/악, 흑/백, 그리고 남/여 등으로 쉽게 분리해 하나님, 선함, 사회적 수용성, 그리고 접근성 등을 표현했고 우리가 안정된 세상에서 살도록 한다. 이 모든 것은 성육신을 잘못 해석한 것에 근거한 것이다. 즉, 영적인 삶을 살기 위해서 누군가 육체를 극복해야 했다고 믿도록 하며 이것이 곧 하나님을 기쁘게 하는 순수한 삶이라고 성육신을 바라보는 잘못된 해석이 있다. 이런 삶 속 장애물은 바로 앞서 언급했던 피부색과 젠더이며, 이 둘 모두는 더 세밀한 문제 혹은 훨씬 덜 영적인 것으로 보이는 것이었다. 우리 모두 이것이 여성에게 좋지 않은 방향으로 영향을 미친 방식을 잘 알고 있다. 특히 그것이 성육신의 실재實在로 명백하게 드러난 경우를 아주 구체적으로 찾아보면, 사하라 사막 남부 아프리카인이 노예 제도의 혹독함을 잘 견뎌낸 생존자로 발견되었을 때 흑인 국가들 가운데 성육신의 실재를 사고하는 것에 깊은 영향을 미치게 되었다.156 노력했지만 생존하지 못한 다른 인종은 신체적으로 충분히 강하지 않았다. 여기서 불행한 사실은 흑인을 노예화하여 백인 권위 아래에 두는 제도가 성경에서 말하는 정당성을 찾았던 잘못된 인종차별주의적 신학의 탄생으로 이어졌다는 점이다. 그 과정에서 훨씬 더 이전에 존재한 기독교 계급주의적 이원론의 영향을 받아 여전히 악영향을 미친다.157

물론, 이러한 주장을 바탕으로 인종과 차별로 분리되는 것을 적극적으로 지지하는 집단이 아직도 있다. 하지만 그들은 영향력이 크지 않은 소수집단이라는 사실에 우리 스스로가 위안받고 있다. 결국, 우리는 그런 제도가 만들어내고 있는 인종차별, 폭력, 그리고 불안의 병폐를 봤기 때문에 거기에 도달하고 싶지 않다. 그렇다면, 우리는 다양성의 온전한 메시지를 실제로 받아들이고 있는가? 평등이 의미하는 것은 단순히 백인 제도에 접근하는 것이며 그에 수용될 수 있는 은혜를 입은 사람이 사실상 정당하게 규칙을 지키면서 게임을 하게 될 것이라고 기대하는 것인가? 지금은 '관람석 설교자bleacher preacher'158를 찾아보기 힘들 수 있지만, 한때 그랬던 것처럼, 아직도 마치 그 관중석에서 활동하는 것처럼 여겨지고 있듯이, 이번에는 정장 차림으로 기업체에 출근하고 있는 게 아니냐고 의심해 본다. 기업체가 이용한 날씬한 이미지는 백인의 얼굴로 표현되었고 이런 이미지로 더 많은 돈을 벌고 있다는 것은 사실이다. 우리 세상에서 다양성이 온전히 자리 잡으려면 다양한 많은 생각과 실제로 다름에 대해 서로 더 많이 축하할 필요가 있다. 그러나 이를 실천했던 증거는 거의 없는 것처럼 보이며, 기존 신학적 세계 속에 구성된 그리스도의 엄격한 경계를 넘어서 더 포괄적인 것을 수용하는 것은 매우 어렵다. 아주 가끔 우리의 신학적인/기독론적인 틀에 영향을 미칠 수 있는 곳에 우리가 도달하게 된다면 다름과 다양성을 볼 수도 있다.159 그들이 이상한 일을 행할 때는 일반적으로 소란이 일어나며 불쾌한 도전을 막는 경계 만들기가 진행된다. 그런 다음, 대부분 경우에 기독교적 다이어트 산업은 백인 형상을 한 그리스도 이미지가 확실하기에 백인 우호주의적 고정된 이미지를 만드는 것이라고 예상하면 된다. 이 분리주의의 분수령이 바로 그런 그리스도이다. 이런 대부분 기독교적 기업체는 주로 미국 남부지역에 속한 주에 있다. 최근 분리주의 정책이 폐지되었지만, 인종차별이 여전히 존재하는 종교와 백인으로 형상화해 의식적-무의식적인 인종차별을 가정한 완벽한 여성성을 주장하는 종교적 다이어트 문화가 이 남부지역에서 등장하였던 점을 보면 둘 사이에 문화적 영향이 있다고 해도 과언이 아니다. 그웬 샴블린은 남부의 완벽한 여성은 올린 머리 스타일과 구찌 브랜드 취향을 가지고 있고, 내슈빌에 있는 320만 달러가량의 남북전쟁 이전을 상징하는 맨션에 산다고 그렸다.160 하지만 이런 여성이 하나님을 위한 완벽한 여성을 표현하는 유일한 존재는 아니다.

기독교적 다이어트가 시작된 초창기 때부터 제안되었던 '유색인종' 여성에 대한 문헌적 예시는 실제로 이해하기 어려웠고 진정으로 '그들을 위한' 것이 아니었다. 백인 또는 중상층이 아닌 여성의 '타자성'otherness은 다이어트 문화를 채택할 수 있고 해야만 하는 사람에게 선민 사상적 본성을 설명하는 데 사용됐다. 앤 오트룬드Anne Ortlund는 자신의 책인 『아름다운 여성의 원칙들』Disciplines of the Beautiful Woman 1984에서 이를 매우 분명하고도 명확하게 설명했다. 백인 우월주의라는 이런 전통적인 작품에서 오트룬드는 '원주민'이 날씬할 것이라고 예상하는 것이 아닌 "통통하고 피부색은 까맣다"라고 언급하며 자신이 직접 목격했다고 말한다. 그녀는 "나는 남아메리카 정글 깊은 곳에 있는 초가집에 허리를 구부리고 들어갔을 때 그 안에 걸려있는 면으로 된 원피스를 보았는데, 그 옷은 작고 푸딩 가방처럼 생긴 원주민 여성의 기쁨이었다. 누군가가 그 옷과 헤어졌을 것이고, 예수의 사랑을 품은 선교사를 통해 그 물건이 그녀에게로 왔다."라고 썼다.161 나는 그 페이지에서 "그리고 그 밖에 무엇이 또 그녀에게로 왔을까?"라고 소리치고 있는 나 자신을 발견했다. 내가 생각하기에는 기독교의 특정 부분에 백인우월주의라는 지독한 수사적 기교가 어떻게 내재하고 있는지 오트룬드의 발언을 통해 매우 분명히 드러났다고 본다. 그리고 오늘날 예수 다이어트를 하는 사람 중 상당수는 아주 노골적이지 않은 백인우월주의 의제를 선전하고 있다는 말을 들으면 자신들도 놀랄 수도 있지만, 여전히 존재하고 있음을 볼 수 있다. 그들은 백인 청중을 위해 글을 쓰고 있으며, 백인 사회가 했던 것과 똑같은 방식으로 흑인을 낙인찍지 않은 것은 흑인 사회가 역사적으로 신체 사이즈에 관심이 부족했기 때문이라고 말함으로써 자신을 변호하고 싶은 유혹을 느낄 수 있다. 그러나 이는 문명과 번식에 연관된 사상과 연결한 날씬함의 이념이 존재한다는 사실을 인식하지 않은 반쪽짜리 변명이라고 할 수 있다.

'교육'을 전파하는 것처럼 '날씬함'의 복음을 전파해 모든 사람에게 열려 있고 모든 사람이 세상에 접근할 수 있게 하는 훌륭한 기독교적 증거라고 주장하는 사람이 있다. 결점은 무엇인가? 그곳에 진정한 민주주의는 어디에 있으며, 다양성과 다양한 문화적 규범을 가치 있게 대하는가? 우리는 오래전부터 보편적 교육의 덕목이 의심스럽다는 경고를 받아왔으며, 모든 문화와 인종 집단에 날씬함의 복음을 수출한다면 앞으로 닥칠 참혹한 가능성으로부터 빨리 깨어나야 한다. 마르셀라 알타우스 레이드Marcella Althaus-Reid162는 라틴 아메리카의 정복자the Conquistador163와 함께 나온 품위라는 개념을 소개했다. 그리고 알타우스 레이드는 면밀한 조사 대상자로 와 있던 여성의 개인적인 삶 속에 이 품위라는 개념이 가져온 아주 참혹한 결과를 설명했다. 즉, 여성들이 자존감이 있는 몸으로 구현된 여성에서 불순종적이고 전혀 선하지 않은 하와의 딸로 변했다는 것을 설명했다. 요약하면, 그 여성은 점령당한 곳에서 심지어 자신이 바랐을지라도 결코 성취할 수 없는 존재로 간주하였고, 자신이 원주민이라 여겼던 외부에서 들어온 일련의 성적인 관습sexual mores에 의해 판단되었다. 이러한 편견은 본래 신학적이었으며, 결과적으로 신학과 그리스도가 표현되는 방식에 영향을 미쳤다. 날씬함의 보편적 복음은 품위가 아니라 문명과 번식을, 말하지 않았지만 내재한 선진 자본주의 복음과 그러한 삶의 방식이 줄 것으로 믿는 열린 길을 담고 있다. 이 모든 것이 예수의 이름으로 이루어지고 있다는 아이러니한 사실을 들을 가치도 없다. 이 통제된 날씬함의 조직이 설교되는 그리스도에 어떤 영향을 미치고 있으며, 외설적인 그리스도가 어떻게 뚱뚱한 예수의 신학적 출발점이 될 수 있는지를 살펴볼 필요가 있는데 이것은 마지막 장에서 다룰 것이다.

날씬하고 건강한 몸매를 유지하려면 시간과 돈이 필요하며, 이 역시 인종차별적인 미국 상황 속에서 제기된 매우 혼란스럽고 복잡한 문제라는 사실을 인정해야 한다. 체중에 관한 여론 조사결과를 보면 아프리카계 미국인과 라틴계 여성이 백인 여성보다 체중이 훨씬 더 많이 나가며, 자세히 분석해보면 이는 교육 및 경제적 요인과 연결된 것으로 보인다.164 그렇다면 여기서 말하는 바는 무엇일까? 백인의 수사적 기교에 굴복하고 그것을 성취할 수 있는 수단을 가진 사람이 더 학력이 높고 경제적으로 더 부유한 사람일까? 결국, 품질이 좋은 식품은 패스트푸드나 마트에서 자체적으로 생산하는 제품보다 훨씬 더 비싸다. 더 나은 교육이 더 좋은 결과를 낳고 있는 것을 자체적으로 증명한다. 물론, 앞서 살펴봤듯 그 축복이 직업 전망과 상향 이동 결혼을 가져온다고 믿는다면 날씬한 것은 참으로 축복이다. 한 가지 정답만으로 결정하기는 매우 어렵지만, 우리가 볼 수 있는 것은 기독교 다이어트 문헌이 중산층과 백인이라는 가정하에 교육 및 경제적 차이를 생각하지 않는다는 것이다. 이 때문에 벨 훅스bell hooks165와 같은 문화비평가는 가부장제 사회 속 기본적인 불평등에 도전할 만큼 건강하지 못한 외부인이 있을 때 사회가 가장 잘 기능할 수 있기에 이러한 수사에 흑인을 포함하는 것이 미국의 국익에 부합하는지 의문을 제기한다. 건강은 백인의 특권이다! 미국 기독교는 처음부터 인종과 백인의 문제에 영향을 받아왔으며, 이 담론에서도 그 영향을 받는다. 그런 문제를 발견했을 때 어떻게 해야 하는지는 논쟁의 여지가 있다.

이 장에서는 19세기 말부터 21세기 초까지 개신교 신학 속에서 여성과 음식에 대한 담론이 어떻게 변화해 왔는지 살펴보았다. 우리는 사라 제이콥을 보며 여성에게 음식을 제한해 생긴 경제적 이득의 시작을 보았고, 이것이 수백만 달러 규모의 산업으로 변화하는 것을 확인했다. 사라 제이콥은 여성에게 큰 변화가 있었던 시기에 살았고, 이는 여성 식습관 문제에서 아주 중요하다고 주장했다. 이러한 행동의 순수한 종교적 해석은 점점 줄어들고 심리학적 측면이 힘을 얻었다. 즉, 금식하는 기독교 성인들의 내면세계가 외부 세계에서는 섭식 장애를 앓고 있는 환자, 즉 섭식 장애를 유발하는 복잡한 심리가 되었다는 뜻이다. 어떤 의미에서는 금식으로 여성의 신체적 행동을 사유화하는 일이 일어났고, 이러한 움직임으로 그런 행동의 정치적 의미는 울타리를 치고 묵인되었다고 주장할 수 있다. 이 급진적인 신체적 참여는 내적으로 정신질환 심리세계로 축소되었고 그 담론은 연구되었지만 더는 도전적이지 않았다. 이는 단순히 여성들이 행한 또 다른 이상한 일이었다.

지금까지 살펴봤듯 음식 소비 이면에 있는 종교적 차원의 배경은 완전히 사라지지 않았으며, 종교적으로 음식을 제한한 일부 배경이 새롭게 등장할 수 있던 것으로 보인다. 좋은 음식과 나쁜 음식으로 구분하여 음식 자체에 도덕적 특성이 있는 것처럼 여겼다는 점은 흥미로운데, 이는 오늘날 세속 식품 산업에서도 여전히 지속하며 중세의 음식관에는 없던 것처럼 보인다. 눈에 띄는 또 다른 점은 굶주린 많은 성인이 가난한 사람들을 먹여 살리자고 이야기하며 행동했던 반면, 그웬 샤블린과 같은 사람은 전 세계적으로 심각한 기아 문제를 모른 척하는 것처럼 보인다는 점이다. "하나님이 더 많이 공급할 것이기 때문에"라는 그녀의 낭비 철학은 개인 구원에만 관심이 있는 신학적 틀 안에 있는 극단적인 개신교적인 자기 집착으로 보지 않는 한 이해하기 어렵다.

새로운 기독교 다이어트는 북미인의 감수성sensibilities과 국가에 대해 깊이 내재한 생각, 그리고 개방적인 사고방식에 호소할 진정한 민주적 생활방식을 담은 것으로 의도되고 만들어진다. 우리는 모두 육체를 가지고 있으며 적절한 의지력만 있다면 누구나 날씬해질 수 있다는 것이다. 앞서 사실상, 기독교적 다이어트 산업은 근본적으로 계급주의적이며 인종차별주의적이라는 점을 살펴보았다. 그 사업은 수사적 기법을 이용해 뚱뚱한 사람을 배제했고, 관능적으로 묘사하였으며, 미개한 사람으로 취급했다. 이 모든 것은 오염된 것과 불경한 것을 상징하며, 이는 영원한 구원이 그것에 달려 있다는 메시지와 완벽하게 일치했다. 기독교 다이어트 산업에서는 그 어떤 것보다도 가난한 사람이나 흑인으로 나타나는 죄 많은 세상의 무게를 더 자주 다루고 있다. 비만에 대한 도덕적 수사가 근본주의 신학에 내재해 있다. 이 근본주의 신학은 주로 미국 남부의 표현에서 보았듯이 자유주의 신학의 수사적 표현에 의해 결코 완화되지 않는 분열적인 이분법적 사고를 기반으로 하고 있어 이미 인종차별주의적 경향을 나타내고 있다. 기독교 다이어트 산업의 소위 민주화하는 잠재성은 사실상 또 다른 형태의 식민주의이다. 그것은 마치 손톱을 정리한 후 매니큐어를 발라 완전히 하얗게 된 것을 아름답다고 선전해 판매하는 것과 같다. 나는 수많은 '좋은 아이디어'와 마찬가지로, 그 수사를 받아들이기 전에 매우 조심해야 한다고 생각하는데, 그것이 우리 자신이 겪을 억압을 구현하는 것이기 때문이다. 형이상학적 절대자의 세계 속에서 살고 숨 쉬는 보편적 그리스도라는 이념에 다양성이 존재하지 않듯이. 이러한 모델에는 다양성이 존재하지 않는다. 그리고 정의와 평등에 대한 요구들을 통해 극복된 것이 바로 그러한 그리스도이다. 그는 이제 날씬한 백인이며 부유한 기독교 여성으로 가장하고 있을지 모르지만, 여전히 뿌리 뽑아야 한다. 이 단계에서는 이것도 이성애적 모델이라는 점을 언급할 가치가 있다. 연구에 따르면 이제까지 레즈비언은 이성애자 여성보다 다이어트 문화의 영향을 덜 받았지만, 그 긍정적인 이유가 무엇이든 간에 예수 다이어트 진영의 사람들에게는 또 다른 경건하지 않은 반역으로 보일 것이다. 기독교 다이어트 문화는 바닐라 향을 풍기는 아가씨 형태의 이성애적 모델을 가정하고 조장한다고 제안할 수도 있으며, 남성을 대상으로 하는 경우 주종 관계의 수사가 있다. 남성은 열심히 일해서 가족을 돌보는 남성의 의무를 가장 잘 수행하기 위해 날씬해야 한다. 또한, 그들의 단식은 그들을 "사랑하는 여성을 보호하는 육체라는 요새"로 만들 수 있다.166 이것은 마치 남근적인 하나님이 부활한 것 같은 느낌이다. 이러한 프로그램을 토대로 신학 유형을 고려할 때 이것은 전혀 놀라운 일이 아니다. 우리가 살펴본 것처럼 샴블린은 남편과 평등해지려는 여성의 욕망과 동성애를 일탈 중 한 형태로 정의했고 그녀의 다이어트 프로그램이 이와 같은 다른 형태의 일탈을 바로 잡는 데 도움이 될 수 있다고 믿는다. 그녀의 시스템에는 오래된 이분법적 사고가 자리 잡고 있으며 위계적 현실을 그대로 담고 있다. 위험하게도 이들은 이제 우익 정치와 연결되어 있어 전례 없는 정치적인 영향력을 행사하고 있다. 각 가정에서 나타나는 새로운 통제는 사회 통제에 대한 새로운 욕망이 반영된 것이다. 가정에서 요새 역할을 하기 위해 금식하는 남성이 식민주의적 기업에서 미국의 외교 정책을 돕기 위해 똑같이 금식한다.167

　　이 점에 비추어 볼 때 아마도 나는 이러한 많은 프로그램에 내재한 소비자 중심 자본주의가 나만큼이나 진정으로 혼란스럽다고 생각해서는 안 될 것이다. 결국, 세계 시장은 우익들이 원하는 것이다. 하나님은 천국의 패션 컨설턴트가 되기 위해 아주 위대한 취향을 지닌 '궁극적인 구매자'로 바뀌게 된다. 그분의 주머니는 아주 깊기에 당신이 아름다워지는데 필요한 재정을 다 채워 그분의 이름이 찬양받을 수 있도록 할 것이다. 하지만, 여기에 또 다른 어떤 그리스도가 등장하여 우리가 놀라게 되는 것일까? 아마도 그분은 신체적인 장애를 진정한 죄로 확정시키며 그러므로 아름다운 사람들 중 한 명으로 보일 뿐이므로 우리는 그리 놀랄 필요는 없을 것이다. 우리는 해방신학이 불의하고 약탈적인 존재라고 가면을 벗기고 있는 바로 그 하나님과 예수를 우리 앞에 보고 있다. 하지만, 그것은 마치 지난 40년간의 경험적인 신학이 전혀 존재하지 않았던 것처럼 보이기도 한다. 나는 여기에 경험적인 요소가 숨어 있을지라도 각 개인에게 좋아 보이는 정도 그 이상의 경험은 결코 아니라는 점이 걱정된다. 현대 기독교 다이어트의 수사적 표현은 좋고 나쁜 음식에 근거한 건강과 관련된 주장에서 시작되어 번영적 사고로 발전하였다. 즉, 누군가 다이어트를 하게 되면 건강에 유익한 모든 것에 마침표를 찍는다는 식으로 어떤 문헌에서도 읽기 어려운 그런 표현을 쓰고 있다. 이러한 건강과 아름다움은 영원한 구원을 가져올 열쇠일 뿐 아니라 현생에서도 아주 좋은 삶을 누리기 위한 것이다. 이 프로그램은 "진정한 사랑은 기다린다"라는 캠페인과 같은 맥락의 신학적 토대처럼 확실하게 구원과 이 땅에서 얻을 수 있는 부유한 남편과 성공과 같은 결과를 초래하는 메아리가 있다. 이 캠페인에서는 여성이 순결을 유지하는 대가를 말하고 있고 이 언어는 단순히 은유적이지 않다.168 이 두 시나리오에서 여성은 진보된 자본주의자를 위해 스스로 미끼가 되는 것처럼 보인다. 설상가상으로 부와 존경받기를 원하는 남성의 욕망 뒤에 숨어 여성은 부귀를 얻고 존중받기를 바라는 동기를 부여하는 요인으로 보인다. 나에게는 그들이 복음적 가치라고 불렀던 것이 전혀 보이지 않는다. 단지 날씬한 엘리트만 들어갈 수 있으므로 그것이 인도하는 유일한 왕국은 아주 견고한 경계와 좁은 입구만 있는 곳으로 보인다.

여성과 일부 남성의 몸은 메리 더글라스가 말한 것처럼 한 집단, 이 경우에는 구원받은 자의 경계 지어진 정체성을 만드는 데 사용되고 있다. 물론, 일어나는 일도 그리스도의 몸을 창조하는 것이고, 이 그리스도는 그것을 믿는 자가 실천하여 세상에 투영된다. 이 그리스도가 어떻게 보이는지 질문한다 해도 현대 신학자는 그런 그리스도가 사실상 궁극적으로 존재하는지가 아닌 그렇게 이미지화된 그리스도가 삶에 나타난 결과는 무엇인지를 묻는다. 페미니스트 해방신학적 측면에서 그리스도는 추상적인 형이상학이기보다는 항상 윤리적이다. 그리스도가 우리를 불러 그분의 뜻을 행하도록 부름을 받았던 것처럼 '마치' 이런 다이어트로 우리가 살아날 수 있게 된다면 과연 어떤 세계가 펼쳐지게 될 것인가? 우리의 타고난 권리인 성육신적 다양성과 신성한 잠재력의 영광스러운 무지개가 없는 매우 편협한 세상일 것이다. 그리고 경제적 이득을 보장받기 위해 바닐라 빛 살결을 가진 여성의 창백한 얼굴을 전 세계적으로 각 나라의 광고 스크린에 투사하려고 시도하는 매우 정치적이고 공격적인 세상이 될 것이다. 이 성육신의 신학자는 푸코가 우리에게 말해주듯이 권력이 있는 곳에는 결국 저항도 있기에 절망하지 않아도 된다. 자매 여러분, 그분을 위해 날씬해질 의지가 있는가? 아니면 천국의 여왕을 위해 케이크를 만들겠는가? 당신의 대답에 많은 것이 달려 있다!

4장

여성과 욕망: 크림 케이크, 샴페인 그리고 오르가즘

고약한 노파의 감정적인 능력을 두려워하는 한, 우리들의 관심과 흥미를 쾌락과 즐거움이 아닌 외모로 돌리게 될 것이다.[169]

이번 장에서는 여성과 욕망에 관한 질문에 대해서 살펴볼 것이다. 특히 이것이 음식과 여성들이 먹거나 먹지 않거나 하는 방식과 어떻게 연결되는지 살펴보고자 한다. 우리는 어떻게 여성들이 다양한 방식으로 그들의 육체에서 분리되고, 결과적으로 가장 깊은 욕망에서 벗어나게 되는지를 보았다. 사회가 이러한 욕망을 대체하여 사회의 가부장적인 모델에 가장 적합하게 만든다. 그러면 여성은 자신의 욕망이 자리한 내면의 힘을 두려워하게 되고 그러한 모든 개인적, 정치적 복잡성 속에서 사회 질서에 맞는 잘못된 자세를 통해 피상적 수준의 가치를 찾기 시작한다. 모든 여성이 눈에 띄지 않는 방식으로 이것을 할 수 있는 것은 아니며, 다른 깊은 감정의 반란처럼 이 여성의 반란은 자신의 뼛속 깊이 자리 잡고 있다.

거식증은 실제로 여성에게 식욕이 없다는 것을 암시하므로 오해의 소지가 있는 용어이다. 그러나 실제로는 반대로, 식욕이 있고 이를 억제하고 극복하기 위해 행동하는 것이다. 또한, 과체중인 여성 대부분이 자기가 배가 부른 것을 모른다고 생각하면 이는 잘못된 생각이다. 그렇다면 우리는 이 서구문화에서 과연 무엇을 보고 있는 것인가? 저체중과 과체중인 사람들 사이에 공통된 점이 있는가? 짧게 답하면 '예'이다. 그들은 숨 쉴 공간이 그다지 주지 않는 이성애 가부장제의 현실을 사는 여성들이다. 더욱이 여성들은 다른 많은 사람이 각기 다른 방식으로 그랬던 것처럼, 자신들의 신체적인 틀에 반항하는 삶을 선택하였다. 여성이 더 많은 지적, 경제적 힘을 얻게 되면서 가부장제 사회는 여성의 열등감을 강화하는 방법을 점점 더 많이 찾아냈고, 여성은 남성보다 자신의 몸을 더 많이 드러내야 하므로 이러한 게임이 펼쳐지는 주요한 장소가 되어왔다. 이상적인 여성의 몸이라는 개념은 "여성을 평가절하하고 권한을 박탈하는 문화에서 비롯된 여성 혐오적 규범의 표현"[170]이다. 여성의 몸은 사회의 모든 권력이 여성에게 행사될 수 있도록 그들 자신을 규제해야 한다. 그렇다면 우리가 과체중 여성과 저체중 여성 모두에게서 보고 있는 것은 그들이 그 힘을 스스로 가져와 자신의 욕망을 자신의 피부로 살아가려는 시도일 것이다. 더 큰 그림을 규제할 수 있는 권력을 고려한다면, 이러한 반항의 모습은 가끔은 자멸적인 것처럼 보일 것이다. 하지만 정치적 함의를 잃지 않으려면, 우리는 날씬함의 폭압으로 약 70%로 추정되는 많은 여성이 식사에 어려움을 겪는 사회가 매우 잘못되었다는 것을 깨달아야 한다. 이들 여성 5명 중 1명은 섭식 장애를 앓을 정도로 우리 사회에서 어려움을 겪고 있다. 이러한 현상은 아주 어릴 때부터 시작되는데, 젊은 여성의 78%가 13세까지 자신이 과체중이라고 생각하는 것으로 나타났다. 사실 그들의 실제 몸무게는 전혀 그렇지 않다.

이 시스템은 단순히 '존재'하는 것이 아니라 여성의 신체에 대해 사용하는 언어에서부터 공적인 행위에서 사소한 친밀감과 돌봄에 이르기까지 여성을 무력화시키는 여러 전략에 의해 유지되고 있다. 예를 들어, 연구에 따르면 어머니들은 남아보다 여아에게 더 적게 먹이는 것으로 드러났다. 그럼에도 이러한 가정은 첫날부터 여아의 신체에 적용되며 어느 정도 영향을 미칠 수밖에 없다. 제한된 칼로리 섭취량과 짧은 수유 시간은 아이에게 영양부족과 양육 부족에 대한 감각의 토대를 마련하여 미래의 패턴을 설정할 것이라고 제안되었다.[171] 하틀리 Hartley는 이런 패턴들이 섭식 장애와 관련이 있을 수 있다고 제안하는 반면, 울프Wolf와 같은 다른 학자들은 그 의미가 훨씬 더 깊다고 생각한다. 하틀리는 음식이 여러 세대와 문화권에 걸쳐 항상 사회적 가치의 상징으로 여겨져 왔다는 사실을 잘 알고 있다. 그것은 우리가 사회 구성원들을 존중하는 한 가지 방법이었다. 함께 빵을 떼는 것은 항상 동맹과 평등을 알리는 한 가지 방법이었으며, 여성과 소녀들이 그만큼 보장하지 않는다는 메시지를 받는 한, 그들은 사회에서 평등하지 않다는 메시지도 받게 된다.[172]

어린 시절의 음식 제한에는 한 여성이 되어가는 과정에서 자기 부인self-denial이 요구된다는 심오하게 함축된 메시지가 내포되어 있다. 나는 이것이 여성의 성sexuality에 어떤 영향을 미치는지에 대해 광범위하게 글을 썼다. 또한, 그것이 음식과의 관계와 양육자로서 역할에 대한 자기 인식에도 영향을 미친다는 점도 기록했다. 요컨대, 여성들은 양육자로 길러진다. 그러나, 양육을 받을 수 있다고 기대해서는 안 된다. 울프의 지적에 따라 우리는 식탁에서 영예롭고 평등한 손님이 되기를 기대하는 것이 아니라, 손님이 영광스럽게 느낄 수 있는 모든 것으로 식탁을 가득 채우기를 기대한다. 어쩌면 우리는 사모아 여성들의 책에서 힌트를 얻어야 할지도 모르겠다. 그들은 사회에서 매우 명예로운 위치에 있으므로 먹는 것을 과장한다. 또한, 몸집이 큰 여성을 좋게 생각하며, 흥미롭게도 서구 사회에서 체중 증가와 연관된 질병의 발병률은 매우 낮다. 어떤 문화권에 속해 있든 우리는 불평등한 권력 관계 속에서 자신의 위치와 의미를 찾고 있으며, 구체화된 개인으로서 결국 우리가 사는 곳인 몸을 통해 이를 행동으로 옮기는 경향이 있다. 페미니스트 해방의 관점에서 우리가 추구하는 의미가 단순히 기존 구조에서 찾을 수 있는 것이 아니라는 점에 주의해야 한다. 우리는 자리를 찾을 때 우리가 따르는 전통, 즉 기독교 성육신의 저항 문화적 잠재력을 항상 염두에 두어야 한다. 우리가 알고 있는 성육신은 극도로 구체화된 동시에 우리가 일상적으로 체화된 현실로 이해하는 모든 경계에 도전하는 것이다.

비록 후대의 신학이 그렇게 주장했지만, 기독교의 신/인간은 고정된 본성을 가지고 있는 것이 아니라, 투과적이고 불안정한 본성을 가지고 있다. 이 이야기는 성육신하신 하나님과 관련된 불안정한 범주를 강조하는 그리스도의 몸 안팎에서 일어난 많은 변화와 관련이 있다. 신성한 것에서 육체로, 살과 피에서 빵과 포도주로, 인간에서 우주의 영으로 변화하는 과정을 통해 구속사적 실천의 완전한 성육신이 일어난다. 이 각각은 온전히 이해하면 장소, 위치 및 권력 관계의 변화를 의미하므로, 성육신적 출생 권리를 온전히 살기 위해 자신의 구현체로 놀이하는 우리들에게 유용한 자원이다.

기독교 이야기는 육신을 입고 거하시는 하나님에 관한 이야기로, 우리의 모든 근시안적인 세속적 생각을 깨뜨리고 변화의 대상이 되게 한다. 신성한 역동적인 생명력은 다양성 속에서 분출하며, 그 에너지는 법과 율법, 형태와 크기에 의해 억제되지 않는다. 어제와 오늘, 그리고 내일이 똑같지 않은 이 역동성은 항상 우리를 새로운 호기심과 도전으로 나아가게 한다. 그 역동성은 우리를 세상과 단절시키는 것이 아니라, 우리가 인간과 신의 춤을 추는 동안 우리를 더 많은 자신 속으로 끌어당긴다. 어릴 때부터 몸의 규제를 받는 여성에게 있어 가장 어려운 것은 바로 이러한 자기 자신으로 거듭나는 것이다. 그러나 성육신은 우리가 현상 유지를 강화하기보다는 현상 유지를 방해하는 실행을 추구할 것을 요구한다. 이는 우리가 사는 세상에서 우리를 구속하는 구조에 도전할 방법을 찾아야 한다는 것을 의미하며, 이러한 맥락에서 여성과 신체 사이즈에 관한 이야기도 마찬가지다.

자매들이여 크고 대담하게 말하라!

이러한 저항 문화적 생활은 일부 우리 몸에 대해 말하는 방식에서 시작될 수 있다. 모니크 위티그Monique Wittig는 언어가 단순한 단어가 아니라 시간이 지남에 따라 반복되는 일련의 행위이며, 그것은 현실, 즉 결국 사실로 간주 될 현실을 만들어낸다고 말한다. 이것은 매우 효과적이어서, 우리가 말하는 현실이 어떻게든 전사회적pre-social이며 전추론적pre-discursive이기 이전에, 또는 신학의 언어로 표현하자면 하나님의 선재적인pre-existent 뜻처럼 보인다. "그분을 위해 날씬하기" 프로그램을 통해서 우리가 보았던 것처럼, 이 언어는 날씬한 몸들의 현실이었다. 즉, 하나님과 함께 선재하는 것이었으며, 실제로 샴블린에게 하나님의 몸은 날씬한 아름다움의 모델이기도 했다. 위티그는 "언어는 사회적 신체에 현실의 다발sheaves of reality을 던졌으며 이런 다발들은 쉽게 버려지지 않고 폭력적으로 사회적 신체 위에 낙인을 찍으며 언어를 형성한다"라고 말한다.173 또한, 언어의 구조가 사람들에게 억압의 언어에 참여하도록 강요하기 때문에 그 억압적 힘은 깊다. 즉, 언어에 의해 부정적으로 규정된 사람들, 이 경우 뚱뚱한 여성은 이해할 수 없는 존재이며 그들에게는 말하기의 주체가 될 가능성이 없다고 가정하기 때문에 다른 방법이 없는 것처럼 보인다. 위티그는 언어가 개념, 범주, 과학을 형성하기 때문에 언어의 힘이 엄청나다는 것을 알고 있으며, "과학과 이론이 우리의 몸과 마음에 물질적이고 실제로 작용하는 힘에는 그것을 생산하는 담론이 추상적이라 할지라도 추상적인 것은 아무것도 없다. 모든 억압받는 사람들은 이 힘을 알고 있으며, 이 힘에 대처해야 한다"라고 말한다.174

위티그는 언어의 힘이 그 권력을 억압할 수도 있지만, 언어가 마술적이거나 확실히 정해진 것이 아니므로 억압을 초월하는 길도 있다는 것을 알고 있다. 언어는 매우 유연해서 범죄 행위가 될 수도 있지만 혁명적인 행위가 될 수도 있다. 그녀가 보기에 여성의 실질적인 과제는 말하기를 통해 주체성subjectivity을 확립하는 것이며, 이를 통해 자신을 변형하거나 상대적인 존재로 만드는 말의 패턴을 벗어날 수 있다. 위티그가 언어에 대해 말할 때 여성과 젠더에 대해 말하는 것은 사실이지만, 단순히 여성이라는 상태뿐만 아니라 여성의 모양과 신체 사이즈에 대해서도 마찬가지인 것 같다. 그렇다면 이러한 대안적 언어 행위가 남성의 시선이나 가부장적 질서의 다른 수단에 대한 인식이 아닌, 우리 몸에 대한 인식에 기반한 사실로 자리 잡을 수 있도록 다른 언어를 사용하는 것이 시급하다. 다시 말해, 실제 세계에 우리 자신을 위치시키고 주체로서 현실 세계를 말할 필요가 있다.

기독교와 유대교의 신이 말과 이름을 통해 세상을 창조했기 때문에 창세기 1장, 기독교에서 언어의 힘이 실제로 어떻게 작용하는지는 경전을 보면 바로 알 수 있다. 이러한 말과 그 힘에 대한 애정은 기독교 경전에서 '말씀'이 창조의 시작이자 실제로 신이라고 믿어지면서 더욱 발전한다.요한복음 1장 1절 따라서 기독교 전통에서 말은 인간의 현실을 창조하고 세상을 형성하는 힘을 가진 것으로 여긴다. 어떤 말을 누가 하느냐는 신학적으로나 사회적으로 매우 중요한 문제가 된다.

페미니스트들은 이름을 짓는 힘이 우리의 경험을 표현하고 형성할 뿐만이 아니라 현실을 변화시킬 힘을 준다는 점에서 그 중요성을 인정해 왔다. 우리는 남자 아담이 여자와 나머지 피조물의 이름을 짓는 이야기에 다소 지쳤으며, 복음서가 선포하는 것만큼 우리의 삶이 자유로워져야 한다는 것을 발견하지 못했다. 우리는 새로운 언어를 찾아 새로운 세계, 즉 신성한 언어로 창조된 세계에서 살기를 원한다. 페미니즘 신학에서 언어가 중요한 이유는 우리가 세상과 신학에서 어떻게 인식되는지를 분명하게 보여주기 때문이다. 우리 중 많은 사람에게 이것은 분노의 첫 단계이며, 해리슨과 다른 사람들이 말하는 분노는 잘못된 일이 일어났다는 신호이기 때문에 자존감을 찾는 첫 단계다. 그다음 그것은 정당한 분노이며 전통적으로 여성이 소유하기 어려운 분노다. 언어가 우리의 삶의 현실에 의해 형성될 때, 그것은 또한 우리가 '서로의 말을 들을 수 있게' 해주며, 가부장제 아래에서 여성으로 구현되는 것이 실제로 어떤 것인지에 대한 침묵, 즉 죽음의 공백을 뚫고 나갈 수 있는 길이다. 우리는 타인의 말에 의해 우리의 몸이 어떻게 형성되는지 보았으므로 이제 우리의 말로 우리의 몸을 형성하기 시작해야 한다.

페미니스트 신학자 중 메리 데일리Mary Daly는 언어를 가장 창의적으로 사용한 인물로 꼽힌다. 그녀는 가부장제에서 단어를 되찾고, 여성들의 경험이 가부장적 언어를 넘어선다고 느낄 때 단어를 발명한다. 그녀는 여성 중심적인 작가로서 활발하고, 박식하고, 다차원적이고, 독립적이고, 창의적이면서 강인한 사고를 가능하게 하는 직관적인 놀이를 우리만의 공간에서 일으키고 싶다고 말한다. 데일리는 언어들을 가지고 놀면서 여성으로서 우리의 경험에 빛을 비추는 새로운 방법으로 그 언어들을 다시 들어보도록 우리를 초청한다. 그녀는 전통적으로 여성에 대한 부정적인 이미지가 전달되었던 언어를 취합하여 그 언어의 의미를 완전히 변형시킨다. 올드미스spinsters라는 단어는 결혼하지 않은 미혼여성들, 혹은 노처녀라는 원래 의미로 더는 쓰이지 않지만, 경이로움의 거미줄을 짜고 미래를 펼쳐나가는 여성으로 표현한다. 노파hags, 쪼그랑 할멈crones, 마녀witches라는 단어들은 모두 가부장제를 "방랑하는 여성들wonderlusting women"로서, "남성이 만든 신비화의 미로를 뚫고, 이중적인 사고의 마음의 속박을 깨뜨리는 우리 자신이 지닌 자유분방한 지혜와 재치의 양날의 도끼"175인 라비리스무기들labyryses를 휘두르고 있다. 데일리는 여성들을 통제하도록 설계되던 혹독한 언어에서 날카로움을 빼내고, 불꽃을 일으키고 회전하고 싶은 욕망으로 그 자리를 대체한다. 만일 우리가 이것을 우리의 신체가 구현된 실재實在들에 관한 것이라 한다면, 다시 말해, 만일 다양한 종류의 몸매와 신체 사이즈를 가진 모든 여성이 자신들은 아름답다고 부르고 그것에 의미를 부여한다면, 어떤 언어가 나올 수 있는가? 어떤 의미에서는 이렇게 하는 것은 우리에게 주어진 성서적 명령이다. 우리는 아름답고도 경이롭게 만들어졌고 거기에 첨부된 몸무게나 신체 크기를 표시하는 도표가 없다고 들었기 때문이다. 만약 우리가 사회의 기대 기준에 부합하는지에 상관없이 아름답게 대우받기를 고집한다면 어떻게 될까? 그 대답은 명백하다. 우리는 사회에서 때가 되면 현실이 될 수 있고, 사실이 될 수 있는, 그런 반복된 언어 행위를 사회에 심어줄 것이다. 우리는 우리 사회의 기둥 중 하나인 언어에 그 정도의 큰 압박을 가할 수 있는 자존감이 있는가?

우리를 계속해서 부정적으로 침범하는 사회에서 이러한 자존감을 찾는 것은 매우 어렵다. 예를 들면, 뚱뚱한 여성은 세간의 공격을 당하고, 병적인 증오심의 대상이 된다는 두려움에 사로잡힌다.[176] 이것은 뚱뚱한 여성은 규칙을 따르지 않고, 그래서 그들은 공간을 차지하는 위협이라는 방식으로 위협을 육체로 구현하기 때문이다. 그들은 성정치sexual politics와 신체 움직임body movement에 대한 규칙들을 위반하는 방법으로 공간을 점유하는 신체를 가진다. 뚱뚱한 여성은 공적인 영역에서 자신에게 허락된 빈약한 공간에 자신을 가두지 않는다. 또한, 그들은 근육이 있으므로 자신들의 원래 체중 밑으로 떨어지지도 않는다. 이것은 마땅히 그래야 할 것은 아니다. 우리가 그동안 보았듯이 이것은 저항 문화적이며 언어와 사회적으로 배제하려는 시도를 통해서 사회적 처벌을 받아야만 한다. 기독교 이원론에 기반한 사회가 감당하기에는 너무 많은 육체가 있지만, 뚱뚱한 몸은 사회가 더는 육체를 경멸하지 않는 새로운 신체구현의 비전을 찾고 신학이 성육신의 현실과 그 안에 있는 신성한 잠재력에 어떻게 관여하는지 다시 생각하도록 요구하고 있다고 주장할 수 있다. 뚱뚱한 몸은 신성한 것은 말할 것도 없고 효과적이거나 강력하거나 성적인 것으로 묘사되지 않으며, 이런 식으로 그 크기 때문에 가장 눈에 띄어야 할 몸이 우리의 문화적 인식을 통해 지워지는 이상한 역설이 작용하고 있다. 우리 사회에서 곡선이 있고 살이 많은 엉덩이, 골반, 가슴을 가진 몸을 성적으로 보거나 에로틱하게 여기지 않지만, 다이어트를 통해 2차 성징을 잃은 몸은 여성 섹슈얼리티의 대명사로 투영되는 것은 아이러니한 일이다. 여성을 소중히 여기지 않는 사회에서 이것이 정말로 특이한 일인가? 결국, 실제 여성을 지우고 인위적으로 여성을 미화하는 것은 그런 문화와 맞닿아 있다. 그런 이상을 위해 굶는 여성들은 실제로 외적인 여성성뿐만 아니라 내적인 여성성에도 영향을 미치기 때문에, 진짜 여성을 지우려는 문화는 더 만연하게 된다. 날씬함의 포악성 때문에 살을 너무 많이 빼면 배란과 월경에 영향을 미친다. 그리고 여기서 우리는 저항 문화적인 말하기와 지식의 또 다른 측면을 마주하게 된다. 즉, 뚱뚱한 몸은 성욕을 높이는 에스트로겐을 더 많이 저장하는데, 이는 남성들의 시선을 통해서 뚱뚱한 여성은 무성애자asexual이거나 심지어 탈성애자desexualized라고 선언된 진실에 반대된다. 이로 인해 연구자들은 이것이 사실일 가능성이 있는지 조사하기 시작했다. 연구에 따르면 체지방이 많은 여성이 더 많은 섹스를 원하며, 이는 서구 백인 사회의 문화적 규범에 맞서는 것으로 보인다. 서구 백인 사회가 욕망하는 섹스 대상이 사실은 혐오스러운 대상보다 섹스에 관심이 적은 것처럼 보이기 때문이다.

물론, 어떤 신체 이론가들을 믿는다면 말하지 못하는 이런 무능력은 더 깊어진다. 많은 학자 중에 헬레나 미치Helena Mitchie는[177] 여성의 굶주림을 섹스와 권력에 대한 말로 표현할 수 없는 욕망의 관점에서 이론화하였다. 그녀는 빅토리아 시대에 이것이 어떻게 분명하게 드러나는지 설명한다. 당시에는 여성의 공공 식사에 대한 제한이 있었는데, 이는 여성의 제한된 성적 구성sexual construction 및 공적 권력과 직결되는 문제였다.[178] 그러나 개인적, 공적인 영역에 관한 담론에서 최소

한 섹스와 권력에 관한 한 여성들이 더 평등하다고 믿고 있는 현재에
도 그들은 왜 말하기를 꺼리는 것인가? 이론적 차원의 대답은 여성들
이 이러한 영역에서 만족감을 느끼지 못하고 있으며, 또한 그러한 만
족감을 주장할 만한 자존감이 여전히 부족해 보인다는 것이다. 우리가
보았듯이 샴블린과 그녀의 추종자들은 하나님께서 영적인 배고픔을
채워주신다고 주장하였다. 그러나 거기에는 내가 생각한 대가가 있었
다. 그것은 모두 자신의 위치를 알아야 하며, 이곳은 오히려 남성이 책
임자이고 여성은 그것을 기뻐하는 다소 전통적인 장소라는 것이었다.
이것은 인정받고자 하는 여성의 영역에서는 분명히 도움이 될 수 있
다. 더는 존경 받을 필요가 없는 훌륭한 크리스천 아내와 어머니로 인
정받을 수 있다는 점에서 하나의 권력으로 여길 수 있는 것이다. 그렇
다면, 나는 그들의 자존감이 사실상 그리 높지는 않다고 주장하고 싶
다. 그들의 가치가 타인을 위해 봉사하는 데 있어 선입견에 사로잡힌
이상을 실현하는 능력에 달린 것처럼 보이기 때문이다. 나는 이런 여
성의 성적 현실이 어디에 있었는지에 대해서 어디에선가 언급한 적이
있으므로[179] 다시 그 논지를 반복하지는 않겠다. 그러나 그러한 근본
주의자들의 가정에서 학대가 자주 일어나므로 이 분야에서 여성의 욕
망과 만족도에 대한 문제는 안건에서 높은 비중을 차지하지는 않는다.

여성이 억압적인 성적 체제 하에 살 수 있게 하는 데 필요한 신체의
분열은 그들 자신이 가치 있다는 느낌을 부인否認하는 것과 연관된 것
이고, 신체 사이즈를 조절하기 위해 그들의 몸에 형벌을 가하는 방법
이기도 하다. 체닌Chernin은[180] 배고픔과 식욕을 조절하려는 시도는 관

능에 깊이 뿌리를 두고 있어, 여성이 절망에 빠질 수 있다고 주장한다. 배고픔을 조절하려는 시도는 여성에게 권장되는 일이지만, 그것은 자신의 성적 욕구를 부인하는 것과 같으며 각 여성이 누구인지를 표현하는 것이기 때문에 대가가 따른다는 것을 알게 된다. 체닌은 음식이 자신과 타인에게 자아의 관능적인 면을 즐길 권한을 부여하는 것이라고 주장한다. 이것은 기독교의 영향을 받은 서구문화와 이후 선진 자본주의의 압도적인 무게에 짓눌린 서구문화가 잘 할 수 있는 일이 아니다. 전자는 많은 기독교적 사고의 핵심에 있는 근본적인 이원론적 분열에 직면하기 때문이고, 후자는 그러한 만족이 자본주의라는 러닝머신에 연료를 공급하지 않기 때문이다. 이런 이분법적 기독교와 자본주의 속에서 필요한 것은 단기적인 해결책과 자신을 잘 돌보는 것이 아니라 미래를 위해 노동하는 몸이다. 우리가 보았듯이 거식증은 부정에 기반을 둔 상태이며 자아, 신체, 정신의 분열에 기반한다. 과체중인 사람들도 음식을 부정하는 같은 방식으로 가부장제의 까다로운 시선으로부터 거리를 둔다는 제안도 있었다. 그러나 체닌은 우리 몸은 우리가 거부하는 감정까지도 표현할 수 있으며, 우리 몸을 지혜와 경이로움을 담고 있는 영광의 대상으로 이해한다. 그녀는 신체를 존중하고 그것에서 교훈을 얻으라고 우리에게 촉구하며,181 갱년기 신체가 담고 있는 지혜를 기뻐한다. 그녀가 이해하기로 그 지혜는 우리 삶을 충만하게 마무리하고, 우리가 경험한 것들이 확장되어 뼈에 나타나는 것이다. 가부장적 사회는 이런 표현을 통제하려고 시도하고 있으며 그렇게 함으로써 자연을 통제하려고 하는 중이다. 여성은 이런 통제에 저항하고 몸의 지혜로 영광을 돌려야 한다. 삶과 죽음에 밀접하게 연결되어 있고 변화무쌍한 성격을 지닌 여성의 몸은 기독교 전통에서 형이상학적 절대자인 신에게서 가장 멀리 떨어져 있다고 여겨져 왔으며, 그래서 여성이 저항하기가 매우 어려웠다. 여성의 이런 변화 가능성은 기독교적 전통이 잘 대처하기에는 여성을 너무 육체적인 것처럼 보이게 만들었다. 그리고 체닌은 이것이 세속적인 남성이 자기의 죽음mortality에 대처하지 못하는 무능력으로 해석되었다고 주장했다. 체닌은 "만일 남성이 이것을 허용할 수 있다면 여성은 기꺼이 자신이 뚱뚱해지고, 성숙하고, 그 모든 풍요로움 속에서 인간 몸의 자연스러운 경이로움에 자부심을 가질 수 있을 것"182이라고 말한다. 이런 무능력은 남자들이 관능적인 이미지를 가진 성숙한 여성에게서 후퇴하여 어린아이 같은 몸의 상대적으로 변하지 않은 고정된 이미지 속에서 안전을 찾는다는 것을 의미한다. 그들은 완전히 성장한 여성의 육체에서는 느낄 수 없는 취약성에서 안전을 찾는데, 그 성숙한 육체에는 그들에게 깊은 불안을 주는 무언가가 있기 때문이다. 그것은 무엇인가? 그리고 남성의 이러한 불편한 질병dis-ease183은 여성을 남성의 희생양으로 삼게 되는 출발점이자, 여성도 자신 안에 있는 욕망을 거부하게 되는 출발점이었다고 할 수 있는가?

모성적 육체(fleshness)에 대처하기

이 분야에서 상당히 많은 추측이 있지만 가장 설득력 있으면서 학문적으로 신뢰할 수 있는 이론가는 도로시 디너스타인Dorothy Dinnerstein 이다. 디너스타인은 모든 젠더가 느끼는 가장 기본적인 인간의 슬픔은 일차적 사랑인 어머니의 불가피한 상실이라고 제안하였다. 또한, 이런 사랑의 상실은 인생 여정을 통해 다양한 일련의 활동들로 보완된다고 하였다. 체닌은 이를 "여성의 몸은 우리의 첫 번째 집, 측정할 수 없는 신비에 대한 우리의 첫 번째 지식, 우리를 스스로 버리는 무고한 고통의 첫 번째 원인"184이라고 표현한다. 그렇다면 이 지점에서 신학과 종교적인 실천은 그 슬픔을 가시화하고 상처를 치유하며 우리가 모두 더 풍요롭고 덜 파괴적인 삶, 즉 더 풍요롭고 더 온전히 육화된 삶을 살 수 있도록 도와주는 역할을 해야 한다. 그 삶은 심리적 고통에 근거한 부정적 투사에 의해 좌우되지 않는 삶이다. 문제는 소년들과 소녀들이 상실을 다르게 경험하고, 성별에 따른 가부장적인 세상에서 서로 다른 보상에 대한 욕구를 갖게 된다는 점이다. 이는 성별뿐만 아니라 신체 사이즈에 대한 언어적인 표현에도 영향을 미친다.

남성과 여성 모두 원초적인 사랑에서 분명했던 양육을 다시 경험하기를 원하지만, 가부장적 사회에서 이것은 매우 어렵다. 남성은 신체적으로 심리적으로 훨씬 쉽게 그 양육을 경험할 수 있다. 여성의 몸은 어머니의 몸과 비슷해서 가까이 있는 것만으로도 남성은 어린 시절의 친밀감을 재현하고 영유아와 어머니의 행복에 대한 기억을 일깨울 수 있다. 그렇다면, 남성의 경우 성관계는 양육에 대한 욕구를 충족시킬 수 있지만, 여성에게는 그렇지 않다. 결국, 여자는 남자와 가까워지는 것만으로는 어머니의 몸을 떠올리지 않는다. 게다가, 여성은 육체적 쾌락을 제공하는 사람이 됨으로써 어머니의 역할을 하게 된다. 우리는 이것이 여성이 자기 몸을 바라보는 방식과 남성이 외부 환경에 따라 여성의 몸을 형성하기 위해 사회에서 권력을 행사하는 방식에 어떤 영향을 미치는지 살펴보았다. 예를 들면, 우리가 이미 살펴본 것처럼, 소피아 로렌은 남성들이 매일 죽음과 고난에 직면했던 역사적 순간에 관능sensuality과 양육을 결합하여 그들의 섹스에 대한 욕망과 양육에 대한 과장된 욕구를 결합했다. 여성의 몸은 남성의 심리적, 육체적 성취 욕구의 무게를 감당해야만 한다. 성숙한 관계의 신호가 될 수 있는 육체적 쾌락의 교환은 이성애 가부장제 속에 알려졌던 이런 심리적인 구조 속에서 종종 부재한다.185 여성은 보통 남성을 성적으로 관통할penetrate 수 없으므로186 그러한 성적인 활동으로 신호를 받은 정서적인 병합은 대리만족을 얻기 위한 간접적인 병합vicarious merging이 없이는 어렵다. 이런 대리만족을 얻기 위한 간접적인 병합은 여성 자신들이 양육과 돌봄을 제공해 줄 수 있는 능력을 통해서 본인들의 자율성을 잃게 되는 것으로 그들에게는 아주 위험하다. 남성들은 가부장제 아래에서 본인들을 위한 양육을 찾을 수 있고 자율성을 유지할 수 있다. 반면에 여성들은 그들의 사랑의 능력이 가끔 감정적인 고통을 경험하고 이상적인 사랑에 대한 열망을 추구하는 것일 뿐 아니라 이것들이 성취되지 못했을 때는 종종 좌절감으로 이어지는 것을 경험한다.187 한마디로 말하면, 어머니의 사랑과 행복을 느끼지 못하는 파열된 틈rupture을 치유하려는 욕구를 이성애적 가부장제도 틀 안에 행동으로 옮길 때, 그들의 욕망은 명명되지 않을 뿐 아니라 성취되지도 않을 것이 분명하다.

만일 우리가 디너스타인의 글을 단순히 액면 그대로 받아들인다면, 우리는 어머니로부터 세상으로 나오면서 겪었던 남녀 모두의 고통과 고난에 기초하여 발전된 불행한 시스템의 결과를 여성의 몸이 견뎌내야만 하는 세상으로 바라보는 것이다. 남성은 내가 확신하는 것처럼 다른 방식으로 대가를 치를 것이라고 예상하는 바다. 그러나 모든 이론가가 상황 분석에서 측정된 대로 확신하는 것은 아니다. 하우나니 케이 트라스크Haunani-Kay Trask는 탈식민주의적인 담론의 언어를 신중하게 사용함으로써 소위 '신체의 정치학'이라고 부르는 것을 포함하여 가부장적으로 정의된 제도 안에서 여성들의 상황을 강제로 끌어들인다. 그녀는 다음과 같이 말한다. "우리의 몸은 그 여성들의 천연자원섹스와 아이을 채굴하기 위해 신중하게 신비화되었기 때문에 빼앗겼다. 여성 혐오가 극심한 5천 년의 유대-기독교 전통은 여성이 '부정하다'는 생각을 강화하는 데 일조했다. 우리 자신의 주요 영역인 신체에 대한 우리의 무지는 가부장제의 자기 이익에 부합하는 것이다."188 따라서 해결책을 찾는 인간의 공통된 조건에서 시작된 것이 젠더 정치의 근거가 되었으며, 그러한 정치가 항상 초래하는 필연적인 구체화된 결과가 되었다.

트라스크는 이 문제를 설명하는 동시에 대안을 제시하고자 하는데, 이 역시 어머니로의 회귀와 몸으로의 회귀라는 두 가지 길에 놓여있다. 양쪽 다 가부장제에 그 뿌리를 내리고 있으며, 여성의 관능적 욕망에 대해 부정하는 것이어서 두 가지 다 필요하다. 기독교 전통에서 이러한 어머니로의 회귀는 약화하는데, 이는 신deity의 여성적 측면이 마리아의 형상을 통해 희미하게 엿볼 수 있는 것을 제외하고서는 거의 지워졌기 때문이다. 마리아는 전해지는 바와 같이 못 박힌 아들들에게는 완벽한 행복의 대상이며, 여성들에게는 동정녀 어머니라는 불가능한 역할 모델이다. 어머니에게로의 회귀는 "우리가 아들들의 왕국에서 딸과 어머니라는 두 세계에 어떻게 살았는지"[189]에 대해 다시 한번 살펴보고 분석할 수 있도록 하며, 이미 살펴보았듯이, 이것은 여성의 권한 부여와 자매애의 세계가 어떻게 하나의 세계가 될 수 있는지 다시 상상하는 데 도움을 준다. 체닌은 우리가 성장하여 아버지의 세계로 들어가면 아들들도 불안해지기 때문에 그들도 안전을 위해 여성의 몸으로 돌아가고 싶어 한다고 믿는다. 아들이 성장함에 따라 이러한 복귀는 통제라는 차원을 더하게 되는데, 이는 아들이 원하는 대로 위로를 받을 수 있는 유일한 방법이며, 통제는 어머니의 몸을 떠난 원초적인 기억 때문에 생기는 불안을 제거한다. 체닌은 이것이 여성들을 계속해서 무기력하게 만드는 사회 제도에 투영된다고 주장한다. 심지어 그녀는 날씬하거나 거식증인 몸은 과거의 기억을 떠올리는 모든 힘이 제거된 몸이기 때문에 남성들에게 더 안정적인 느낌을 제공한다는 것을 관찰하였다. 그것은 그 과거의 기억을 떠올리는 모든 능력을 제거한 육체이기 때문이다. 그 능력은 여성의 신비로운 힘[190]과 그 풍요로운 첫 번째 세계가 제거됨으로 그들에게 가해진 고통을 생각나게 할 수 있는 모든 것이다. 렐위카Lelwica는 이에 대해서도 흥미로운 견해를 가지고 있다. 그녀는 집에서뿐 아니라 세상에서도 여성을 위한 힘을 요청하는 여성운동 때문에 어린아이 같은 몸은 특별히 남성에게 덜 위협적이라고 말한다. 그러나 또한 렐위카는 여성운동이 우리가 예상하지 못했던 방식으로 여성의 신체에 깊은 영향을 미쳤다고 본다. 그녀는 일부 여성들에게 날씬함에 대한 집착은 현재 여성들이 성취할 수 있는 독립성, 자립성, 공적 성공과 이타적이며 양육하고 타인을 돌보는 것의 균형을 맞추려는 시도를 반영한다고 주장한다.191

그러나 트라스크가 주장하듯이, 딸이 아들과 가부장제가 요구하는 자기희생 모드에 빠지도록 부추기는 것이 아니라, 양육하는 동안 여성이 자기 자신을 낳는 과정인 사랑, 즉 여성의 변화를 위한 일종의 심령적 산파인 용기 있는 모성을 찾아야 한다.192 따라서 추구할 사랑은 심리적, 정서적일 뿐만 아니라 철학적이며, 의식적으로 여성과 친구가 되는 것이며, 여성성을 자율성으로 키우는 것이다. 남성만이 여성의 사랑을 물려받을 수 있고 여성은 이를 배워야 한다는 가부장적 법칙이 지배하는 세상에서 이러한 자율성을 키우는 것은 가부장제에 대한 깊은 위협이다. 이것이 페미니스트 에로스feminist eros이다. 젊은 여성들이 남성의 불안에 대한 희생양이 되고, 투영을 통해 문화의 고통과 부적절함의 희생양이 되는 것을 더는 허락하지 않을 때, 여성 문제와 신체 사이즈에 관한 문제는 여기에서 반란의 출발점을 찾을 수 있을지도 모른다. 남성이 여성에게 느낄 수도 있는 분노를 여성도 함께 공유하기보다는 오히려 그 분노를 비껴갈 수 있는 자기애를 여기서 찾으면 어떨까?

세속적인 작품으로는 매우 이례적인 전환으로, 트라스크는 로빈 모건Robin Morgan과 함께 이런 종류의 양육과 권한 부여를 사랑이라고 명명하고, 이를 가능하게 하는 몸을 반反기독교적인 성례전이라고 명명하면서 이야기를 전개한다. 모건은 어머니의 몸이 진정한 빵과 포도주라는 성찬식을 거행한 후 계속해서 이야기를 이어간다.

> 내 두뇌에 축복이 있기를
> 내 자신의 힘을 생각하게 하소서.
> 내 가슴에 축복이 있기를
> 내가 사랑하는 사람들이 생계를 유지할 수 있도록.
> 내 자궁에 축복이 있기를
> 내가 창조하기로 선택하였던 생명을 창조할 것입니다.[193]

외적인 남성 그리스도는 우리가 보았듯이, "그분을 위해 날씬하기" 뿐만이 아니라 이원론적 방식으로 작용하는 세속 사회의 토대를 마련한 신체를 부인하는 대부분의 신학 뒤에 있다. 그런 그리스도의 힘은 여성의 실제적인 경험에서 여성의 살과 피로 대체된다. 이런 성례전의 힘sacramental force은 여성의 신체에 대한 폄하 논란에 도전하기 위해 강조되며 이러한 현재의 목적을 위해서 양육자의 역할에도 힘을 실어준다. 결국, 기독교인들로서 우리가 초대된 그 식탁은 메시아 연회가 열린 식탁이며 그래서 여성의 몸으로 그 성찬을 집례하고 있는 그리스도는 참으로 몸을 가진 그리스도이다.

트라스크가 조언하는 어머니로의 이러한 회귀는 어떤 사람들에게는 어리석은 단계로 보일 수 있는 신체로의 회귀와 연결되어 있다. 수세기 동안 여성들은 부정적이면서 능력 부여를 적게 받는 방법으로 육체와 연결되었기 때문이다. 그러나 우리가 보았듯이, 관능적인 것은 신체 활동만이 아니라 정신 활동이기도 하며, 우리가 가장 위대한 혁명을 일으킬 방법이다. 그 혁명은 우리의 뜻과는 반대로 오랫동안 우리에게서 **빼**앗아서 사용되었던 것을 다시 주장하는 것으로, 지배 제도에 대한 엄청난 도전이다. 트라스크가 말했듯이, "어머니로의 회귀와 몸으로의 회귀는 성적 하부 구조의 힘을 약화하고 본능적 만족을 생생하게 다시 경험하기 위해 의식적으로 택한 여정이다. 결국, 이러한 여정은 해방된 사회, 즉 페미니스트 에로스의 투영을 가능하게 한다."194

트라스크는 한 가지 중요한 영역이 어머니에게 회귀한다고 제안함으로써 논쟁을 한 단계 더 발전시켰는데, 이는 처음부터 지배와 복종의 담론에서 여성의 몸을 되찾으려는 진정한 시도이며, 어머니가 딸을 아들의 왕국으로 인도하는 것이 아니라 자신의 육체와 의지의 힘으로 딸을 먹여 살리는 것이라고 말한다. 그녀가 말하는 이 모성애적 돌봄은 단순히 신체적인 것이 아니며 친구들과 사랑하는 자들인 여성들 사이에서 긴급하게 필요한 것이다. 그것은 우리도 공유하고 있는 여성의 몸에 대한 남성의 양가감정을 극복하는 한 가지 방법일 수 있으며, 이로 인해 우리 자신의 피부에서 힘을 잃고 외부의 압력과 억압에 노출될 수 있다.

트라스크는 비록 어머니에게로의 회귀와 몸으로의 회귀에 위험한 점이 있다는 것을 이해하지만, 그녀는 기꺼이 위험을 감수할 의지가 있으며 다른 사람들에게도 그렇게 하도록 촉구한다. 그녀가 우리에게 직면해야 한다고 요청하는 것 중에는 많은 심리학 문헌에서 볼 수 있듯이 집어삼키는 여성인 원초적 어머니의 영역이 있다. 우리는 처음에 배고픔을 통해 우리 어머니들을 알았다. 그리고 우리 자신이 그때 느꼈던 것, 즉 먹고, 삼키고, 빨고 싶은 욕구를 어머니들에게 귀속시키는 것이 일반적이다. 그래서 우리는 우리 옆에 있는 이 거대한 여성의 몸이 우리를 먹고 싶어 한다고 상상한다. 또한, 동전의 뒷면에서 우리는 이 몸이 우리를 먹이지 않으면 우리가 죽는다는 것을 알고 있으며, 이것은 어린아이가 처한 매우 불안정한 상황이라는 것을 안다. 또한, 이곳은 비난이 시작되는 곳이기도 한데, 우리가 그녀를 통해 먹는 것이 너무 많거나 충분하지 않기 때문이며, "이것은 우리의 집착의 중심부"195, 즉 우리가 원하는 젖가슴이 없다면 우리가 영원히 길을 잃어버릴 수도 있는 곳이다.

여성의 몸에 대한 집착은 여성의 몸이 우리의 세계, 즉 '여성이 우주인 풍요롭고 호화로운 낙원'196, 미각, 후각, 촉각, 시각이 모두 혼합되어 있고 내부와 외부가 명확하게 정의되지 않은 세계이기 때문에 이러한 원초적 경험에 뿌리를 두고 있다고 주장한다. 남성과 여성이 비난하려는 본능을, 남성의 경우 두려움을 불러일으키는 모든 것을 통제하려는 본능을 극복할 수 있다면, 관능적인 것의 힘을 진정으로 맛볼 수 있고 여성은 자신의 모든 힘과 주체성과 연결될 수 있다고 주장한다. 우리는 전반적으로 갈 길이 멀다!

육체의 젠더화(성별화)

남성 지배와 그에 따른 여성의 욕망 거부는 비인격적 조직화의 헤게모니를 통해 작동한다. 여성과 사회 전반의 신체는 성육신의 물질성을 통한 신과 세상의 감각적 결합보다 그리스 형이상학에 더 적합한 두 가지 측면인 미학과 합리성에 의해 비인격적으로 조직화되어 왔다. 제시카 벤자민Jessica Benjamin이 젠더의 조직을 통해서 이것이 어떻게 작용하는지에 대해 통찰력을 제공할 때 매우 설득력이 있다. 제시카 벤자민은 이전의 많은 다른 학자처럼 남자다움과 여자다움이 단지 생물학적 차이뿐만 아니라 매우 다른 가정된 원칙과 경험에 기반한다는 것을 인정하고 있다. 그녀는 남자아이는 태어날 때부터 합리성이라는 차갑고 비인격적인 이성의 우위에 기초를 두고 있다고 주장한다. 남자아이는 그들의 어머니가 아니므로 불연속성에 의해 남성성이 정의되며, 이에 따라 어머니를 독립된 인격체가 아닌 쾌락의 대상, 도구로 대상화하게 된다. 벤자민도 이를 이성애 제도 내부에서의 평등 부족의 근간으로 보고 있다. 즉, 성적으로만이 아니라 정치적으로도 평등이 부족하다고 이해하는 것이다. 그녀는 에로틱한 지배는 어머니와의 관계에 대한 남성의 불안이며, 이는 어머니에 대한 권력과 폄하로 나타난다고 말한다.197 여성과 탈성애화 된 어머니 대상의 연관성에서 여성은 욕망의 주체성을 박탈당하고 공허한 것으로 여겨지는데, 이는 남근에 의해 관통될 때 발견되는 것 이상의 자율성이나 의미를 갖지 못하는 것으로, 모성에 의해 삼켜지고 삼켜질 것이라는 두려움에 대한 균형감각을 상쇄하는 것이다. 여기에서 신체 사이즈 문제도 중요한 역할을 한다. 옆에 있는 몸이 매우 어린 아이처럼 성인 여성의 성숙함을 지니지 않은 경우, 어머니에게 삼켜질 가능성은 심리적 가능성이 덜하다.

남근은 남성에게 자율성의 도구가 되며, 강력한 어머니에 대한 의존으로부터의 자유를 상징한다. 그러나 남근은 자아 감각에 매우 중요한 자율성에 의문을 제기할 수 있어서 자신이 통제할 수 없는 대상과 연결해서는 안 된다. 이것은 여성들에게 완전히 다르지만, 이 남근의 독점을 극복할 수 있는 대상이 없다.198 그러므로 여성들이 자신의 몸의 현실에서 벗어나 더는 그들 자신을 불구로 만들지 않고, 남성 우월주의 게임의 일부인 사이즈 게임을 하지 않는 것이 매우 중요하다. 또한, 여성의 욕망을 추구하는 데 있어 몸을 다시 한번 인정받지 못하고 쓸모없는 존재로 만들고 있다. 우리가 새로운 존재 방식을 창조하려면 욕망에 대해 진실을 말하는 법을 배워야 하며, 이를 통해 세상에서 여성이 되는 강력한 방식을 구현할 수 있다. 벤자민이 남성 자녀와 어머니의 관계, 그리고 이성애 가부장적 관계의 근간과 연관시키는 이러한 인식의 부족은 우리의 신학 세계에서 해부학적으로나 상징적으로 여성의 몸을 우선시함으로써 극복되어야 한다. 벤자민은 욕망을 인식의 욕구로 이해하면 에로틱한 경험에 대한 우리의 관점이 바뀐다고 말한다. 즉, "그것은 우리가 상호주관성 특유의 욕망을 표현하는 방식을 설명할 수 있게 해주며, 이는 다시 여성의 욕망에 대한 새로운 관점을 제공한다."[199] 그녀에게 이런 상호주관성은 공간적이다. 그리고 그 것은 여성들이 성장하고, 자신이 본 모습을 찾고, 갇히지 않게 되는 공간을 내어준다. 위니캇의 통찰에 따라 그녀는 자아와 타자 사이의 관계는 공간적이며, 그것은 우리가 담을 수 있는 공간이자 창조할 수 있는 공간이라고 주장한다.[200] 이 공간은 이성애 현실의 경직된 경계를 통해 여성에게 부정되는 공간이지만, 우리 내면의 자아가 출현하는 데 결정적인 공간이다. 나는 이 내적 공간이 또한 현재 세계에서 이단으로 여겨지는 외부 공간을 더 편안하게 만들 것이라고 주장하고 싶다.

벤자민은 공적 영역과 사적 영역의 분리를 통해 이러한 초기 배열이 사회에서 어떻게 작동하는지 살펴본다. 그녀는 아버지의 자율성과 어머니의 의존성 사이의 분리가 공적 영역에서 합리성이라는 필연적인 무게 때문에 더욱 심화되는 것을 공공의 얼굴로 여긴다. 합리성은 모성에 의해 삼켜질 것이라고 두려워하는 남성들을 구원하는 모든 것이다. 또한, 그 합리성은 필연적으로 모성적 가치의 파괴로 이어진다. 그것은 비인간적인 것으로, 추상적이면서 계산 가능하며 개인적인 관계와 전통적인 권위와 믿음과 관련된 모든 상호작용을 깔끔하게 대체한다. 벤자민은 이것이 선진 자본주의와 마찬가지로 관료주의 시스템의 훌륭한 파트너가 될 수 있다고 지적한다! 의존성을 부인하는 것은 개인의 자유라는 부르주아적 관념에 매우 중요하며, 이는 자본주의의 많은 신화를 영속시키는 데 중심이 되는 선택에 대한 환상을 수반한다. 관능적인 연결과 능력을 부여받은 많은 그리스도는 이 근본적인 거짓말에 근본적인 도전으로 서 있으며, 세상은 우리 안에서 우리를 통해 변화된다는 것을 반복해서 선포한다.

벤자민은 현재 세계에서 사이즈 게임이 어떻게 작동하는지에 대한 훌륭한 통찰력을 제공한다. 그것은 확실히 여성들이 자신의 욕망을 소유하지 못하게 하지만, 다양한 수준으로 보존해야만 하는 망상에 빠진 자율성의 현실을 세울 수도 있다. "그분을 위해 날씬하기"와 체중 감량 다이어트 프로그램에서 우리는 민주주의에 대한 잘못된 관념이 자신의 몸의 사이즈를 완전히 통제할 수 있다는 생각으로 어떻게 자리 잡았는지 보았고, 이로 인해 다른 정치적 요소들이 간과되는 것을 목격할 수 있었다. 벤자민은 가부장제의 뿌리가 어디에 있는지 설명하면서 여성에게 신체 사이즈에 대한 불안감을 심어주는 것이 얼마나 위험한 일인지도 경고한다. 모성애에 대한 두려움을 극복한 남성은 여성에게 원하는 어떤 사이즈든 허용할 수 있으며 이는 결국, 우리의 경제적, 사회적 세계의 경계가 조금 더 부드럽고 덜 통제되며 더 관계적일 수 있다는 것을 의미할 수 있다. 이 신체 사이즈 문제에는 우리가 사는 불평등한 가부장제 세계의 모든 구조가 걸려있다. 우리는 다시 한번 여성의 몸이 남성 사회의 경계를 정의하는 데에 사용된다는 더글라스의 주장이 진실임을 알 수 있다.

우리가 보았듯이 여성의 욕망은 가부장제를 위해 어린 나이에 제거되며, 그것은 표시되지 않는 것이 아니다. 우리는 우리 몸으로 그것을 표시한다. 그렇다면, 우리가 그것을 극복해야만 한다면 바로 여기, 우리 몸에서 시작해야 한다고 주장하고 싶다. 내가 주장하는 바는 여성이 자신의 욕망을 되찾는 것이 피부를 통해 학습된 위계적 시스템을 생성하지 않는다는 것이다. 요컨대, 여성이 자신이 원하는 크기로 성에 대한 의지와 권력을 표현할 권리를 갖는 것은 단순히 가부장제의 신체 파시즘뿐만 아니라 그 악의적인 시스템의 다른 많은 측면에 대한 반란이 될 것이다. 여성은 타인에게서 욕망 받고자 하는 욕구를 자신의 욕망을 수용하는 것으로 전환해야 한다. 앞서 살펴본 것처럼 이것은 매우 어려운데, 우리는 아주 어린 나이에 다른 존재 방식에 갇혀서 구체화된 욕망의 세계가 아닌 이미지의 세계에 살기 때문이다. 이를 깨닫는 것은 올바른 방향으로 나아가는 한 걸음일 수 있지만, 가부장적 사회가 여성의 권력에 대해 부정적인 이미지를 너무 많이 심어 놓았고 권력에 대한 의지를 표현하기가 쉽지 않기 때문에 그 여정은 길고 험난하다. 디너스타인, 트라스크, 벤자민의 성과에서 우리가 볼 수 있듯이 여성들의 욕구는 사물의 질서를 뒤집기 때문에 위험하다. 여성들이 다른 사람들의 필요에 귀를 기울이는 대신에 자신이 원했던 것을 취한다면 가부장제는 진짜 문제에 직면하게 될 것이다. 여성 권력의 문제를 다루려는 사회는 이를 공포와 두려움의 프레임에 넣거나,-남성의 경우 성난 거세당한 여성은 깊은 심리적 진실이다-또는 이질적인 것으로 만든다-지배자는 두려움의 대상이 아니라 오히려 만족의 대상이다.-어느 쪽이든 실제 여성의 진정한 욕망은 다시 한번 간과되고 외면받는다.

앞서 살펴본 바와 같이, 많은 섭식 장애의 핵심은 권력과 성에 대한 이러한 욕망의 좌절이다. 그리고 우리가 자신과 분리된 채 타인의 대상이 되는 한, 우리는 항상 섭식 장애를 겪게 될 것이다.

욕망받기를 욕망하는 여성들이여 쇼핑하러 가라!

영-아이센드라스Young-Eisendrath는 여성들이 거식증적 아름다움의 이미지에 굴복하는 이유는 단순히 권력에 대한 의지가 사라져서가 아니라, 그들의 의지가 사회에서 가능한 것에 맞춰져 있기 때문이라고 생각한다. 남성 우월주의와 우리가 방금 살펴본 심리는 남성이 자신이 선호하는 신체 사이즈를 결정할 힘을 가지고 있거나, 더 정확하게는 자신의 심리적 약점에 대처할 수 있다는 것을 의미한다. 그렇다면 여성은 남성의 대상이 될 수 있다면 남성의 존엄성을 공유하고자 열망할 수 있지만, 절대 남성의 권력을 공유할 수는 없다. 세상이 받을 수 있는 방식으로 줄 것이 없기 때문이다.201 이 세상의 많은 여성은 욕망의 대상이 되기 위해 미디어의 정신 폭격에 주의를 기울이고 자신의 몸을 바꾸기 시작한다. 우리가 보았듯이, 극소수의 사람들만이 심각한 과체중 상태이고 앞서 살펴본 바와 같이 모든 종류의 끔찍한 결과를 체중과 연관시키는 의학적 증거가 있는지 의심스럽지만, 그럼에도 불구하고 여성들은 다이어트 문화에 복종한다. 점점 더 이상적인 몸매의 여성이 등장하지만, 여성의 몸은 지방이 없고 각진 것이 아니므로 섭식 장애를 통해 그 이상ideal을 유지해야 한다. 여성에게 두 가지 다소 모순적인 일이 일어나는데, 자신을 욕망의 대상으로 변모시킴과 동시에 자신이 통제할 수 있다고 믿는 것이다. 하지만 세상의 현실은 그들이 실제로 힘을 가지고 있지 않다는 것을 보여준다. 그래서 자신의 통제 감은 기대했던 것처럼 기본적인 욕구 충족으로 이어지지는 않으며 수치감, 죄책감, 자의식, 그리고 그 이미지가 아직도 제자리에 있다는 사실에 안심하고 싶은 욕구로 이어지게 된다.202 즉, 우리가 바라는 자신감 있고 능력이 부여된 여성과는 거리가 먼 현실로 이어진다. 우리는 무엇을 언제 먹어야 하는지를 알려주는 전문가들에게서 안심을 얻으며, 물론 그 과정에서 그들은 많은 돈을 번다.

영-아이센드라스는 이러한 대상적 지위에서 벗어나 진정으로 필요한 힘을 찾기 위해서는 우리 안의 마녀, 즉 자신의 욕구와 욕망이 괴물처럼 압도적인 여성과 마주해야 한다고 믿는다.203 가부장제에서 아름답다는 것은 우리 자신의 힘과 욕망에 관한 것이 아니라 남성 간의 힘에 관한 것이며, 이것이 바로 영-아이센드라스가 우리에게 벗어날 것을 촉구하는 시스템이다. 남성의 정신이 감당할 수 있는 아름다움을 갖추기 위해서는 엄청나게 큰 노력이 필요하고 우리는 실제로 열정을 발휘할 수 있는 능력에서 멀어지게 된다. 그녀는 이것이 성적인 영역에서 어떻게 작동하는지 분명히 알고 있다. 그것은 실제로 욕망의 동등한 교환이 아니라 다른 사람의 이익을 받는 수동적인 여성이기 때문에 여성이 섹스를 덜 원하게 만든다. 여성에게는 별다른 즐거움이 없지만, 성적 만족을 권력의 유혹으로 대체할 수 있다. 아름다운 여성이 가정적인 아내로 변하면 명예로운 인물로 대접받지만, 영-아이센드라스는 이 역할이 타인의 욕구를 충족시키기 위한 것이기 때문이라고 믿는다.204 따라서 여성이 자연스럽게 '아름다움의 덫'에서 벗어났을 때도 타인의 욕구를 충족시키는 역할로 사회에 봉사하게 되고, 이는 자신의 욕구를 부정하는 것을 영속화한다. 그렇다면 중년의 확산은 완전히 새로운 문화적/심리적 의미를 갖는다!

영-아이센드라스는 욕망과의 연결이 거부된 여성에게 쇼핑은 중요한 역할을 한다는 연구 결과를 우리에게 말한다. 남성은 주체이고 여성은 객체인 권력 게임에서 여성은 단순히 권력이나 주체성을 포기하는 것이 아니라 다양한 수단을 통해 이를 획득해야 한다. 쇼핑하는 여성들은 선택의 힘을 약속하고 자기 욕망의 주체가 될 수 있다고 약속하는 분위기에 유혹된다. 이는 타인에게 개인적인 통제권을 넘겨준 것에 대한 분노에서 벗어날 수 있는 수단이지만, 여전히 여성이 처한 딜레마를 완전히 극복하지는 못한다. 즉, 여성은 소비자 대상 선택을 통해 주체성을 발휘하면서도 남성의 시선의 대상으로서 자신을 더 바람직하게 만드는 물건을 구매하는 경우가 많다.205 소매업체들은 자유가 실제로 존재하지 않는데도, 그리고 자유가 있다고 해도 우리가 버려지는 사회에 살고 있는데도 자유를 구매하도록 유혹한다. 온전한 인간이되기 위해서는 자신의 욕망을 이해해야 하고, 받아들일 수 있든 없든 욕망에 직면해야 한다. 우리가 알게 될 때만 가부장제에서 벗어난 의도적인 삶, 각 여성 안에 있는 에로틱한 성형되지 않은 여성을 되찾는 삶을 진정으로 선택할 수 있기 때문이다. 이러한 깊은 앎은 공동체에서의 대화에 달려있으며, 여성인 우리에게는 어떤 형태로든 가부장적인 대화 파트너가 주어진다. 이러한 상황에서는 진정한 욕망을 찾기가 어려워지고 이러한 좌절감은 우리의 신체적 틀에 그대로 전달된다.

관능적 그리스도The erotic Christ와 여성의 욕망

해방 신학은 여성의 욕망과 의지를 차단하는 이러한 문제를 다루어야 하며, 페미니즘 신학은 본질상 에로틱한 기독론을 재구성하기 시작했다. 이 관능적 그리스도는 육체적 감정을 제한하거나 부정하는 것이 아니라 오히려 그것을 포용하고 확장한다. 이러한 이해의 출발점은 하나님의 창조적 능력을 사랑하고 사랑받는 힘으로 보는 것이다. 우리가 보았듯이 사랑에 자신을 내어주도록 권장되는 여성에게는 이것이 진정한 움직임이 아닌 것처럼 보일 수 있다. 그러나 이것이 사실 자기희생적 사랑이 아니라 관계적이고 상호 교환적인 관계 속에서 자신의 잠재력을 최대한 발휘하고 살아가는 것임을 깨닫기 시작하면 상황은 상당히 달라진다. 카터 헤이워드Carter Heyward와[206]와 나[207] 같은 페미니스트 신학자들은 하나님은 성육신이 필요하셨고 성육신은 권력 관계라는 측면에서 모든 것을 변화시킨다고 주장하였다. 더는 자기 뜻을 지시하는 저 너머의 신이 아니라 상호성과 관계성이 필요한 투쟁의 사랑의 동반자가 된 것이다.

헤이워드는 우리의 타고난 권리인 관능적인 것의 힘으로 이끌린 선택과 활동을 통해서 우리가 성장하는 어떤 것으로서 신성divinity을 재구성하고 있다.[208] 이것은 예수가 나누기를 바랐다고 헤이워드가 주장하는 성서적 개념의 능력, 뒤나미스dunamis의 권능으로서 우리 안에 있다. 이것은 여성에게 제한되었으며 우리가 보았듯이 그들의 구체화된 삶, 말 그대로 그들이 세상에 나타나는 크기에 영향을 미치는 선택의 중요한 능력을 의미한다. 수동적인 희생자가 아닌 기독론적 과정의 일부로서 선택권을 회복하는 것은 하나님이 어떤 분이신지, 그리고 그 하나님과의 관계에서 여성이 어떤 존재인지에 대한 이해를 높이는 데 이바지하고 있다. 데일리는 오래전에 만약 신이 남성이라면 그 남성이 신이라고 말했고, 우리는 이것이 유아기에 남성과 소년이 자신의 권력을 주장할 수 있는 반면, 유아기에 자신의 권력을 포기해야 하는 여성의 삶에서 어떻게 작동하는지 보았다. 헤이워드의 이러한 재구성은 권력 균형을 회복하고 여성이 그들의 타고난 권리인 권력을 쥐고 신성한 존재의 과정을 통해 그 안에서 열정을 표현할 수 있도록 하는 데 큰 도움이 된다. 여성이 따르는 신이 이런 방식으로 여성을 해방하고 권한을 부여한다면, 가부장제의 제한적인 담론은 여성의 몸에 성육신한 신이 온전히 되는 것을 인식하기는커녕 장려하지도 않기 때문에 불경스러운 것으로 드러날 것이다.

관능적인 힘은 자유분방하고 억제되지 않고 아름다우며, 여성의 몸이 가부장적 통제 아래 놓여서는 안 되는 모든 것이다. 또한, 관능적인 힘과 구체화된 삶은 관계에서 자아 전체가 주관적으로 참여하는 것을 포함하며, 여성에게 주관성은 권장되지 않았다. 이러한 기독론적 사고의 변화는 권위와 권력을 다르게 볼 것을 요구한다. 헤이워드는 권위가 하나님이나 국가에 의해 우리에게 행사되는 것이라는 생각에서 벗어나 권위를 자아가 소유한 것으로 이해하기를 원한다. 헤이워드는 복음서에서 두 가지 단어가 사용되었다는 점에 주목한다. 하나는 부여된 능력을 표시하는 엑소시아exousia로, 부여된 권력을 나타내는 반면, 뒤나미스dunamis는 타고난 힘, 자발적이고 종종 두려운 힘으로, 부여된 것이 아니라 타고난 것이며, 이것이 예수가 주장하는 권위다. 예수에 대한 새로운 점은 우리의 뒤나미스가 하나님에 뿌리를 두고 있으며 우리의 신성을 주장하는 힘이라는 것을 깨달았다는 것이다. 뒤나미스로 행동함으로써 우리도 예수처럼 인간적인 요소와 신성한 요소 양쪽에서 활동한다. 우리의 종교적 이해에 깊이 뿌리박고 있는 인간의 힘과 주도권에 대한 의심은 에덴에서의 하와와 그녀의 행동에 관한 이야기로 극복할 수 있는데, 이 이야기는 특히 음식과 먹는 문제와 관련하여 여성에게 매우 좋은 소식이다. 또한, 우리가 엑소시아가 아닌 뒤나미스를 인식할 때, 신과 다른 사람들과의 관계는 자제력과 통제력을 상실하게 하는 몸부림이 아니라 권한 부여의 에로틱한 춤이 된다. 그러므로 이 새로운 기독론적 이해에는 여성에게 권한을 부여하기 위한 진정한 가능성이 있으며, 여성 앞에 에로틱하게 참여하고 관계적이면서도 자율적인 인간/신적이며 성숙한 사람을 모델 여성으로 제시하고 완전히 구체화할 수 있다. 이것은 최근의 예수 다이어트 프로그램이나 기독교 역사에서 볼 수 없었던 새로운 기독교 여성의 하나의 모델이다.

헤이워드에게 친밀함은 관계의 가장 깊은 특성이며, 그것이 우리의 신학 이야기에서 제외되어야 할 이유가 없다. 실제로 그녀는 그러한 것을 가능하다고 보지 않는다. 헤이워드는 친밀하다는 것은 우리 관계의 상호성이 실제적이고 창조적이며 협력적인 방식으로 우리가 알려져 있다는 것을 확신하는 것이며, 따라서 모든 신학과 종교적 실천에서 근본적인 부분을 차지한다고 믿는다. 헤이워드는 예수 메시지의 일부가 우리도 친밀한 관계를 통해 발견할 수 있는 이러한 힘을 가지고 있다는 것이라고 주장하지만, 사람들이 이러한 힘을 두려워하는 것을 볼 수 있다고도 한다. 그녀는 "십자가 처형은 인간이 우리 자신의 관계적 가능성을 피하려고 어느 정도까지 갈 것인지를 보여준다"[209]라고 기록한다. 이 두려움은 어머니에게 삼켜지는 것에 대한 두려움에서 비롯된 남성의 정신적 현실로 자리 잡았을 수 있으므로 인간의 조건이 아니라 인류의 절반의 조건일 뿐이지만, 나머지 절반을 불구로 만드는 조건일 뿐이다. 관능적 기독론erotic Christology은 완전히 구체화되고 감각적이며 연약한 헌신을 추구하며 기대와 힘으로 살아있다. 이 그리스도를 통해 여성은 자신의 주체성과 힘을 찾을 수 있으며, 다시 말해 자신의 피부에서 더 온전히 살 수 있게 된다. 이 감각적인 앎은 뚱뚱한 예수의 필수적인 부분이며, 그것에 대한 복음적 논쟁은 여전히 존재한다!

건강한 거식증?

이 장을 끝내기 전에 다른 논쟁을 살펴보는 것이 공정한 것 같다. 캐서린 가렛Catherine Garrett은[210] 섭식 장애 분야의 다른 많은 전문가와 마찬가지로 섭식 장애는 병리학적인 질병이 아니라 오히려 완전한 사회적 현상이 분명하다고 주장한다. 그녀에게 거식증은 해독해야 할 텍스트이다.211 이 책도 그런 접근법을 취하고 있지만, 가렛은 영적 고통이 거식증의 매우 긍정적인 부분이며 해결해야 할 문제가 아니라 살아가야 할 문제라고 믿기 때문에 이러한 접근법으로 흥미로운 전환을 가져온다. 내 안의 해방신학자가 저항한다. 결국, 고통을 지켜보고 그것을 막을 힘이 있다면 계속하도록 허용하는 것은 페미니스트 신학자들이 오랫동안 극복하기 위해 노력해 온 신학적 전제 중 하나다. 가렛의 출발점은 거식증이 그 자체로 유용할 수 있는 많은 의식적 패턴을 포함하지만, 만약 어떤 사람이 그 여정을 살아왔다면 완전히 다른 방식으로 세상과 다시 연결될 수 있다는 것이다. 그녀의 책은 거식증에서 회복되었거나 회복 중인 사람들의 이야기와 사망한 사람들의 자세한 설명을 기반으로 한다. 이런 점에서 페미니즘 신학은 이론의 경험적 특성을 심각하게 고려해야 한다. 확실히 그녀는 거식증을 그러한 삶의 방식을 발전시키는 사람들의 입장에서 의미를 찾고 있다. 그리고 회복하는 많은 사람이 회복과정에서 중요한 역할을 하는 자신 외부의 더 막강한 힘을 불러온다고 주장한다. 실제로 거식증에 걸린 사람들이 더 막강한 힘에 대해 말하는데, 먹지 말라고 말하는 그 힘의 정체가 주로 남성의 목소리라는 점도 매우 흥미롭다.

가렛은 거식증 환자들의 수천 건의 사례를 검토하면서 거식증이 회복의 전조인지, 아니면 그 자체로 하나의 여정인지 궁금해졌다고 말한다. 금식하던 중세 여성들이 성인으로 여겨졌다면, 현대의 거식증 환자들은 어떻게 바라봐야 하는가? 가렛은 중세 여성을 거식증 환자로 볼 수 있느냐는 질문이 아니라, 금욕주의에 어떤 의미가 있다면 거식증 환자와 관련하여 어떻게 해석할 수 있느냐는 좀 더 미묘한 질문을 던진다. 그녀는 거식증 환자는 일반적으로 순전히 세속 사회의 영향을 받는 것으로 가정하지만, 많은 거식증 환자가 종교적 이유와 영적 동기 때문에 금식하고 있다고 주장한다. 우리는 많은 현대 기독교 여성의 삶에서 이를 보아왔으며, 가장 유명한 인물은 아마도 시몬느 웨일 Simone Weil일 것이다.

『비만은 영적인 문제이다』*Fat is a Spiritual Issue*212의 작가인 조 인드 Jo Ind도 현대 사회의 종교적 거식증 환자로 볼 수도 있다. 그녀는 광야에서 금식하신 예수를 본보기로 삼아 음식을 죄로 여기고 음식에 대한 욕망에서 해방되기를 기도한다고 말한다.213 그녀는 과체중은 아니었지만, 음식을 좋아했고 하나님보다 더 많이 사랑하는 것이 죄라고 생각했다. 그것은 그녀가 그 사랑을 통제해야 한다는 것을 의미했지만, 물론 그 통제는 그녀가 자신의 몸과 몸이 원하는 것을 잃어버린다는 것을 의미하기도 했다. 그녀가 말했듯이 교회는 몸을 잘 다루지 않았기 때문에 그녀를 도울 수 없었다. 가렛이 전하는 이야기 중에는 부정적인 영적 동기를 가진 경우도 있지만, 훨씬 더 긍정적인 영적 동기도 있다. 어떤 여성들은 자신의 금욕주의를 어떤 식으로든 세상에 속죄하는 것으로 이해하기도 한다. 따라서 거식증의 끊임없는 의료화medicalisation와 세속화에도 불구하고 이 길을 택하는 일부 여성에게는 여전히 영적 요소가 남아 있는 것으로 보인다. 가렛은 거식증에 걸린 대부분 여성이 세속 시스템의 지배를 받고 있어서 '한계 고행liminal asceticism의 기간 후에 재통합 의식을 제공하지 못하는' 실패 때문에 실망한다고 지적한다.214 다시 말해, 가렛이 보기에 합법적으로 굶주림에 이를 정도로 금식의 길을 택한 여성들은 극단적인 고행의 영적 수행을 위한 여지가 없는 시스템에 의해 도움을 받지 못하고 오히려 더 나빠질 수 있다. 그녀는 제정신이고 자유로운 방식으로 고행의 길에 들어선 많은 사람이 사적인 상징을 사용하여 혼자서 전환을 달성하도록 강요받는 방식 때문에 정신질환에 걸릴 수 있다고 주장한다.215 가렛은 극단적인 고행의 영적 힘을 의학계에서 인정해야 한다고 주장하지만, 한동안 고행에 의문을 제기하고 길들여온 대부분의 종교 전통에서도 고행을 다시 인정해야 한다고 말하지 않을 수 없다. 그녀는 거식증적 삶의 방식에 내재한 실존적, 영적 문제를 다루는 더 급진적인 접근 방식을 원하며, 전환을 도울 수 있는 의식을 원한다. 가렛은 여성들이 재결합의 필요성을 느끼고 섹스를 그 방법으로 사용했던 많은 사례를 이야기한다. 이러한 만남을 통해 그들은 자신에 대해 더 나아졌고 다른 사람 앞에서 몸으로 사는 법을 다시 배웠다. 완전히 육화되고 열정적인 관능적인 그리스도의 관점에서 볼 때, 이것은 인간성의 충만함에 대한 증인으로서 피부에 피부를 대는 것이기 때문에 재통합으로 가는 흥미로운 길이다. 물론 트라스크가 제안하는 몸으로의 회귀는 우리가 이용할 수 있는 많은 구체화 의식과 기독교적 생활의 중심인 공동 식사 의식과 함께, 고행의 길을 걷고 명예로운 친구로 다시 환영받는 사람들에게 제공되는 다양한 것 중 하나일 수 있다. 물론 페미니스트 해방신학자로서 나는 여성들이 영적 의미를 찾기 위해 자신의 몸을 그렇게 극단적인 방식으로 대할 필요가 없기를 바란다. 그러나 앞서 살펴본 바와 같이 여성들이 그렇게 하므로 통합 의식에 대한 가렛의 요청에 대해 그 공동체에서 주의를 더 기울일 수 있게 된다.

이 장을 통해 여성이 자신의 욕구를 주장하지 못하는 것이 많은 섭식 장애의 핵심이며, 이에 대한 조사를 통해 이를 극복할 수 있는 몇 가지 방법을 보았기를 바란다. 한때 보편적으로 절대적인 것으로 여겨졌던 것이 이제는 남성 정신의 심리적 약점으로 추정될 수 있으며, 여성은 자신의 치유와 권한 부여를 위해 무엇이 필요한지 알 수 있게 되었다. 언어부터 양육 방식과 가장 친밀한 순간에 관계를 맺는 방식에 이르기까지 욕망을 되찾는 데는 많은 부분이 있다. 권력, 성별, 신체 크기는 모두 여성과 관련된 문제며, 떠오르는 뚱뚱한 예수의 일부인 관능적인 그리스도는 이러한 모든 측면을 권한이 부여된 성육신적 반란에 통합하는 한 걸음이다. 우리가 깨닫게 되는 것은 가부장제의 끔찍한 현실이 실제로는 극소수의 기둥 위에 놓여있다는 것이다. 이 기둥들이 잘 자리 잡고 있지 않다고 생각하는 것은 어리석은 일이지만, 무너뜨릴 수 없다고 믿는 것도 패배주의적인 것이다. 이를 실현할 힘은 여성의 몸에 있지만, 그 몸은 주체성을 찾아야 한다. 우리는 자신의 아름다움, 힘, 욕망을 선언하고 '여성의 진정한 아름다움은 자신의 몸이 자기 수용을 표현할 때, 즉 자신의 내면에서 완전히 의식적인 창조적 투쟁의 조화 또는 상태를 표현할 때 먼저 존재한다'라는 것을 깨달 아야 한다.216 육체가 없는 이원론적 신의 유산이 여성에게 도움이 되지 않았다는 것은 의심할 여지가 없으며, 이 고통스러운 문제를 해결하는 것이 현대 신학의 과제다.

우리는 언제쯤 기독교 전통 안에서 체닌이 인터뷰했던 여성과 함께 다음과 같이 말할 수 있을까? "나는 육체적 존재의 영광 안에 있다. 그 안에서 나 자신의 힘을 본다. 내 몸에서 출산과 풍요를 본다. 제한되지 않는 커다란 삶의 감각217, 나는 신체가 거대한 여성을 꿈꾼다."218 아마도 뚱뚱한 예수가 계실 때일 것이다!

5장

우리 자신과 빵을 떼기

"의에 주리고 목마른 자는 복이 있나니 그들이 배부를 것이요." 마태복음 5:6

비만은 규정된 사회적 역할들에 '엿 먹어라'는 뜻이다.[219]

지난 세기 동안 여성의 정체성, 가치, 주체성을 만들어내는 데 있어 신체 사이즈가 점점 더 중요한 역할을 하고 있다. 날씬함은 아름다움을 의미하게 되었고, 이는 신체적 차이에 기반한 위계를 만들어 물질적 특권의 성취로 이어졌다. 다른 측면에서 우리는 뚱뚱한 신체를 가지고 있는데, 뚱뚱한 몸은 신체 구현의 매우 심각한 도덕적인 결함의 형태로서 혼돈을 가져오며 통제력이 부족한 형태로 의심하고 심지어 혐오스럽게 바라보는 시선이 점점 더 많아지고 있다. 앞서 살펴본 바와 같이, 살찌는 것에 대한 공포증은 많은 사회 구조에 자리 잡고 있으며 여성의 뚱뚱한 몸매는 특정 상황에서 경제적, 인종주의적 색조를 띠게 된다. 서구에서는 어린 소녀들 대부분이 다이어트가 무엇인지 알고 있으며, 그럴 필요성이 없는데도 아주 어린 나이에 이미 다이어트를 시도하고 있었다. 이것은 케냐 여성이나 사모아 여성의 경우들과는 극명한 차이를 보여주고 있다. 예를 들어, 앞서 언급했듯이 케냐의 여성들은 설문 조사를 했을 때 다이어트의 개념을 이해하지 못하였고, 사모아 여성들은 풍만한 몸매를 영광스럽게 여긴다. 우리가 먹는 것과 먹지 않는 것은 음식 자체에 담을 수 있는 것보다 훨씬 더 큰 규모의 가치를 창출하는 것으로 보인다. 렐위카는 음식과 다이어트, 의학적인 것과 미학적인 것을 포함한 세속적인 설명은 여기에서 위험한 점을 온전히 설명할 수 없다고 주장하였다. 왜냐하면, 이런 것들이 둘 다에 투자되었던 다양한 측면의 상징주의를 탐구하기 위한 세밀함이 부족하기 때문이다. 순전히 의학적인 측면에서 볼 때, 신체 사이즈를 고려한다는 것은 우리가 "이상적인 사회와 우주적 질서의 그림을 제시하고 웅장한 계획안에서 경험을 통합하는 능력"을 시야에서 놓치게 된다는 것을 의미한다.220 우리는 여성의 몸은 사회적으로 큰 의미를 지니고 있으며, 따라서 다이어트는 "두려움과 꿈을 생성하고 조절하며 지배적인 사회 질서를 협의하고 재생산하는"221 여성의 문화적 의례가 되었다는 사실을 인정해야 한다. 어린 소녀들을 위한 통과 의례가 없는 상황에서 우리는 그들에게 육체적 욕구, 자존감, 소녀들에게 부여된 능력을 제거하는 다이어트 문화를 제공했다. 한마디로 우리는 그들에게 삶의 도구, 타고난 권리, 뒤나미스에서 그들을 제거할 것이다. 우리는 그들을 신적/인간적인 존재가 되는 집, 즉 그들의 육체로부터 멀리 떠나보내게 될 것이다.

설탕, 알약과 쇼핑

그렇게 함으로써 우리는 여성이 느끼는 불안감을 재빨리 이용하는 자본화된 시장의 손아귀에 그들을 넘겨주게 된다. 가장 교활하게도 이러한 시장은 마법의 알약과 물약을 통해 매우 과체중인 사람들에게 구원을 제공하는 제약회사들에 의해 만들어졌다. 물론 이러한 기적에는 신부전, 심장병, 고혈압 및 뇌졸중을 일으킬 수 있는 페닐-프로파놀아민으로 가득 차게 되는 물리적 대가가 따른다. 그런데도 5백만 명이 넘는 여성이 이 약을 복용했다. 다른 다이어트 알약들은 펜플루라민과 선택적 세로토닌 재흡수 억제제를 함유하고 있는데 신경세포를 훼손하고 수면장애와 감정변화를 유발한다. 그러나 이 역시 처방을 받아야 한다는 제한이 부과되지만, 그것은 위봉합이나 담도췌장위화술bibliopancreatic division과 같이 여성들이 고려하는 수술 옵션에 부과되는 제한 사항보다 훨씬 적다. 이러한 수술은 종종 건강 문제가 있는 소위 고도 비만 환자들에게 여전히 제공되고 있다. 이 수술로 인한 사망률은 높지만 이에 대해서는 언급되지 않는다. 이 두 가지 선택사항은 뚱뚱한 몸을 경멸하는 사회에서 성공할 것이며, 어떤 면에서는 그들이 먹는 것을 통해서 지방이 생기기 때문에 누구도 의약품 회사들이 자행한 피해를 규제하지 않을 것이다. 거식증 신체의 구성으로 권력과 정치를 이해했던 사회학자조차도 뚱뚱한 몸과 그로 인한 정치의 형성에 거의 관심을 기울이지 않았다. 내 안의 마르크스주의자 때문일 수도 있지만, 다이어트 산업에서 연간 330억 파운드화장품에 연간 200억 파운드, 수술에 연간 3억 파운드와 같은 이익과 예수 다이어트 산업이 상당한 몫을 차지하는 것을 보면 정치가 보인다. 여성들이 예상되는 규범에서 벗어나면 서구의 경제는 어려움을 겪을 것이며 이는 결코 허용될 수 없다. 렐위카는 "소비자 자본주의의 이윤 추구 정신은 전지전능한 창조주를 보이지 않는 초월적 힘의 원천으로 대신하며, 무소 부재한 동시에 전지전능한 존재로 보인다. 유사 종교적인 기능으로서 이런 제도는 수사적 기법 중 일부가 전통 종교의 특정 용어와 관습을 선택적으로 사용하는 것은 놀라운 일이 아니다"라고 말한다.222 그녀는 다이어트 제품 광고에서 개인적인 고백이 자주 등장하고 다이어트 의례가 의미를 찾는 것으로 구성된다고 지적한다. 칼로리가 적은 라이트Lite 상품은 계몽적인 인상을 주며 소비자에게 결혼 생활을 구원하고 더 큰 행복을 가져다준다는 광고도 있다. 이런 상품들에 나타나는 구원의 문구들은 '저칼로리' 및 '무지방'이다. 물론 이것은 오해의 소지가 있다. 슬림 패스트Slim Fast가 너무 잘 알려져 있듯이, 사람들이 계속 찾게 하려면 매력적인 무언가를 넣어야 한다. 그 무언가가 바로 설탕이며, 그것도 아주 많이 넣는 것이다. 이 설탕으로 슬림패스트는 작년에 5억 2천만 파운드의 수익을 올렸다. 이 제품을 사용하는 대다수 여성이 상상하는 위험에 비해 그들이 직면하는 실제 건강 위험은 우리가 알고 있듯이 훨씬 크다. 다이어트는 자본주의의 대단한 발명품이라 할 수 있다. 좀 역설적으로 들릴 수 있지만, 다이어트를 하는 사람 대부분은 체중감량에 성공하지 못한다. 애초에 다이어트를 하지 말았어야 하는 사람들이 많고, 체중 증가는 단순히 신체가 자연스럽게 원래대로 돌아가는 것이기 때문에다. 그래서 업계에는 다이어트를 하는 사람들이 끝없이 존재하게 된다. 더욱이, 다이어트를 하면 사람들은 음식에 대한 포만감 부족을 보상하기 위해 더 많이 소비하게 되는데, 만약 음식이 아니라면 다른 제품을 더 많이 소비하게 된다. 4장에서 살펴보았듯이 여성은 자연스러우며 자기 통제권을 기꺼이 주지 않는 세상에서 통제감을 느끼기 위해 쇼핑을 한다. 여성들이 통제력을 상실했다고 느끼게 하는 데 다이어트만큼 좋은 것은 없으므로, 상상의 균형을 회복하기 위해 쇼핑을 통해 마음의 위안을 받을 필요가 있는 것이다.

다이어트 상품 제조업체가 제공하는 다소 편협한 구원의 약속이 세상에 존재하는 실제 문제로부터 주의를 분산시키는 메커니즘으로 작용한다고 제안한 것은 렐위카가 처음은 아니다. 그녀가 주장하듯이, 칼로리를 낮춘 라이트 문화는 "세상이 아니라 당신의 허벅지를 바꿀 권리를 준다."[223] 그것은 사회의 혼란스러운 정치의 중심부에서 활약하고 있는 선수이다. 이것은 날씬함에 대한 강박관념, 근본주의적 경건, 대기업을 매우 효과적인 방식으로 결합한 성장 주도의 복음주의 다이어트 프로그램과 관련하여 많은 것을 생각하도록 한다. 기독교가 소비주의와 이윤의 문화에 쉽게 통합되고 있는 것처럼 보이며, 해방신학자에게 이것은 경고성 있는 변화이다. 기독교 성만찬 사상의 중심에 있었던 원시사회의 식사 공동체로부터 가장 멀어졌던 기독교 공동체가 지독한 개인주의자가 되어서 오히려 바른 몸매와 신체 사이즈를 통한 개인의 개인 구원 개념을 조장하고 있다고 주장할 수 있는가? 나는 이것이 매우 논란의 여지가 있는 제안이지만 근거가 없는 것은 아니라고 확신한다. 결국, 말씀의 종교는 개인의 응답을 우선시하는 반면 성례적 식사 공동체는 덜 자기 지향적인 구원 개념을 가지고 있는 것처럼 보인다. 우리는 심지어 금식하는 성도들에게도 "그분을 위해 날씬해지기" 프로그램과 체중감량 다이어트는 전혀 없는 것처럼 보이는 사회적 차원이 있음을 보았다. 체중감량 다이어트의 경우에, 주문하고 먹지 않는다. 그리고 이것은 엄청난 양의 음식을 공급하는 하나님의 능력에 대한 믿음, 인간에 대한 죄가 아닌 하나님의 축복으로 여겨진다. 가장 중요한 것은 악마가 음식으로 유혹하므로 통제와 저항이 하나님나라의 열쇠라는 것을 깨닫는 것이다.

다이어트에 대한 이러한 종교적 색채는 종교 우파의 접근 방식에서만 발견되는 것이 아니라 서구의 거의 모든 세속적 다이어트 집단에서 발견할 수 있다. 이는 완전히 세속적이라고 주장함에도 불구하고 여전히 우리 문화 속에 남아있는 기독교에서 물려받은 이원론 때문일 수 있다는 것을 살펴보았다. 많은 다이어트 프로그램은 우리에게 하루에 많은 죄를 지어도 된다고 말하고 있는 한편, 또 다른 다이어트 프로그램은 우리가 살을 뺄 때마다 모든 죄가 씻겨지고 인생이 새롭게 보이고 새로운 기회가 주어지며 과거의 방식을 극복할 수 있다는 '거듭남' 치료를 제공한다. 이것은 일부를 제외하고 실제로 구시대적인 종교와 같으며 나는 이런 점이 정말 걱정된다. 내 생각에는 사람들이 다이어트 그룹과 같이 자신을 억압하는 제도의 뿌리를 잊어버리면 숨 막히는 뿌리를 다룰 도구도 잃어버릴 수 있다. 즉, 단순히 그 뿌리를 이해하지 못하기 때문에, 신체 사이즈와 몸에 대한 많은 세속적 이해의 중심에 있는 몸을 통제하고 부정하는 이원론은 직면하고 극복할 수 없다. 내가 보기에 성육신 신학에 대한 이해는 가부장적 사고에 의해 형성된 파괴적인 분열에 맞서 싸우는 데 매우 효과적인 도구 중 하나이다. 세속 문화는 그것에 깊숙이 박혀 있는 기독교적 뿌리를 보지 못하기 때문에 자연스럽고 건강한 삶의 방식처럼 보이는 것을 다시 볼 수 있는 장비도 없다.

날씬한 몸으로 변신하기

캔디 스틴슨Kandi Stinson은224 세속적인 체중감량 프로그램이 여전히 종교적인 느낌을 주는 방식을 강조하는 흥미로운 연구를 수행했으며, 이에 따라 프로그램에 참여하는 여성들의 정신 깊숙한 곳까지 파고든다는 놀라운 사실을 밝혀냈다. 미국에서 한 번에 6,500만 명의 사람들이 체중감량 프로그램에 참여하고 있으며, 사회 서비스나 교육보다 더 많은 돈이 체중감량 프로그램에 쓰인다는 사실은 놀랍다.225 허벅지 살만 빼고 세상에는 관심을 두지 않는 전형적인 예이다.

스틴슨은 체중감량 프로그램에 참여하는 동기에도 한 인간으로서 성장하고자 하는 욕구와 같은 종교적 요소가 있다는 사실을 지적한다. 과체중은 결핍된 사람이라는 뿌리 깊은 가정이 없다면 어떻게 이런 일이 일어날 수 있는지 궁금할 것이다. 흥미롭게도 개신교의 직업 윤리는 여기에서도 몇 가지 측면에서 볼 수 있다. 첫째, 프로그램에 참여하는 사람들은 프로그램을 업무로 보고 있으며 직장 생활에 적용하는 것과 같은 언어로 성공과 실패를 측정한다. 즉, 훈련된 접근 방식은 높은 성취의 결과, 체중감량으로 이어지지만, 게으름은 아무런 결과를 가져올 수 없다. 개신교 직업윤리226에서 성장한 자본주의 시스템 내에서 이러한 결과는 예측할 수 있고 계산 가능해야 하는데, 이러한 피상적인 프로그램에서는 체중감량이 당연히 이루어진다. 게다가, 이 그룹들의 자기개발서 속에는 사람들이 마치 노력과 올바른 도구를 통해 끝없이 변화하고 개선할 수 있는 제품인 것처럼 이야기한다.227 이 체계에서 어떤 그룹에 가입하는 것은 개종 행위와 유사하며, 특히 그 과정에서 음식에 대한 연약함을 공개적으로 고백하고 이를 극복하고 다시 힘을 찾을 것이라는 믿음을 새롭게 하는 행위가 포함된다. 스틴슨은 이런 그룹들은 덜 유익한 '종교적' 공동체들이라고 믿는다. 많은 종교적 언어를 사용하면서 실제로는 죄책감과 감시를 과장하는 동시에 공동체, 감정, 의식을 약화하기 때문이다.228 이런 식으로 그들은 깊은 기억을 활용하지만, 기독교 교회가 제공해야 하는 공동체로 나아갈 준비는 되어 있지 않다. 또한, 그들은 여성들의 자존감을 아주 크게 훼손하고 있다. 우리는 다른 곳에서 여성이 죄책감과 낮은 자존감에 취약하다는 것을 살펴보았다. 물론 통제력이 부족하고 실패했다는 고백은 이를 부추길 수 있지만, 여성이 온전한 존재가 되기 위해서는 의례와 감정이 매우 중요하다는 것도 보았다. 따라서 이러한 세속적인 프로그램은 종교의 가장 나쁜 점을 이용하고 있으며 실제로 약속한 구원을 제공하지 않는 것처럼 보인다.

스틴슨은 미국적인 상황에서 어떻게 종교가 자본주의의 무게에 짓눌려 소그룹, 커피숍, 운동 교실을 제공하는 대형교회와 함께 더욱 개인주의적으로 변해가는 연구 결과를 보여준다. 상당히 해가 없는 이러한 그룹과 함께, 새로운 대형교회에는 자기개발 수업이 생겨났고, 한 때 신학과 종교의 영역이었던 종교적 언어가 이러한 그룹으로 유출되었다. 그 크로스오버는 사람들이 상상하는 것만큼 생산적이지 않았다.229 개인을 문제로 만들고 정치적 중요성을 없애는 문헌이 등장했기 때문이다. 그러면 어떤 문제에 대한 분석은 매우 얕고 개별적으로 집중되며, 스틴슨이 지적한 것처럼 원인은 그대로 남게 된다.230 그녀는 중독의 예를 들어 중독이 개인화되면 절망과 통제력 부족으로 느껴지게 될 것이라는 점을 설명한다. 중독에 내재한 불만족insatiability은 더 넓은 문화적 맥락에서 절대 분석될 수 없다. 물론 불만족은 자본주의의 이익에 부합하지 않는다. 결국, 그것이 소비주의 자본주의 시스템의 핵심이기 때문이다. 그러나 이러한 불만족을 좀 더 정치적인 맥락에서 이해한다면 자본주의의 최악의 과잉에 맞서 싸울 수 있을 것이다. 우리는 왜 그렇게 공허하고 취약하다고 느끼는가? 앞서 살펴본 바와 같이 우리가 "세상에 존재하는 다른 존재에 대해 매우 열려 있도록 태어났기 때문이다. 그것은 삶을 온전하게 만들 수 있는 거대하고 창의적인 능력이 있다. 그러나 그러한 열려 있음은 삶의 무섭고 파괴적인 요소도 자아로 받아들여진다는 것을 의미하며, 자아는 은혜로 회복되기 위해 사랑의 존재가 필요하다."고 리타 브록은 믿는다.231 우리가 살아가는 소비자 중심의 개인주의적 세상에서 우리는 회복해야 할 사랑의 존재를 좀처럼 찾기 힘들다. 브록은 우리가 우리의 마음을 찾고 우리가 어떻게 해를 입게 되었으며 본래의 은혜가 어떻게 왜곡되었는지 깨달으라고 촉구한다. 이는 우리가 피해의식에 머물러 있기 위해서가 아니라, 오히려 우리 삶의 공동체적 측면을 이해하고, 우리가 사는 이 시스템이 어떻게 우리를 상처받게 만드는지 볼 때 따라오는 행동에 필요한 분노와 연결될 수 있도록 하기 위해서이다.

브록은 헤이워드와 마찬가지로 우리의 관능적인 힘을 일깨우는 것은 우리의 가장 깊은 열정과 연결되는 것이라고 믿으며, 그 힘은 통제와 지배가 아닌 관계를 통해 강화된다고 말한다. 그리고 그 힘은 우익 종교와 자본주의의 통제에 대항하고, 우리의 가장 깊은 감정과 갈망을 열정적으로 포용하도록 촉구하는 힘이다. 관능적인 힘과 신체 구현된 지식은 관계에 주체적으로 참여하는 것을 포함한다.232 브록은 신성한 실재實在와 구속은 상처 입은 치유자의 내면에서 고동치는 육체로 구현된 사랑, 곧 모든 충만한 사랑이라고 주장한다. 결정적으로 이 모델은 우리가 젠더의 폭정 아래에서 받은 상처가 곧 상처 입은 치유자의 힘이라는 것을 깨닫게 됨으로써 여성에게 자율성을 부여한다. 디너슈타인이 말한 것처럼 사실상 인간의 슬픔을 다시 바라보기 시작할 수 있는 방식이기 때문이다. 즉 여성이 삶의 초기에 자리 잡은 파괴적인 패턴을 현재 상황 속에서 극복하고, 자존감을 가지게 하며 시장의 조작에 쉽게 열려 있는 끝없는 갈망을 충족시키는 방식이다.

브록의 기독론에 대한 이해는 우리를 자기개발서에 대한 얕은 분석에서 벗어나 우리의 상처받았던 마음에 자리 잡았던 많은 물질적 원인에 대한 정치적 참여로 이끌고 있다. 이는 우리의 강점일 수도 있지만, 또한 그것은 우리를 아프게 하는 문제를 해결할 것을 요청한다.

스틴슨은 자신이 연구한 그룹에서 음식과 관련된 모든 곳에 유혹이 있다는 개념이 매우 강했고, 은혜에서 떨어진다는 표현이 일반적이었다고 설명한다. 선과 악의 투쟁은 선한 자아와 악한 자아 사이의 내적 투쟁을 보여주는 동영상에서도 똑같이 널리 퍼진 주제였다. 이 체계에서 음식을 먹지 않는 것은 자신을 진정으로 소중히 여기는 방법으로 여겨졌기 때문에 자신을 돌보는 것은 자기 박탈과 동일시되었다.233 이러한 단체는 여성이 자기 자신을 돌볼 수 있는 페미니즘적 옵션을 제공한다고 주장하지만, 앞서 살펴본 바와 같이 이러한 돌봄의 종류가 모호하기 때문에 이는 여성이 자신의 필요를 우선시해야 한다는 페미니스트의 요구를 불쾌하게 왜곡한 것이다. 우리가 취해야 할 이러한 돌봄의 비非정치적 성격은 스틴슨이 언급한 특정 동영상에서 한 여성이 긴 하루를 마치고 퇴근한 후 직장 전화를 받는 장면에서 확인할 수 있다. 아주 오랫동안 통화를 하면서 케이크를 거의 다 먹었고 그런 다음 죄책감을 느낀다. 음식과 관련된 그 이야기는 여성의 자제력 부족을 중심으로 전개된다. 이 사건으로 인해 스트레스를 받았을 것이라는 언급이 있지만, '비난'은 여전히 그녀의 문 앞에 놓여있으며, 퇴근 후 집에 침입하여 무리한 요구를 하는 고용주의 노동 착취에 대해서는 아무런 질문도 하지 않는다. 물론, 우리는 이런 점에 결코 놀라서는 안 된다. 이러한 체중감량 그룹이 홍보하는 돌봄은 자본주의는 좋아하고 우리 몸은 싫어하는 대량 학살적인 업무 패턴으로 우리를 인도할 것이기 때문이다. 결국, 다이어트 프로그램에 참여하는 여성들은 자신의 몸이 실제로 말하는 것을 무시하고, 애정 어린 대화는 통제, 규율, 박탈이라는 독백으로 대체하게 되었다. 이것은 전형적인 기독교 이원론이며 날씬한 것을 선으로, 뚱뚱한 것을 악으로 보는 분열은 더 깊어진다. 이 프로그램에서 처벌은 연옥이 아닌 운동의 형태로 이루어지지만, 다른 프로그램에서는 식단에서 완전히 금지된 음식을 가끔 먹을 수 있도록 허용한다. 이런 식으로 먹을 기회가 지연되었다가 다시 식사하면서 얻는 만족은 신자가 이 땅에서 인내하고 하늘에서 보상을 기다리라는 전통적인 기독교 구원 이야기의 핵심이다. 이것은 또한, 더 열심히 일하고, 더 많은 빚을 지고, 그 모든 것이 축복을 받는 물질주의의 낙원으로 이어진다는 말을 듣고 믿는 선진 자본주의의 핵심이기도 하다. 앨리스 밀러Alice Miller는 이러한 방식이 우리 내부를 분열시키고 내면의 목소리를 죽이는 등 인간의 정신에 얼마나 해로운지 보여주었다.

스틴슨234은 금식이 있는 종교 문화에서는 보통 만찬이 수반되며 그래서 음식 의례의 공동체적 측면이 유지된다고 지적한다. 반면에 다이어트 문화와 가장 극단적인 거식증 문화에는 만찬이 없으며 그래서 참여자들은 음식 제한 내에서 매우 고립된다. 죄의 유혹에 빠질까 봐 친구들과 함께 식사하기가 어렵고, 공공 식사는 음식에 들어가는 것을 통제할 수 없으므로 매우 위험하다. 이러한 단절은 다이어트의 세계에 있는 사람들이 직면한 실제적인 문제이며, 이는 식사 공동체의 모습과는 정반대이다. 다시 말해, 메시아의 연회와 연약한 치유자들과 멀리 떨어져 있게 된다. 다이어트 문화라는 방앗간을 통해 변화된 비참한 삶의 전후 이야기는 은혜의 구원 이야기이다. 그러나 물론 많은 사람이 감량한 살이 다시 찌고, 끝없는 박탈감과 고립이라는 수고를 다시 시작해야만 하는 경우도 허다하므로 결코 완전할 수는 없다. 물론 체중이 우리의 진정한 모습과 어떤 관련이 있는지에 대한 근본적인 질문은 절대 다뤄지지 않는다. 오히려 우리가 어떤 모습이어야 하는지와 그것이 우리를 얼마나 행복하게 만들 수 있는지에 대한 이미지만 잘 팔린다. 실제로 현실에 존재한다고 가정하는 몸은 수사학 아래에서 사라지고, 이런 식으로 개인적인 변화에 대한 모든 이야기는 실제로는 구체화되지 않는다. 이 신학자에게 그것은 여성으로서 천국의 기쁨을 맛보기 위해 단순히 육체를 없애야만 했던 전통적인 구원 개념과 크게 다르지 않은데, 우리는 반쯤 천사와 반쯤 남성이 되어야 했다. 나는 이 프로그램들이 이상적으로 추구하는 견고하고 단단하며 날씬한 몸매가 남성에 해당하고, 천사는 그 위에 둥둥 떠 있는 비정치적인 여성/아이라고 주장하고 싶다.

내가 보기에 이러한 육체이탈 된 상황은 스틴슨이 1960년에 설립한 익명의 과식자들Overeaters Anonymous에 대해 이야기할 때 다소 불길한 방향으로 바뀐다. 이 단체는 인간의 통제력과 의지력으로는 절대 충분하지 않으며, 우리가 해야 할 일은 더 높은 힘에 모든 것을 넘겨줄 수 있는 의지력을 찾는 것이라고 믿는다. 12가지 단계의 필수 불가결한 계획의 처음 세 단계는 사람들이 자신의 무력함을 깨닫고 정신을 회복할 수 있는 더 높은 힘을 믿으며, 삶을 하나님께 맡기도록 격려한다.[235] 이것은 세 단계로 이루어진 페미니스트 악몽이다! 이러한 프로그램은 여성 스스로가 자신이 무력하다고 믿게 할 뿐만 아니라 과식과 관련된 정신질환이 있다고 믿게 하므로 사기를 떨어뜨리고 힘을 **빼앗**

는 것에 목적이 있다고 생각한다. 다시 한번 개인은 표적이 되고 자존감이 공격받는다. 스틴슨은 그녀가 조사한 모든 프로그램에서 누락된 것은 품질이 좋고 저렴한 영양가 있는 음식에 대한 정치적 문제였다고 지적한다. 이것은 왜 놀랍지 않은가?

간식과 최후의 만찬

대부분의 서구 문화권에서 간식은 거의 하나의 취미가 되었으며, 소량을 자주 섭취하면 영양학적으로 이점이 있을 수 있지만, 지금까지 밝혀지기로는 실제 그렇지 않다. 다국적기업은 설탕과 지방 함량이 높은 간식을 매우 저렴한 비용으로 더 많이 공급할 기회를 발견했다. 1960년대에는 연간 약 250개의 신제품을 생산했으며, 1980년대에는 2,000개의 새로운 상품을 생산하기에 이르렀다.[236] 예상할 수 있듯이 여기에는 경제적 측면이 있다. 빈곤층이 가장 열렬한 간식 애호가인 것처럼 보이며, 이에 따라 그들의 건강이 영향을 받는다. 이 값싸고 품질 나쁜 음식의 가장 우려되는 측면은 학교로 프랜차이즈화되고 있다는 것이다. 피자헛Pizza Hut과 타코벨Taco Bell은 학교에서 음식 프랜차이즈 운영 허가를 받기 위해 많은 재정적 보상을 제공하며, 학교는 예산 절감에 도움을 받고 아이들은 어차피 집에서 그런 종류의 음식을 먹기 때문에 행복해한다. 그러나 아이들이 집에서 먹거나, 이전에는 학교 식당에서 먹었던 피자는 새로운 프랜차이즈에서 제공되는 피자의 절반 크기였다. 새로운 사이즈는 학령기 아동의 일일 칼로리 섭취량의

3분의 1을 제공한다. 코카콜라도 학교 프랜차이즈를 운영하고 있으며 학생 한 명당 연간 40.3갤런을 마시는 것으로 추정된다. 모든 연령대의 북미인들은 값싸고 질 낮은 식품을 쉽게 접할 수 있으며, 따라서 국민의 진정한 복지에는 거의 관심을 기울이지 않는 나라이다. 나는 가공되지 않은 식품의 감각적인 즐거움이 그들의 신체구현을 축하하는 데 필요하다고 주장하고 싶다.

물론 이 모든 값싼 음식에는 환경 문제가 있다. 다이어트 음료 한 캔은 1칼로리의 음식 에너지를 제공하지만 "800kcal의 연료가 필요하고, 토지를 파괴하는 노천 채굴이 필요하며, 독성 미네랄로 토양, 물, 지하수를 오염시키고, 캔에 든 탄산음료보다 더 많은 물을 사용한다"고 한다.237 물론, 우리는 모두 과거에 음식이 우리 식탁에 도달했던 것보다 더 먼 거리를 이동한다는 것을 잘 알고 있다. 따라서 환경 비용이 그 어느 때보다 더 커졌다. 게다가, 증가한 육류 수요는 지구에 아주 큰 부담을 주고 있으며, 더 부유한 국가에 대한 보조금 지급은 저개발된 국가들의 농부들에게 돌아갈 보조금이 줄어든다는 것을 의미한다. 그래서 그들은 농사짓는 습관을 바꿔야만 하는 상황에 있다. 많은 가난한 나라들은 빚을 갚기 위해 농작물을 수출해야 하는데, 이는 곧 자국민을 먹여 살릴 수 있는 식량이 줄어든다는 것을 의미한다. 실제로는 다국적기업이 누가, 무엇을 먹을지 결정하는데, 이는 체중감량이 민주화 활동이라는 순진한 생각을 조롱하는 것이다. 실제로 식량 분배 측면에서 모든 사람이 음식을 먹을 수 있는 시스템을 설계하려는 의지는 발견되지 않는다. 비록 이것이 완전히 가능하게 되어 모두가 음식을 충분히 먹을 수 있게 될지라도 오히려 그들의 염려는 이익을 극대화하고자 하는 것일 뿐이다.238 소비자들 역시 이러한 공평한 분배에 대한 요구가 없는 것으로 보이는데, 이는 우리 대부분에게 식사가 비非사회적이면서 파편화된 경험이 되었기 때문일 수 있다. 우리는 종종 혼자서 음식을 먹으며, 음식이 어떤 과정을 거쳐 어떤 대가를 치르고 식탁에 올라오는지 고려하는 경우는 거의 없다.

이것은 과거의 식사 공동체와 실제로 최후의 만찬에서 시작된 성만찬의 제정과는 비교할 수 없을 정도로 큰 변화이다. 모니카 헬위그Moica Helwigh는 우리가 '세상의 굶주림'을 바라보는 방식은 항상 기독교의 근본 식사였던 최후의 만찬의 맥락 안에서 이루어져야 한다고 주장했다. 그 맥락은 억압의 상황이었고, 공동의 식사 행위가 궁극적인 교제에 대한 약속이며, 이러한 지속적인 식사 행위와 급진적인 실천을 통해 구체화될 수 있는 종류의 것이었다. 나는 사람이 섭취했던 것은 최후의 희생으로서가 아닌 피부를 통해서 저항 문화적인 실천을 수행하는 급진적인 방식으로서 이해되는 그리스도의 고난이라고 제안하고 싶다. 우리는 성육신이라는 가능성을 공급받으며, 우리의 신적/인간적 실재의 번영을 포용하거나 허용하지 않는 이 가부장적 질서의 경계를 계속 넓히는 수행을 지속했다. 헬위그는 배고픔은 우리를 행동으로 이끄는 강력한 경험이라고 말한다. 즉, 배고픔이 스스로 유발되지 않고 또한 그것이 오래갈 때, 앞서 살펴본 것처럼 배고픔은 관성을 불러일으킨다.

보라, 뚱뚱한 예수

뚱뚱한 예수는 우리가 배고프기를 원하시고 실제로 그 굶주림을 우리와 함께 나누지만, 이것은 만족을 위한 간절한 추구가 아니다. 오히려 그것은 우리 서로와 지구의 자원에 대한 공유와 창의적인 참여를 통해 그 경계를 확장하기 위한 지속적인 헌신이다. 오천 명을 먹이는 일과 최후의 만찬을 연관 지어 보는 것은 기독교의 고高성사적 갈래a high sacramental strand of Christianity에서 나온 전통적인 신학적 이해이다. 오천 명을 먹인 것은 궁극적인 음식으로 이해되는 최후의 만찬의 예표로 여겨진다. 나는 그 점에 대해서 논하기 위해 시간 낭비를 하고 싶지 않다. 오히려 우리가 그 성찬 식탁에서 먹을 때 세상을 먹이겠다는 급진적인 헌신에 놓이게 되는 연결점을 보고자 한다. 앞서 살펴보았듯이 지구상의 모든 사람이 하루에 2,500칼로리를 섭취할 수 있는 양, 즉 식량 부족으로 죽는 사람은 아무도 없을 만큼 충분한 양이 있다. 그러므로 이 헌신은 아무 소용 없는 굶주림을 부추기는 것이 아니라 정치적이다. 뚱뚱한 예수는 우리에게 더 공정한 생산 정책, 더 양질의 음식, 더 공평한 분배, 모든 식탁에 충분한 음식을 요구하도록 우리에게 강력하게 요청한다. 그 음식들은 우리가 열정으로, 기쁨으로, 체화된 즐거움으로 먹는 음식이지, 하나님의 축복에 대해 찬양하고 나서 그것을 휴지통에 버리는 그런 것이 아니다. 뚱뚱한 예수는 우리가 음식에 대한 욕망을 통제하기를 바라는 것이 아니라 이러한 풍성함을 통해 풍요로워진 삶을 축하하고 세상을 향한 열망에 열정적으로 참여하기를 원하신다. 몇 년 전 신학자 티사 발라수리야Tissa Balasuriya는239는 가톨릭 신자들에게 모두가 식탁에서 평등해질 때까지 성만찬을 중단할 것을 촉구했다. 그는 성만찬을 통해 불평등하고 배타적인 세상에서 모든 사람의 포용과 평등을 선언하고, 급진적인 변화의 필요성을 세계 각국 정부에 알리기 위해 단식 투쟁과 같은 정치적 행위로서 성만찬을 중단해야 한다고 주장했다. 나는 그의 동기를 이해하고 실제로 그러한 행동의 필요성을 알 수 있지만, 여성의 관점에서 이 문제를 바라보면 또 다른 불을 지피게 된다. 전 세계 여성들은 다이어트 문화나 불평등한 식량 분배로 인해 매일 충분히 먹지 못하는 사람들이다. 그래서 심지 상징적인 의미에서라도 덜 먹으라고 요구하는 것이 가장 급진적인 실천으로 보이지는 않는다. 실제로 이 책의 초점이 된 것은 여성의 삶, 더 나아가 가부장제 사회에서 음식이 갖는 상징적 본질이 갖는 힘이다. 여성은 뼈 위에 살이 덜 찌기를 원하고 사회에서 여성의 지위를 낮추라는 요구로 표현되는 많은 가부장적 문화적, 정신적 짐을 짊어져 왔다. 이러한 맥락에서 기념적인 식사는 그 자체로 혁명적인 단계이다. 그러나 이 열정적인 식사를 통해 자신의 욕망과 힘의 감각과 다시 연결될 여성들에게 이것이 무엇을 의미하는지 깨달을 때 우리는 이 뚱뚱한 예수가 우리를 얼마나 혁명적으로 부르고 있는지 이해하기 시작한다.

우리도 나사렛 예수의 모범을 따라 우리도 대식가라는 소리를 들을 수 있도록 음식과 음료를 먹고 마셔야 할 것이다! 결국, 예수는 당대의 버림받았던 많은 사람과 함께 먹고 마시는 것을 통해 왕국의 하나님을 선포하였다. 여기에 그 자체로 주님이 우리에게 식탁을 나누면서 헌신하라고 요청하신 세상의 본질에 대한 말씀이 담겨 있다. 하지만 여기에는 우리가 누구인지에 대한 근본적인 다른 의미도 담겨 있다고 나는 생각한다. 우리는 식욕이 인간으로서 온전한 기능을 하는 것에서 욕구의 중심을 우리에게 드러내기 때문에 우리의 식욕이 하나의 자산일 수 있다는 것을 보지 못한다. 욕구는 삶의 가장 깊은 원리 중 하나이다.240 앞서 살펴본 것처럼 헤이워드와 나는 욕구가 우리 자신과 우리를 가장 온전히 연결하고 또한 우리를 관계성, 상호성 및 취약성 속으로 밀어붙이므로 욕망이 우리의 신적/인간적 실재의 중심이라고 믿는다. 욕구는 포용해야 할 것이며, 하나님을 향한 염원desire과 '세상의 것'에 대한 욕구desire 사이에는 잘못되고 해로운 구분이 존재해 왔다. 이러한 욕구는 우리의 뒤나미스, 즉 관능적이고 신성한 본성에 뿌리를 두고 있으며, 따라서 기독교인의 삶에서 인정하고 축하해야 할 필요가 있다. 기독교 신학과 종교적 실천에서 열정을 통제하려는 이러한 시도는 실제로 우리의 가장 깊은 열정으로부터 우리를 단절시켜 서로 단절되게 하는 나쁜 역효과를 가져왔다. 예를 들어, 성sexuality의 영역에서 교회가 열정에 대한 경고를 통해 막고자 했던 행동은 우리가 누구인지에 뿌리를 두지 않았기 때문에 오히려 더 늘어났고, 더욱 무의미해졌다. 그것은 마치 우리가 꿈속에 있으며, 몸 안에서 온전히 사는 것이 아니라 단순히 거주하는 것과 같다. 물론, 우리가 이렇게 단절

될 때 우리는 시장의 조작에 휘둘릴 수밖에 없다. '본성/창자본성, 창자는 복음서에서 진정한 그리스도인의 삶이 일어나는 곳이고, 메타노이아, 회심은 본성, 창자가 뒤집힌다는 뜻임에서 분리되어 표류하고 끊임없이 의미를 공급할 무언가가 필요하기 때문이다. 앞서 살펴본 바와 같이, 시장은 중독성 있는 첨가물 때문이든 단순히 제공되는 의미의 피상성 때문이든 우리가 더 많은 것을 갈망하게 만드는 모든 범위의 의미를 기꺼이 공급할 뿐이다. 샤논 정은 먹는 것과 음식은 항상 인간과 하나님의 관계를 표현하는 것이었으며, 우리의 가장 깊은 가치를 표현하는 것이라고 주장한다. 그는 "먹는 것은 우리가 누구인지 상기시켜주는 영적 실천"이라고 주장하는데,241 이는 우리 몸뿐만 아니라 세계 경제와의 관계에서도 마찬가지이다. 그는 우리가 음식의 축복 뒤에 숨은 목적을 잊고 먹는 것에 대한 빈곤한 감사에 만족해 왔다고 믿는다. 우리는 욕구와 식욕에 대한 기독교적 불신이 어떻게 본질적인 인간/신적 활동과의 단절을 초래했는지 본다. 샤논 정에게는 이러한 빈곤에서 비롯된 매우 구체화된 결과들이 있다. 두 세계관이 등장하는데, 하나는 통전적holistic이면서 관계와 나눔을 중심으로 하는 세계관이고 다른 하나는 사업 지향적이며 삶을 조각내는 세계관이다.242 그는 먹는 행위는 세상이 우리 안으로 들어오고 우리가 그 일부가 되는 방법을 의미하는 친밀한 행위이며, 음식은 은혜와 계시의 원천이 될 수도 있고 단순히 관리와 통제를 위한 사료가 될 수도 있다고 주장한다. 따라서 음식과 먹는 것은 기독교인의 삶을 보여주는 수행 행위이다. 우리는 주디스 버틀러Judith Butler의 젠더의 수행성performativity 개념을 잘 알고 있는데, 그 자체로는 실체와 실재가 없는 것들도 반복되는 수행을 통해 생명과 의미를 부여받는다. 기독교인들도 우리가 '뒤나미스 식사'라고 부르는 것을 반복해서 즐겁게 받아들임으로써, 다시 말해 신적/인간적 본성의 원초적이고 열정적인 마음과의 연결을 통해 세상에서 더 큰 연결과 관계성으로 나아갈 수 있도록 의미를 부여할 수 있다. 음식과 식사에 관여하는 이러한 방식은 앞서 내가 '세속 형이상학'의 놀라운 징후라고 제안한 것과 상반될 수 있다. 종교적인 것을 완전히 지워버리고 자신의 유산이 무엇인지 잊어버린 세속적인 세계에서 이런 현상은 전혀 예상치 못한 일이 아니다. 초기 기독교 교부들이 그토록 사랑했던 육체와 영혼의 분열은 정신과 육체가 하나가 아니며 정신이 육체의 무질서한 열정을 통제할 수 있다는 잘못된 믿음으로 인해 우리 사회에서 계속되고 있다는 것을 의미한다.

성육신 신학자에게 이러한 연속성은 우리가 성육신, 즉 해결되지 않은 형이상학의 잔여물에 의해서 천국이 무너지지 않았다고 계속 믿는 정도에 대해 신호를 보내주고 있다. 우리는 여전히 우리의 육체라는 집에 있지 않다. 그래서 그 현실의 급진적인 공동-창조 및 공동-구속의 의미를 살지 못한다. 우리는 육체에 온전히 헌신하지는 않을 것이고, 그래서 마치 다른 곳에 사는 것처럼 살아간다. 물론 성육신에 대한 기독교적 이해는 어느 다른 곳에 사는 것이 하나님에게도 적용되지 않았으며, 그분도 결국 육체의 위험과 취약성에 헌신해야만 했다는 것을 우리에게 보여준다. 하나님께서 육체로 오시기 위해 자신을 버리셨다고 하지만, 하나님을 따른다고 주장하는 우리는 절대 그렇게 하지 않을 것이다. 우리는 항상 젠더, 인종, 계급, 신체 사이즈 등 다양한 담론을 통해 그것을 통제하려고 시도한다. 온전한 인간이자 신이신 하나님의 완전한 육화enfleshment보다는 그리스 형이상학이 승리한 것처럼 우리가 계속 살아가는 한, 진정으로 세상을 변화시키는 성육신의 능력은 항상 지연될 것이다. 물론, 신학계와 종교계에서 항상 그래왔듯이 세속 세계에서도 이원론적 대화에 균열이 있다. 그러나 과거 교회의 재산을 비축한 금고가 그랬던 것처럼 시장과 선진 자본주의가 인간 조건의 파열로부터 이득을 얻기 때문에 반대 이해의 급진적 함의를 통합하려는 진지한 시도는 보이지 않는다. 이러한 사고방식에 대한 놀라운 반론은 뚱뚱한 예수일 것이다. 뚱뚱한 예수는 향상된 자아와 잘 다듬어진 삶의 수호자에 의해 끊임없이 감시되지 않는 경계로서의 유연한 가장자리flexible edges이다. 통제가 아닌 취약성, 자기 비난이 아닌 부드러움이 기독교인의 삶의 중심이라는 신호는 세속주의 문화로 물든 최악의 과잉상태에 불을 밝힐 수 있다. 예수를 따르는 우리는 우리의 자유롭고 온전한 신체구현이 충만한 성육신을 노래할 수 있도록 우리의 가장 깊은 열정과 관계 속에서 살아가는 '감각적 혁명가'이다. 우리를 부르는 뚱뚱한 예수는 피부로 혁명을 일으키고, 대량학살과 단절된 세상의 최악의 과잉에 대항하는 풍요로운 신체로 구현된 삶을 가능하게 한다. 그는 진정한 의미에서 감각적 쾌락주의자이다. 우리는 오바크와 다른 사람들이 신체가 자신이 처한 환경에 영향을 미친다는 샤논 정의 주장에 어떻게 동의하는지, 그래서 이전에 남성의 영역이었던 비즈니스 영역에 진입한 여성의 신체가 단순히 그 안에 있는 남성이 아니라 시스템 자체에 위협이 되지 않기 위해 어떻게 더 단단해지고 근육질이 되어야 하고 더 각져야 했는지를 보았다. 분리, 독립, 통제 위에 구축된 제도에는 모성에 대한 어떤 힌트도 포함될 수 없는데, 이는 모성이 지닌 대안적 가치에 대한 두려움이 압도적이기 때문이다. 삼켜버리는 모성 앞에서 가부장적 질서가 무너질 것이라는 두려움은 어머니와의 친밀함에서 도망쳐 나와서 절대 그 분리에서 회복되지 못한 그들의 삶을 통해 제국을 건설한 가부장들이 느끼는 진정한 두려움이다. 그래서 뚱뚱한 여성은 말 그대로 위협적인 일련의 상충하는 가치관을 구현하므로 회사 생활에서 제거되어야 한다. 가부장들의 공적 세계에는 뚱뚱한 예수와 그녀의 자매들이 존재할 공간만이 아니라 극도의 필요성이 있다. 그들의 위협과 대안적 삶을 넓은 어깨와 둥그스름한 아마존 엉덩이에 당당하게 짊어지고 가야 한다.

샤논 정은 음식의 영적 의미를 잃으면 음식을 유기적 존재가 아닌 기능으로 축소하기 때문에243 생태적 의미도 잃는다고 주장한다. 그것은 생태적 역사와 함께 인간의 노동을 통해 우리 식탁에 올라오지만, 생태적 의미가 절대 온전히 연결되지 않는 세상에서 생태적 역사와 인간의 노동 둘 다 사라진다. 우리는 여성의 몸에 대한 무례함과 지구의 몸에 대한 무례함 사이에 어떤 연관성이 있는지 보았으며, 같은 방식으로 여성의 노동과 지구 자체에 대한 무례함도 있다고 말할 수 있다. 기독교 전통이 그러한 상황에 적합한 이유에 대한 논증은 연습할 필요가 없다. 그러나 우리는 이 전통이 이 문제에서 지구와 그 거주민들에게 잘 섬기지 않았다는 사실에 대해 인정하는 것이 좋을 듯하다.

페미니스트 인류학자들의 주장을 믿는다면 나는 배심원단의 판단이 빠져있다the jury is out는 것을 인정하는데 - 생태 친화적이고 비경쟁적이며 평화로운 관계 사회가 존재했던 때가 있었다. 그것은 신성이 단순히 여성이 아니라 크고 육중한 신성으로 형상화되던 시대였다. 가장 초기에 알려진 신성에 대한 묘사 중에는 빌렌도르프의 비너스Venus of Willendorf가 있는데, 그것은 산처럼 풍만한 가슴과 거대한 복부, 아주 크고 둥근 엉덩이를 가지고 있는 "탁 트인 육체의 언덕"이다.244 이런 조각상 대부분은 여성의 생식기genitals를 외설적이기보다는 오히려 크면서도 아주 관능적으로 보여주고 있다. 이런 조각상들은 남성이 자신의 남성성에 대한 두려움 없이 자신이 태어난 곳을 마주할 수 있는 문화권에서 만들어졌는가? 그리고 이를 가능하게 하는 데 여성은 어떤 역할을 했는가? 물론 다른 뚱뚱한 여성들처럼 그들은 단순히 뚱뚱한 여신일 수는 없으므로 임신한 다산의 형상들이어야 한다고 간주한 남성 인류학자들의 손에서 고통을 당해 왔다. 여기서 우리는 심지어 과거 역사에 투영되기까지 했던 뚱뚱한 몸매의 탁월함에 대한 신적인 주체성의 불가능성을 본다. 확실히 이 형상 중 일부는 제의에 사용된 다산의 여신이었지만, "그들의 낙원에 대한 환상을 구성하는 울창한 풍경에 가득한 사랑스러운 이 여인들"245은 다른 기능도 가지고 있었다. 로셀의 비너스Venus of Laussel는 살이 둥글둥글하고 엉덩이가 곡선을 이루며 가슴이 늘어져 있다. 섬세한 손가락을 산처럼 솟아오른 배에 얹고, 고개를 돌려 한 손에 들고 있는 것을 빨고 있다. 이것은 여성을 위한 강력한 상징이다. 그녀가 손에 들고 있는 것은 남근인가, 아니면 풍요의 뿔인가? 여성이 신비롭고 강력한 아름다움이 내재하고 있다는 표시로 자신의 것을 만지는 것처럼 자기 몸을 만짐으로써 그것은 하나에서 나머지 다른 하나로 변형될 수 있는가? 이 신성한 여인은 살이 쪘고, 풍요의 뿔을 기뻐한다. 그런데 우리는 어떻게 여기서 비쩍 마른 그리스도, 수척하고 축 늘어져 보이는 그리스도에게로 도달했는가? 우리가 볼 수 있는 것은 신적인 여성의 육체를 제한하고 이를 땅에 연결함으로써 여성의 몸에 대한 제한이 생겨났으며, 이는 차례로 지구 통제에 대한 철학으로 이어지거나 아마도 그와 함께 진행되었다는 것이다. 두 가지 모두 가부장제의 통제 의지에 저항하는 것이 필수적인 것처럼 보인다. 여신학thealogy은 우리의 종교적 계획에서 생태적 접근 ecoapproach이 얼마나 중요한지 보여줬지만, 그 역시 몸매와 크기의 문제에 관해서는 경계심이 덜했다. 아마도 뚱뚱한 예수는 자신의 몸과 지구를 사랑했던 풍성한 여신들과 생태학을 다시 한번 통합할 수 있을 것이다. 이번에는 그들이 지구의 여성의 온전한 몸으로 성육신하게 될 것이다.

물론 심리학적 접근을 원한다면 우리는 선사시대부터, 또는 심지어 각 개인의 출생에서부터 오는 이러한 기억이 우리에게 항상 풍요로운 유토피아를 상상하도록 만들었다고 주장할 수 있다. 마른 땅에서 살기를 꿈꾸는 사람은 아무도 없으므로 살찜윤택함은 항상 유토피아의 형태였다.246 앞서 살펴본 바와 같이, 이러한 기억은 기독교 상징주의에서도 하나님의 일의 풍성함을 알리는 잔치인 메시아 연회의 이미지와 함께 존재하며, 기독교인으로서 우리는 급진적이고 포용적인 삶에서 성육신의 완전한 육화enfleshment로 그런 하나님의 풍성한 일을 볼 수 있다고 제안한다. 모든 기독교인이 이런 견해를 가지고 있는 것은 아니다. "그분을 위해 날씬하기" 프로그램과 체중감량 다이어트에 의해 자신들의 경계가 통제되는 오늘날의 많은 사람에게 이 완성된 식탁은 절대 마음껏 즐길 수 없는 것, 즉 보기만 하고 감사할 뿐 절대 섭취할 수 없는 것이다. 참혹한 현실 속에서 순교가 더는 기독교 역사의 일부가 아니었을 때, 많은 사람이 야만적인 금욕주의를 통해 육체의 극복을 지속해야 한다고 이해했다고 주장되어 왔다. 만약 외부 세계가 더는 신앙의 시험으로 그들을 순교시키지 않는다면, 그들은 자기 부인과 자기 몸을 잔인하게 대우함으로써 자기 자신을 순교자로 만들었을 것이다. 이런 식으로 그들은 마귀를 쫓아내고 천국을 추구한다고 믿었다. 2장에서 우리는 중세 여성들의 삶에서 이러한 관습이 어떻게 작용했는지, 그리고 자해와 정화에 대한 가혹한 신학이 초기에는 거의 없었던 사회적 차원을 어떻게 통합했는지 살펴보았다. "그분을 위해 날씬하기"와 체중감량 다이어트 산업에서 우리는 '명품 순교Designer Martyrdom'라고 부를 수 있는 매우 골치 아픈 현상을 목격하고 있는 것 같다. 이러한 프로그램에는 사회적 인식이 전혀 없고 그들이 숭배한다고 주장하는 하나님은 실제로 명품 디자이너 옷을 입는 것으로 상상되기 때문이다. 이 프로그램에 참여하는 사람들의 열망은 앞서 살펴본 바와 같이 본질상 '명품'이며, 구찌Gucci 가방에 담긴 하나님의 축복을 위한 옷고름이 되기 위해 자신의 몸을 만들어야 한다. 이런 명품 순교는 말 그대로 자신의 몸매를 가꾸고, 애지중지하며, 촉촉한 피부를 가꾸는 것에서 끝나는 매우 좁은 형태의 기독교이다. 이런 식으로 순교하려면 많은 돈과 시간이 필요하다. 물론 이것은 또한 가장 큰 아이러니 중 하나의 표현이기도 하다. 구원받은 사람의 마른 몸은 말 그대로 명품 디자이너 옷을 만들기 위해 노예처럼 일하는 사람들의 몸과 극명한 대조를 이룬다는 점에서 그렇다. 매우 낮은 임금을 받는 제 3세계 여성들의 마른 몸은 구원의 영광스러운 명품의 몸이 아니라 피곤하고 학대받으며 종종 눈에 띄지 않는 사람들의 병든 몸이다. 뚱뚱한 예수는 이런 옷걸이 핀과 같은 기독교와 그것이 만들어내는 좁은 세상에 대한 반란의 원동력이 되어야 한다.

뚱뚱한 예수는 모든 종류의 다이어트 산업과 관련된 또 다른 중요한 기능이 있다. 캐서린 헤일Katherine Hayle은247 그녀가 보는 것처럼 육체가 우리 존재의 근거가 아니라 그 자체로 단순한 하나의 패션 액세서리가 되는 포스트휴먼 담론에 관심이 있다. 이 악몽 같은 시나리오에서 모든 살 많은 인간의 몸은 육체이탈disembodiment라는 거대한 망상으로 차차 사라지게 된다. 이것은 미쳐버린 명품의 세계이며, 몸 자체는 '아름다운 삶'의 액세서리에 지나지 않는다. 우리는 우리가 어떻게 여기까지 왔는지 알 수 있다. 그러나 명품 개념에서 시작하여 완벽한 삶을 찾고자 끊임없이 칼 아래 있는 몸을 보여주는 이 악몽이 더 심해지는 것을 어떻게 피할 수 있는가? 패션 액세서리를 걸기 위해 몸을 사용하는 것에서부터 몸 자체를 그런 식으로 보기 시작하는 것까지 그것은 단지 아주 작은 단계에 불과할지도 모른다. 뚱뚱한 예수의 걷잡을 수 없는 통제 불가능성은 정말 무서운 날을 막기 위한 한 가지 방법처럼 보인다.

이 책을 쓰는 동안 분명해진 것은 많은 사람이 뚱뚱한 몸을 혐오스럽게 바라본다는 것이다. 물론 젠더 발달 분야에서 일하는 일부 페미니스트 이론가들의 연구를 통해 보았듯이 뚱뚱한 몸에 대한 두려움도 똑같이 존재한다. 이러한 두려움은 크리스테바Kristeva가 말했듯이 우리 사회에서 혐오스러운 것으로 기능하기 때문이다. 즉, 뚱뚱한 육체는 "문화 전반에 있어서 몸 자체의 공포를 대변하는 부담을 짊어진다."248 그들은 기독교에 뿌리를 둔 서양이 항상 대처하기 어려웠던 육체성에 대한 살아있는 알림이다. 이러한 문화적 경멸의 과정은 뚱뚱한 사람에 대해 어떤 의미 있는 방식으로도 말할 수 없게 만드는데, 이는 그러한 신체에 자아가 존재하는 것을 허용하지 않기 때문이다. 뚱뚱한 많은 여성은 이러한 상황을 인식하게 될 것이며, 사회에서 자기를 보이고 자기 이야기가 들려진다는 것이 극도로 어렵다는 것을 알게 될 것이다. 뚱뚱한 사람들이 자신의 신체 사이즈에 대해 말하는 방식 또한 그 몸에는 아무도 살지 않는다고 가정하는 것처럼 보인다. 따라서 뚱뚱한 육체에 자아를 넣는 것은 아마도 뚱뚱한 예수가 저지르는 일종의 이단 행위일 것이다. 그런 일을 하는 것은 자아로부터 몸을 경멸하는 방식에 대해 사회가 다시 생각하도록 요구하기 때문이다. 뚱뚱한 예수는 기독교와 사회에 몸과 마음의 분열을 치유하기 위한 부르심이 될 것이다.

사회에서 뚱뚱한 여성이 표준체중에서 벗어나면 결함이 있거나, 공격적인 사람으로 여겨진다. 그러나 어쩌면 그들은 단지 통제가 어려운 것일 수도 있다. 그러나 이러한 인식은 날씬하기를 바라는 가부장적 사회와 연관된 것일 뿐이라는 사실을 깨달아야 한다. 이러한 배경에서 뚱뚱한 여성은 사회가 여성에게서 부인하는 힘과 욕망을 주장하는 것처럼 보이기 때문에 위협적이다. 뚱뚱한 몸은 오히려 그 이전의 기괴한 몸과 마찬가지로 다중성multiplicity 즉, 부풀어 오르고 열린 몸이 되는 과정을 나타내는데, 이것은 경계에 갇힌 신학과 경계에 갇힌 사회와는 전혀 어울리지 않는다. 그러므로 외설적인 그리스도가 등장하고 있는 것처럼 보인다. 그는 모든 경계에 도전하고 모든 신성한 과정을 여는 분이다.

마르셀라 알트하우스-레이드Marcella Althaus-Reid는 외설적인 그리스도에 대해 말했는데, 외설은 드러내야 할 것을 드러낸다는 의미이다. 예를 들어, 그녀는 흑인 그리스도와 페미니스트 그리스도는 기독론에 내재한 인종주의와 성차별을 모두 드러내므로 외설적이라고 말한다. 그리스도를 드러내야 할 필요성에 대해 알트하우스-레이드는 다음과 같이 말한다. "그리스도에 대한 모든 발견은 파괴적이면서 동시에 계몽적인 외설의 패턴을 따라야 한다. 그리스도와 그의 상징적 구성은 우리 자신의 역사의식에 따라 우리 역사에서 계속되기 때문이다."249 우리에게는 이러한 의식이 바뀌었고, 우리가 오래된 지식에 대한 기독론을 계속 구성한다면 그것은 신학적 기만이며 심지어 거짓의 문제이다. 우리도 또한 몸매과 신체 사이즈의 문제에서 외설적인 그리스도를 만들어야 한다. 왜 그러한가? 우리는 비만 공포증, 모성에 대한 두려움, 거식증에 대한 영광이 만들어낸 세계를 보았기 때문이다. 이 모든 세계는 그 자체로 개인의 성육신적 영광에 반하는 범죄일 뿐만 아니라 가부장적 세계에 기름을 붓는 더 큰 억압 체계로 이어지기 때문이다. 뚱뚱한 예수는 외설적이며 가부장적 질서가 제자리에 있는 동안에는 그러한 모습으로 남아있어야 한다. 그러나 그녀는 또한 우리가 피부로 답해야 할 심오한 질문을 한다. 성육신은 고정된 범주에 관한 것인가, 아니면 유동적인가, 역사적 순간 속에서 포용하고 발전하며 생동하고 확장하는 것인가, 아니면 매우 구체적인 방식으로 영원히 똑같이 유지되는 것인가? 우리는 신성의 활기차고 긴박한 전개를 고정된 행동 패턴과 가장 중요하게는 고정된 신체 형태와 혼동하고 있지는 않은가? 나는 모든 경계를 넘어 불룩하게 튀어나와 세상에서 자랑스럽게, 다르게 자신의 신체구현을 이루는 비참하고 뚱뚱한 예수가 우리에게 필요하다고 생각한다. 오바크가 말했듯이 뚱뚱함은 참으로 규정된 사회적 역할의 세계에 대해 '엿 먹어라screw you'라고 말하는 것이다. 내게는 우리를 노예로 만들고 우리의 풍요로운 삶과 해방적 실천의 영광을 좁히는 가부장적 순응의 무수한 표현에 대해 외설적으로 '엿 먹어라'라고 선언하도록 뚱뚱한 예수가 우리 모두를 부르는 것처럼 보인다. '엿 먹어라'라는 표현은 다르게 살아가는 여성들의 몸 안에 있는 열정을 담아낸, 경계를 넘는 여러 저항 문화적 구속적 성육신들이 쏟아져 나오는 것이다.

우리는 제도와 심리적 특성의 조합을 통해 여성이 자신의 몸에서 어떻게 내쫓겨났는지 살펴보았다. 그리고 섭식 장애로 인한 죽음부터 세상에서 열정과 힘을 주장하지 못하는 것까지 그 결과 중 일부가 분명해졌기를 바란다. 한때 인간의 중심이었던 식사 공동체는 산산이 부서졌고, 여성은 남은 식탁에 귀빈으로 초대받지 못했다. 넬 모튼Nelle Morton이 말했듯이, 이것은 집으로 돌아가는 여정이지만 우리 몸으로 돌아가는 여정이며, 신성한 성육신을 품고 있는 이 텅 빈 육체에 다시 한번 거주할 수 있는 장소로 돌아가는 여정이다. 우리는 또다시 우리의 열정과 욕망을 만지고 즐기도록, 만지고 맛보고 그것이 좋다는 것을 보도록 요청받는다. 이 초대는 우리 앞에 놓여있는 성만찬 식탁에 펼쳐져 있다. 그 식탁은 지금은 무미건조하고 제한되었지만, 그 시작은 감각적인 참여와 헌신의 급진적인 공간이었다. 이곳에서 가부장적 사회의 교환 모델이 도전받았고, 빵과 정치의 나눔은 이러한 급진적 나눔을 통해 가부장제에 항상 도전할 수 있도록 했다. 여기서 우리는 규범의 동화를 거부하고 대신 '마치' 신적/인간적 성육신의 온전함이 충만한enfleshed 것처럼 사는 저항 문화적 실천 방식을 찾도록 초대받는다. 이러한 반복적인 성육신적 수행을 통해 공동-창조와 공동-구속이 생생한 현실이 된다. 뚱뚱한 예수는 '정상적이고 좁은 것'을 거부하고 우리 시야의 경계를 확장한다.

최후의 만찬에서 떡빵을 떼면서 투쟁에 헌신하라고 사람들을 초대했던 나사렛 예수는 죽은 후에도 그들이 나눈 떡빵을 떼는 방식으로 인식되었다는 사실을 깊이 생각해 볼 가치가 있다. 뚱뚱한 예수에게도 여기에 중요한 의미가 있는 것 같다. 앞서 말했듯이 페미니스트 해방신학은 항상 기독론을 윤리적인 것으로 이해하므로, 그의 죽음 이후 예수를 인식하는 것에 대해 말할 때 나는 책 전체에 걸쳐 그렇게 신랄하게 비판했던 형이상학적인 영역으로 들어가려는 의도가 아니다. 내가 묻지 않을 수 없는 것은 이러한 인식이 윤리적으로 어떤 의미가 있냐는 것이다. 나는 그 인식이 우리가 모든 사람을 식탁에 초대하고, 몸을 쉬게 하고, 잘 돌보고, 먹이는 것을 통해 삶의 아름다움을 축하해야한다는 것을 기억나게 한다고 생각한다. 물론 세상은 가부장적이고, 우리를 제한하는 모든 계급주의는 육체화된 관행과 반복적으로 육체를 박탈하고 사지를 절단하는 행위를 통해 유지되고 있다는 것은 부인할 수 없는 현실이다. 나는 부활의 백성, 순례자의 본질은 세상의 반복되는 신성모독에 맞서, 매번 우리를 집으로부터 멀어지게 하는 것의 경계를 옮기고 변화시키며 다시 일어서는 것이라고 주장해 왔다. 여성의 통제된 몸은 아직 여기에 없는 것을 끊임없이 상기시키고, 여성의 비참해진 육체는 반란을 불러일으킨다. 우리는 우리의 충만함이 제한되는 방식을 항상 염두에 두어야 할 뿐만 아니라 뚱뚱한 예수의 저항문화적 반란을 실천해야 한다.

여성의 억압이 언제 끝날지 어떻게 알 수 있는가? 글쎄. 당연히 뚱뚱한 예수가 노래할 때일 것이다!

커피와 민트!

이 책을 집필하는 동안 또 하나의 위대한 과학적 발견이 있었다. 살찌게 하는 비만 유전자가 발견된 것이다! 지난 몇 년 동안 우리는 신神의 유전자, 게이 유전자에 이어 이제 비만 유전자를 갖게 되었다. 한 저명한 교수는 텔레비전에 출연해 당뇨병 환자들이 자신의 상태에 대해 죄책감을 덜 느끼게 해준 이 발견에 대해 기쁘게 생각한다고 말하며, 이제 당뇨병은 자신의 잘못이 아니라 그들이 넘어지도록 하는 타고난 소인이라고 말했다. 그들은 더는 게으름뱅이 대식가라고 느낄 필요가 없으며 오히려 불행하다고 느낄 수 있다. 정치를 개인의 유전적 구성에 포함하는 것보다 정치를 해체하는 더 친밀한 방법은 없는 것 같다. 이 책은 개인적인 문제, 약점, 심지어 그 무게를 짊어진 사람의 도덕적 성격을 결정할 수도 있는 것으로 구성된 것이 사실은 고도로 정치화된 현실이며, 우리가 그것을 보고 반응하는 방식에서도 그렇게 접근해야 한다고 주장한다. 개인주의적 선진 자본주의 시스템에 대한 가장 상징적인 설명은 아마도 인간 유전자일 것이다. 인간의 유전자는 경멸과 혐오의 대상이 아니라 오히려 동정의 대상이 될 필요가 있는 개인에 대한 압력을 완화한다. 이것은 우리가 성육신의 출발점을 가지고 있을 때 개선된다. 그러나 그것은 또한 식품이든 운동 및 다이어트이든 기업에 대해서도 압력을 덜어준다. 식품 회사는 더는 식품의 품질과 가격에 대한 질문을 볼 필요가 없으며 '고기'에 스테로이드를, 저지방 저비용 제품에 설탕을 계속 주입할 수 있다. 식품 프랜차이즈는 제품을 학교에 공급하는 것에 대해 두 번 생각할 필요가 없는데, 비만 유전자를 가진 학생들만 악영향을 받고 그들은 돌봄 공유 피트니스 및 다이어트 산업에 의해 선택될 것이기 때문이다. 어려운 질문에 직면할 필요가 없다. 그 질문들은 사회의 더 많은 독성 작용을 모호하게 하려고 선택된 사람들의 부드러운 육체 속에서 사라질 수 있다.

물론 우리가 알고 있듯이 모든 사회 정치적 이슈의 의료화의 가장 최근이고 가장 확고한 측면인 과학을 비판하는 것은 할 일이 아니다. 나는 앞에서 묘사된 것과 같은 유전자가 있다고 확신하지만, 이 발견을 분리하여 마치 문제에 대한 마지막 말인 것처럼 말하는 것은 풍성한 생명을 통해 영광스러운 성육신이 부어지는 원인을 전달하지 않는다. 다시 한번 우리는 현실에서 사회적 문제인 것을 극단적으로 사유화하고 있다. 우리가 보았듯이 여성의 몸은 심오한 현실을 말하고 있으며, 유전적 논쟁을 통해 침묵하는 것은 한 걸음 뒤로 물러나는 것이다. 신神 유전자는 확실히 종교의 문제를 다소 불행한 유전적 저주가 되도록 허용했다. '연구'가 신神 유전자를 가진 사람들이 더 차분하고 더 오래 산다고 주장함으로써 그것을 구하려고 노력했음에도, 이 설계

내에서 믿음은 선택보다 훨씬 더 근본적인 문제가 된다. 그것은 당신을 구성하는 것 안에 있으며 당신은 그것을 어쩔 수 없다. 어쩔 수 없는 일이라면 너무 심각하게 받아들일 필요는 없는데, 이는 침묵하게 하는 대단한 기술이다. 나는 종교 문제에서도 이것을 볼 수 있다고 생각한다. 우리가 비만 유전자와 관련해서 보는 것은 조금 더 어려울 수 있다. 결국, 우리는 신체와 그와 관련된 문제를 정치적으로 이해하는 데 익숙하지 않을 수 있다. 이 책이 그런 점에서 도움이 되었기를 바란다.

1) Lisa Isherwood and Elizabeth Stuart, *Introducing Body Theology* (Sheffield, Sheffield Academic Press, 1998), p. 60.

2) Susan Bordo, *Unbearable Weight: Feminism, Western Culture and the Body* (Berkeley, University of California Press, 1993), p. 5를 보라. 일반 서민을 주 고객으로 하는 은행이 과체중인 여성을 고용하지 않는 현상에 대한 보고는 최근의 텔레비전 뉴스의 내용이었다.

3) www.ohpe.ca (Ontario Health Promotion E-Bulletin)을 보라.

4) www.ohpe.ca.

5) www.ohpe.ca.

6) Lisa Isherwood, *Liberating Christ* (Cleveland, Pilgrim Press, 1999)를 보라.

7) Marcella Althaus-Reid, *Indecent Theology* (London, Routledge, 2001)를 보라.

8) '해방하는 그리스도' (Liberating Christ)를 읽은 독자들은 이것이 개인주의적인 진술처럼 보이지만 그것과는 거리가 멀다는 것을 이해할 것이다. 그것은 오히려 지상에서의 천국에 대한 외침이고, 성서적이고 또한 교리적인 외침이다. 그것은 성육신의 급진적인 본질이 심각하게 받아들여지고, 삶으로 살아지며, 입혀지기를 바라는 요청이다. 나는 나를 비판하는 사람들이 있다는 것을 안다!

9) 역자주, 신약성서에서 내재적 힘, 기적을 행하는 힘, 능력 등의 뜻으로 사용된 단어.

10) Pasi Falk, *The Consuming Body* (London, Sage, 1994), p. 20.

11) Falk, *The Consuming Body*y, p. 21.

12) Falk, *The Consuming Body*, p. 25.

13) Falk, *The Consuming Body,* p. 34.

14) Eve Ensler, *The Good Body* (London, William Heinemann, 2004), p. 20.

15) Simone de Beauvoir, Polly Young-Eisendrath, *Women and Desire: Beyond Wanting to Be Wanted* (London, Piatkus, 1999), p. 43에서 인용됨.

16) Roberta Seid, 'Too Close to the Bone:The Historical Context for Women's Obsession with Slenderness' in Patricia Fallon, Melanie A. Katzman and Susan C. Wooley (eds), *Feminist Perspectives on Eating Disorders* (New York, Guilford Press, 1996), pp. 3-16, p, 15.

17) Seid, 'Too Close', p. 8.

18) 역자주, 소년 같은 체형의 영국의 여성 모델, 마른 몸 때문에 잔가지 twigs로 불렸다.

19) 역자주, 5피트 7인치는 170.1센티미터이고, 1stone=14pound=6.35kg이므로, 5스톤 7파운드는 34.9킬로그램이다.

20) Naomi Wolf, 'Hunger' in Fallon, Katzman and Wooley (eds), *Feminist Perspectives on*

Eating Disorders, pp. 94-111, p 99.

21) 역자주, Peter Miller 박사에 의해 개발된 것으로 평균 성인은 먹은 칼로리의 70%만을 태우므로, 사람의 신진대사를 증가시키는 식단 계획을 만들어서 사람들이 칼로리를 더 효과적으로 태우도록 도왔다.

22) 역자주, 2차 대전 당시 독일 나치의 유태인 강제 수용소.

23) Wolf, 'Hunger', p. 98.

24) 역자주, 뚱뚱한 고양이들은 배부른 자본가들을 지칭한다.

25) 역자주, 남성의 외부 생식기를 가리키는 말은 음경 혹은 남근이고 영어로 penis, 라틴어로 phallus이다. 팔루스는 특히 발기한 음경을 가리킨다. 이러한 용어들을 이 책에서는 남근으로 번역하였다.

26) Wolf, 'Hunger', p. 99.

27) Wolf, 'Hunger', p. 110.

28) Ontario Health Promotion E-Bulletin, 'Ana and Mia': The Online World of Anorexia and Bulimia'.

29) http://news.bbc.co.uk/i/hi/health/3368833.stm, 'Teenage Girls "Hate Their Bodies"', 2007년 2월 7일 접속.

30) Audre Lorde, 'The Master's Tools Will Never Dismantle the Master's House' in *Sister Outsider* (New York, Crossing Press, 1984), pp. 110-13.

31) 이것은 레즈비언들을 위한 '섹스 앤 더 시티' (Sex and the City)라고 스스로 부른 연속물로, 이것의 홍보 문구는 '다른 도시, 같은 성 (sex)'이다. 역자주, 미국과 캐나다가 공동 제작한 텔레비전 시리즈로 레즈비언, 트랜스젠더의 이야기를 다루었다.

32) 역자주, 저자는 passionate를 passion, ate라는 두 단어로 분리해서 '열정, 먹었다'는 뜻으로 표기하고 있다.

33) Nelle Morton, *The Journey is Home* (Boston, Beacon Press, 1985).

34) Wolf, 'Hunger', p. 100.

35) Wolf, 'Hunger', p. 101.

36) Wolf, 'Hunger', p. 105.

37) Wolf, 'Hunger', p. 61.

38) 역자주, 아이라 레빈의 소설을 원작으로 하고 1975년, 2004년에 영화화된 작품으로, 스텝포드는 영화에서 지명이지만 로봇처럼 순종하는, 체제에 순응하는 뜻도 갖는다.

39) James Nelson, *Body Theology* (Louisville, Westminster/John Knox Press, 1992), pp. 93-104.

40) Seid, 'Too Close', p. 13.

41) Joyce Huff, 'A Horror of Corpulence' in Jana Evans Braziel and Kathleen LeBesco (eds), *Bodies Out of Bounds: Fatness and Transgression* (Berkeley, University of California Press, 2001), pp. 39-59.

42) Susan Wooley, 'Sexual Abuse and Eating Disorders: The Concealed Debate' in Fallon, Katzman and Wooley (eds), *Feminist Perspectives*, pp. 171-211.

43) Rita Nakashima Brock, *Journeys by Heart: A Christology of Erotic Power* (New York, Crossroad, 1998).

44) Brock, *Journeys by Heart*, p. 17.

45) 지금이, 어떤 사람들에게서 너무 많은 체중이 나가는 것은 신체적 고통을 초래할 수 없다고 내가 말하는 것이 아님을 나는 '너무 많은'이라는 전체적인 개념에 도전하고 있는 것임을 지적할 좋은 시점이다. 그 구분선이 어디에 있는지는 명확하지 않고, 대부분 그것은 개인적인 문제인 것으로 보인다.

46) Lisa Isherwool, *The Good News of the Body* (Sheffield, Sheffield Academic Press, 2000).

47) Susan Bordo, *Unbearable Weight: Feminism, Western Culture and the Body* (Berkeley, University of California Press, 1993), p. 208.

48) Kim Chernin, *Womansize: The Tyranny of Slenderness* (London, The Women's Press, 1983), p. 97.

49) 역자주, 체중 감량 상품을 판매하는 미국의 회사.

50) Chernin, *Womansize*, p. 100.

51) Mary Daly, *Gyn/Ecology: The Metaethics of Radical Feminism* (Boston, Beacon Press, 1978).

52) Huff, 'A Horror of Corpulence', p.46에서 인용.

53) Susie Orbach, *Fat is a Feminist Issue* (London, Hamlyn Paperbacks, 1979).

54) Orbach, *Fat is a Feminist Issue*, p. 18.

55) 역자주, base는 기초적이라는 뜻 이외에 나쁘거나 천하다는 뜻도 있다.

56) Catherine Steiner-Adair, 'The Politics of Prevention' in Fallon, Katzman and Wooley (eds), *Feminist Perspectives*, pp. 381-94.

57) Steiner-Adair, 'The Politics', p. 390.

58) Steiner-Adair, 'The Politics', p. 391.

59) 역자주, 중요하지 않은 이라는 뜻도 있다.

60) Steiner-Adair, 'The Politics', p. 250.

61) Judith Butler, *Bodies That Matter* (London, Routledge, 1993).

62) 나는 여성들에 대해 이러한 몸을 규제하는 수사학을 창조한 것이 단지 기독교만이라고 주장하고 싶지 않으나, 기독교 신학자로서 나는 그 기독교 전통에 대해서 진정성을 가지고 말할 수 있을 뿐이다.

63) Elizabeth Moltmann-Wendel, *I Am My Body* (London, SCM Press, 1994), p. 105.

64) Ken Stone, *Practicing Safer Texts* (London, T&T Clark, 2006), p. 27에서 인용.

65) Stone, *Safer Texts*, p. 28.

66) Stone, *Safer Texts*, p. 35.

67) Stone, *Safer Texts*, p. 39.

68) Stone, *Safer Texts*, p. 11.

69) 역자주, 가톨릭의 미사에서 사용하는 그리스도의 몸을 나타내는 거룩한 빵.

70) Judith Butler는 *Gender Trouble* (New York, Routledge, 1990)에서 이러한 생각을 발전시킨다.

71) Stone, *Safer Texts*, p. 50.

72) L. Shannon Jung, *Food For Life: The Spirituality and Ethics of Eating* (Minneapolis,

Fortress Press, 2004), p. 24.

73) Stone, *Safer Texts*, p. 100.

74) Stone, *Safer Texts*, p. 101.

75) 역자주, 한글 성경에서는 5:1이다.

76) Stone, *Safer Texts*, p. 138.

77) Stephen Moore, *God's Gym* (London, Routledge, 1996), p. 94.

78) 역자주, 탈리아는 그리스 신화에 나오는 희극의 여신이고, 골름은 바보, 얼간이를 뜻한다.

79) Moore, *God's Gym*, p. 89.

80) Moore, *God's Gym*, p. 139.

81) Walter Vandereycken and Ron Van Deth, *From Fasting Saints to Anorexic Girls: The History of Self-Starvation* (London, Athlone Press, 1996), p. 35.

82) Vandereycken and Van Deth, *Fasting Saints*, p. 22.

83) 역자주, 벨기에 출신의 베긴 수도회의 성녀.

84) 역자주, 성 프란치스코의 복음적 삶을 세속 안에서 추구하는 사람들의 모임인 재속 프란치스코회의 성녀.

85) 역자주, 가장 존경받는 네덜란드의 성인들 중의 하나이며 여성 신비가로, 15세에 얼음 위에 넘어져 마비가 온 후 거의 침대에서만 지냈다. 장애와 질병으로 고통받았고, 거식증의 증상도 보였으며, 만성적 질병으로 고생하는 사람들이 그녀로부터 조언과 위로를 얻고자 그녀를 방문했다고 전해진다.

86) 역자주, 독일의 과부이자 수녀.

87) Vandereycken and Van Deth, *Fasting Saints*, p. 37. 역자주, 팟찌의 막달레나 마리아는 이탈리아의 명문가 팟찌 집안에서 태어난 성녀로, 황홀경 [ecstasy]에 빠지는 신비 체험과 금욕 생활을 하였다.

88) Vandereycken and Van Deth, *Fasting Saints*, p. 41.

89) Vandereycken and Van Deth, *Fasting Saints*, p. 47.

90) Rudolf Bell, *Holy Anorexia* (Chicago, University of Chicago Press, 1987).

91) Caroline Walker Bynum, *Holy Feast, Holy Fast: The Religious Significance of Food to Medieval Women* (Berkeley, University of California Press, 1987), p. 31.

92) Walker Bynum, *Holy Feast*, p. 150.

93) 역자주, 13세기 네덜란드의 여성신비가.

94) Walker Bynum, *Holy Feast*, p. 157.

95) 역자주, 영어에서 hunger는 배고픔과 갈망 두 가지 뜻이 있다.

96) Walker Bynum, *Holy Feast*, p. 209.

97) 또한 Caroline Walker Bynum, *Jesus as Mother: Studies in the Spirituality of the High Middle Ages* (Los Angeles, University of California Press, 1982)을 보라.

98) Walker Bynum, *Holy Feast*, p. 272.

99) Walker Bynum, *Holy Feast*, p. 271.

100) Walker Bynum, *Holy Feast*, p. 112.

101) Caroline Walker Bynum, *Fragmentation and Redemption: Essays on Gender and the Human Body in Medieval Religion* (New York, Zed Books, 1991), p. 102

102) Walker Bynum, *Jesus as Mother*, p. 293.

103) Lisa Isherwood, 'Indecent Theology: What F-ing Difference Does It Make?'. *Feminist Theology* Vol. 11 No. 2 (January 2003), pp. 141-7을 보라.

104) Walker Bynum, *Holy Feast*, p. 298.

105) R. Marie Griffith, *Born Again Bodies: Flesh and Spirit in American Christianity* (Berkeley, University of California Press, 2004), p. 31.

106) Griffith, *Born Again Bodies*, p. 37.

107) Griffith, *Born Again Bodies*, p. 40.

108) Griffith, *Born Again Bodies*s, p. 44.

109) Griffith, *Born Again Bodies*, p. 111. 엘리자베스 타운 (Elizabeth Towne)는 새로운 사고 (New Thought)에 이끌린 사람들이 관심을 가진 주제인, 대부분 자기-계발, 향상에 대한 그녀 자신 및 다른 이들의 책을 발행했다.

110) Griffith, *Born Again Bodies*, p. 113.

111) Griffith, *Born Again Bodies*, p. 217.

112) Griffith, *Born Again Bodies*, p. 117.

113) Griffith, *Born Again Bodies*, pp. 142-3.

114) 나의 주장에 대한 반대 주장으로서 나는 다음을 덧붙여야 한다. 몇몇 워머니스트 (Womanist, 백인 여성들의 페미니즘을 비판하며 흑인 여성들이 제시한 여성주의, 역자주) 친구들과의 대화에서 그들은 상당히 반대되는 의견을 제시하였다. 즉 노예제 아래에서 흑인들은 힘든 일을 수행할 수 있기 위해 '몸이 크도록 먹이고 길러졌다'는 것이며 그래서 현대의 여성들은 자율성을 보여주기 위해 몸이 마르는 쪽을 선택한다는 것이다. 이것 역시 마르고 날씬한 세계로 포기해 들어가는 것에 대한 정치적 주장일까? 역자주, 디바인 목사(1876-1965)는 Father Divine, Major Jealous Divine 라는 이름으로 불리는 흑인 미국인 목사이자 영적 지도자이다.

115) Lisa Isherwood, *The Power of Erotic Celibacy* (London, T&T Clark, 2006)를 보라.

116) 그분을 위해 날씬하기 프로그램은 복음주의적인 신학적 틀 안에서 미국에서 발전된 특정한 체중 감량 프로그램이지만, 여기에서는 더욱 일반적인 의미에서, 체중 감량과 종교가 지난 150여 년에 걸쳐서 어떻게 상호작용해 왔는가를 살펴보는 이 장의 목적을 보여주는 역할을 한다.

117) Simone de Beauvoir, Kim Chernin, *Womansize: The Tyranny of Slenderness* (London, The Women's Press, 1983), p. 66에서 인용.

118) Sian Busby, *A Wonderful Little Girl* (London, Short Books, 2003), p. 42.

119) Busby, *A Wonderful Little Girl*, p. 50.

120) Walter Vandereycken and Ron Van Deth, *From Fasting Saints to Anorexic Girls: The History of Self-Starvation* (London, Athlone Press, 1996), p. 186.

121) Michelle Mary Lelwica, *Starving for Salvation: The Spiritual Dimension of Eating Problems among American Girls and Women* (Oxford, Oxford University Press, 1999), p. 29.

122) Lelwica, *Starving for Salvation*, p. 72. 윌리엄 밴팅은 1863년에 출판된, 최초의 저탄수화물 다이어트 책을 썼다.

123) Mary Douglas, *Collected Works*, Vol. III: Natural Symbols (London, Routledge, 2003), p. xii, Lelwica, Starving for Salvation, p. 44에서 인용.

124) Lelwica, *Starving for Salvation*, p. 42.

125) Lelwica, *Starving for Salvation*, p. 94.

126) Griffith, *Born Again Bodies*, p. 166.

127) Griffith, *Born Again Bodies*, p. 168.

128) Griffith, *Born Again Bodies*, p. 170.

129) Griffith, *Born Again Bodies*, p. 178.

130) Griffith, *Born Again Bodies*, p. 183.

131) Griffith, *Born Again Bodies*, p.177.

132) Griffith, *Born Again Bodies*, p.180.

133) *The Power of Erotic Celibacy* (London, T&T Clark, 2006), ch. 4 에 있는 저자의 분석을 참고하기를 바란다. 이것은 복음서의 그리스도와 무관하며 오히려 정치적이고 재정적인 프로그램이라고 저자는 기록하고 있다.

134) 이것은 미국에서 선도되었던 해방신학 담론을 제거하기 위해 지금 몇십 년간 등장했던 기업적 하나님이다. 왜냐하면 해방신학의 하나님은 너무 많은 국제적 혼란을 유발하였기 때문이다. 사람들이 그들의 절박한 상황에 대해 이해하고 그들이 변화시켜야만 한다고 요청하기 시작했다.

135) Griffith, *Born Again Bodies*, p.209.

136) Griffith, *Born Again Bodies*, p.217.

137) Griffith, *Born Again Bodies*, p.223.

138) Griffith, *Born Again Bodies*, p.221. 성경 구절들 아가서 4:1a, 6b, 7.

139) 역자주. 중세 중기부터 근대 초기까지 유럽과 북아메리카, 북아프리카 일대에 행해졌던 마녀나 마법 행위에 대한 추궁, 재판, 형벌을 행했던 마녀사냥 혹은 마녀재판으로 수많은 사람이 억울하게 죽었다. 이때, 마녀로 몰린 사람들을 판단하는 기준은 '악마의 젖꼭지(devil's teat)'또는 '마녀의 젖꼭지(the witch's teat)'로 사탄의 흔적으로 몸에 사마귀처럼 작은 유두 형태가 있다고 여겨졌다.

140) Nancy L. Eiesland, *The Disabled God: Toward a Liberatory Theology of Disability* (Nashville, Abingdon Press, 1994), p.99.

141) Elizabeth Stuart, 'Disruptive Bodies: Disability, Embodiment and Sexuality' in Lisa Isherwood (ed.), *The Good News of the Body: Sexual theology and Feminism* (Sheffield, Sheffield Academic Press, 2000), pp.166-84.

142) 역자주. 'gendered nature'는 '사회적으로 성별화된 본성'을 의미한다. 흔히 섹스(sex)는 개인의 생식기의 해부학적 구조 및 2차 성징을 통한 생물학적인 성을 의미하며, 젠더(gender)는 사회적인 성 및 성별로 사회에 의해 구성된 성의 역할, 성적 행동이나 성적 활동, 성적 태도 등을 통해 정의하고 있다.

143) 역자주. permeable co-redeemer에서 permeable(투과성의)은 육체의 완벽성이 아닌 장애와 살진 모습의 다양한 형태를 포함한 예수의 육체의 투과성(permeability)과 관련되어 있으며 성육신한 구원자로서의 예수와 다양한 육체 형태의 인간이 함께 구원을 성취해간다는 의미에서 co-redeemer(공동 구원자)로 해석한다. divine/human

reality(신적/인간적 현실)는 완전한 신이면서 동시에 완전한 육체로 오신 성육신 예수의 상태를 의미하므로 신과 인간의 양립된 실재(實在)로 기독교 신학 속의 육체의 완전성을 대표하고 있다.

144) Griffith, *Born Again Bodies*, p.1.
145) www.rebeccamead.com/2001/2001_01_15_art_slim.htm,p.1.
146) www.rebeccamead.com/2001/2001_01_15_art_slim.htm,p.3.
147) www.rebeccamead.com/2001/2001_01_15_art_slim.htm,p.7.
148) Lisa Isherwood, *The Power of Erotic Celibacy* (London, T&T Clark, 2006) 참고.
149) www.rebeccamead.com/2001/2001_01_15_art_slim.html,p.3.
150) www.cust.idl.com.au/fold/Deepthoughts_index.html.
151) www.cust.idl.com.au/no fatties in heaven, p.3.
152) Doris Buss and Didi Herman, *Globalizing Family Values: The Christian Right in International Politics* (Minneapolis, University of Minnesota Press, 2003) 참조.
153) 역자주. counterculture는 1960년대의 문화적 조류로 주요 문화적 관습에 반대되는 경우가 많으며 주류 사회의 가치관과 행동 규범이 실질적으로 다른 하위문화로 '반문화(反文化)' 또는 '반체제 문화' 등으로 번역이 되어왔다. 엄연한 문화적 조류이며 '문화'이기 때문에 '반문화'로 번역하기에는 모순이 있다는 지적도 있다. 하지만 주류에 대한 반항, 거스름, 몸부림, 또는 저항(resistance)으로 이해되고 있으며, 본서에서는 '저항 문화' 또는 '대항 문화'로 번역했다.
154) Griffith, *Born Again Bodies*, p.225.
155) Susan Bordo, quoted in Griffith, *Born Again Bodies*, p.225.
156) Lisa Isherwood, *Liberating Christ* (Cleveland, Pilgrim Press, 1999). 참조.
157) Lisa Isherwood, 'The Embodiment of Feminist Liberation Theology: The Spiralling of Incarnation' in *Embodying Feminist Liberation Theologies*, ed. Beverley Clack (London, T&T Clark, 2003), pp.140-56.
158) 역자주. 'bleacher preacher (관람석 설교자)'란 용어는 야구 경기장의 관람석에서 기독교의 십계명과 유사한 내용의 선동 문구(Ten-Cub-Mandment)를 기록한 큰 배너를 들고서 상대편의 팬들을 본인이 응원하는 팀으로 변환시켜(convert) 응원할 수 있도록 하는 행동을 하였는데 마치 길거리에서 전도하기 위해서 복음을 전하는 설교자들과 비슷하다는 의미로 쓰이게 되었다. 제리 프리티킨(Jerry Pritikin)는 시카고 컵스의 열성 팬으로 맨 처음 지붕이 없는 시카고 뤼글리 야구 경기장(Wrigley Field Bleacher Bum)에서 이 행동을 보여서 "Bleacher Preacher" 또는 "세계에서 가장 위대한 시카고 컵스(Cubs) 팬"이라는 별명을 얻었고 대중매체의 관심을 받았다.
159) Lisa Isherwood, *Introducing Feminist Theologies* (London, Continuum, 2001) 참고.
160) 역자주. 저자는 여기서 anti-bellum mansion(반-남북전쟁 맨션)을 사용하고 있는데 역자는 의미상 antebellum mansion(남북전쟁시대 이전에 지어진 맨션)으로 번역하였다.
161) Griffith, *Born Again Bodies*, p.227에서 인용됨.
162) Marcella Althaus-Reid, *Indecent Theology: Theological Perversions in Sex, Gender and Politics* (London, Routledge, 2001). 참고.
163) 역자주. 흔히, 아메리카를 침략한 스페인계 정복자를 말한다. 콘키스타도르

(콩키스타도르)는 15-17세기에 아메리카 대륙으로 진출한 스페인인을 일컬으며 오늘날 라틴아메리카에 존재하는 여러 국가의 조상이기도 하다.

164) Griffith, *Born Again Bodies*, p.230.

165) Griffith, *Born Again Bodies*, p.232.

166) Griffith, *Born Again Bodies*, p.242.

167) Griffith, *Born Again Bodies*, p.243.

168) www.TrueLoveWaits.com.

169) Polly Young-Eisendrath, *Women and Desire: Beyond Wanting to Be Wanted*(London, Piatkus, 1999), p.50.

170) Cecilia Hartley, 'Letting Ourselves God: Making Room for the Fat Body in Feminist Scholarship' in Janan Evans Braziel and Kathleen LeBesco(eds), *Bodies Out of Bounds: Fatness and Transgression*(뚱뚱함과 범법) (Berkeley, University of California Press, 2001), pp.60-73, at p.62.

171) Hartley, 'Letting Ourselves God', p.72.

172) Naomi Wolf, 'Hunger' in P. Fallon, M.A. Katzman and S.C. Wooley (eds), *Feminist Perspective on Eating Disorders* (New York, Guilford Press, 1994), pp.94-111, at p.98.

173) Monique Wittig, 'The Straight Mind,' *Feminist Issues* Vol.1, No.1 (summer 1980), p.105.

174) Witting, 'The Straight Mind,' p.106.

175) Mary Daly, *Pure Lust and Elemental Feminist Philosophy*(London, The Women's Press, 1988), p.84.

176) Hartley, 'Letting Ourselves Go,' p.72.

177) Helena Michie, *The Flesh Made Word: Female Figures and Women's Bodies* (New York, Oxford University Press, 1987), Susan Bordo, *Unbearable Weight: Feminism, Western Culture and the Body* (Berkeley, University of California, 1993), p.183에서 인용.

178) 역자주. 19세기 빅토리아 여왕이 통치하던 빅토리아 시대의 대영제국은 전성기를 맞아 남성들은 식민지 개척을 위해 전세계로 진출하는 동안 여성들은 가정에 머무르게 되었다. 이때는 이분법적인 가부장제가 만연하던 시대로 남성/여성의 역할과 공적/사적 공간이 확실하게 구분되었다. 사적 영역의 젊은 여성들의 최대 관심은 연애와 외모 가꾸기와 결혼을 통한 신분 상승이었다. 여성들은 제한된 성적 구성으로 인해 공적인 영역에서의 여성의 활동은 제한을 받았고 사적인 영역인 가정 안에서의 역할이 강화되었다. 지배층의 여성들도 남성의 소유물로 취급을 받으면서 내조와 육아에 전념하는 것이 미덕으로 여겨졌다.

179) Lisa Isherwood (ed.), *The Good News of the Body* (Sheffield, Sheffield Academic Press, 2000).

180) Kim Chernin, *Womansize: The Tyranny of Slenderness* (London, The Women's Press, 1983), p.32.

181) Chernin, *Womansize*, p.120.

182) Chernin, *Womansize*, p.125.

183) 역자주. dis-ease는 disease 질병이라는 의미와 편함(ease)이 없는(dis-)을 결부시켜

남성들의 성숙한 여성에 대한 '불편한 질병'으로 번역하였다.

184) Chernin, *Womansize*, p.141. 도로시 디너슈타인의 업적은 *The Rocking of the Cradle and the Ruling of the World* (New York, Harper & Row, 1977)에서 인용됨.

185) Chernin, *Womansize*, p.74.

186) 역자주. penetrate (관통하다)는 성적 행위에서 남성의 남근이 여성의 질에 삽입되는 것으로 이는 가부장제도 속의 남성의 능동성과 주도성에 비해 여성의 수동적이고 억압적인 상황을 나타낸다.

187) Chernin, *Womansize*, p.80.

188) Haunani-Kay Trask, *Eros and Power: The Promise of Feminist Theory* (Philadelphia, University of Pennsylvania Press, 1986), p.29.

189) Adrienne Rich, from 'Sibling Mysteries' in The Dream of a Common Language, quoted in Trask, *Eros and Power*, p.106.

190) Chernin, *Womansize*, p.148.

191) Michelle Mary Lelwica, *Starving For Salvation: The Spiritual Dimension of Eating Problems among American Girls and Women* (Oxford, Oxford University Press, 1999), p.26.

192) Chernin, *Womansize*, p.109.

193) Robin Morgan, *Lady of the Beasts* (New York, Random House, 1976), pp.87-8.

194) Trask, *Eros and Power*, p.173.

195) Trask, *Eros and Power*, p.136.

196) Trask, *Eros and Power*, p.139.

197) Jessica Benjamin, 'Master and Slave: The Fantasy of Erotic Domination' in Ann snitow (ed.), *Powers of Desire* (New York, Monthly Review Press, 1983), pp.75-127, at p.77.

198) Benjamin, 'Master and Slave,' p.88.

199) Benjamin, 'Master and Slave,' p.126.

200) Benjamin, 'Master and Slave,' p.127.

201) Young-Eisendrath, *Women and Desire*, p.43.

202) Young-Eisendrath, *Women and Desire*, p.42.

203) Young-Eisendrath, *Women and Desire*, p.48.

204) Young-Eisendrath, *Women and Desire*, p.62.

205) Young-Eisendrath, *Women and Desire*, p.40.

206) Carter Heyward, *The Redemption of God* (Washington, University of America Press, 1982).

207) Lisa Isherwood, *Liberating Christ* (Cleveland, Pilgrim Press, 1999).

208) Heyward, *Redemption of God*, p.25.

209) Heyward, *Redemption of God*, p.48.

210) Catherine Garrett, *Beyond Anorexia: Narrative, Spirituality and Recovery* (Cambridge, Cambridge University Press, 1998), p.57.

211) 역자주. 해독된 문장이란 뜻은 캐서린 게렛이 거식증에 대해서 아주 잘 분석하고 이해하고 있어서 마치 암호가 해석되어진 것과 같다고 표현한 듯하다.

212) Jo Ind, *Fat Is a Spiritual Issue* (London, Mowbray, 1993).

213)

214) Garret, *Beyond Anorexia*, p.115.

215) Garret, *Beyond Anorexia*, p.110.

216) Chernin, *Womansize*, p.108.

217) Chernin, *Womansize*, p.78.

218) 비록 나는 온전히 그 숭배를 환영할 수는 없지만, 개인적으로 단지 신체 크기의 관점에서만 이러한 말들을 듣는 것은 아니다. 그러나 나는 여성들에게 거대한 몸을 부과시켜 보여주는 것을 원하지 않는다. 이것은 또 다른 부과물에 지나지 않을 수 있다. 내가 간절히 바라는 것은 삶에 제한받지 않고 있는 느낌으로 그들의 피부에서 느낄 수 있는 온전하고 풍부하고 확대된 여성들의 삶이 거대해지는 것이다. 나는 우리가 함께 꿈꾸며 그렇게 살기를 바란다.

219) Susie Orbach, *Fat Is a Feminist Issue* (London:Hamlyn Paperbacks, 1979), p.24.

220) M.M. Lelwica, *Starving for Salvation: The Spiritual Dimension of Eating Problems among American Girls and Women* (Oxford, Oxford University Press, 1999), p.68.

221) Lelwica, *Starving for Salvation*, p.69.

222) Lelwica, *Starving for Salvation*, p.75.

223) Lelwica, *Starving for Salvation*, p.78.

224) Kandi Stinson, *Women and Dieting Culture: Inside a Commercial Weight Loss Group* (New Brunswick, Rutgers University Press, 2001).

225) Stinson, *Women and Dieting Culture*, p.9.

226) Max Weber, *Protestantism and the Spirit of Capitalism* (1904) 참고.

227) Stinson, *Women and Dieting Culture*, p.52.

228) Stinson, *Women and Dieting Culture*, p.53.

229) 역자주. 크로스오버는 원래 서로 다른 음악 스타일이 섞여 새로운 음악 형태를 띠는 과정 또는 음악인데 여기서는 신학, 종교가 사회 속에서 자본주의 형태를 띠고 나타나는 과정을 의미한다.

230) Stinson, *Women and Dieting Culture*, p.54.

231) Rita Nakashima Brock, *Journey by Heart: A Christology of Erotic Power* (New York, Crossroad, 1988), p.17.

232) Brock, *Journeys by Heart*, p.40.

233) Stinson, *Women and Dieting Culture*, p.127.

234) Stinson, *Women and Dieting Culture*, p.156.

235) Stinson, *Women and Dieting Culture*, p.160.

236) Greg Critser, *Fat Land: How Americans Became the Fattest People in the World* (London, Penguin, 2003), p.39.

237) L. Shannon Jung, *Food for Life: The Spirituality and Ethics of Eating* (Minneapolis, Fortress Press, 2004), p.87.

238) Jung, *Food for Life*, p.63.

239) Tissa Balasuriya,*The Eucharist and Human Liberation* (London, SPCK, 1988).

240) Jung, *Food for Life*, p.14.

241) Jung, *Food for Life*, p.6.

242) Jung, *Food for Life*, p.8.

243) Jung, *Food for Life*, p.49.

244) Richard Klein, 'Fat Beauty' in J.E. Braziel and Kathleen LeBesco (eds), *Out of Bounds: Fatness and Transgression* (Berkeley, University of California Press, 2001), p.21.

245) Klein, 'Fat Beauty', p.22.

246) Klein, 'Fat Beauty', p.35.

247) Katherine Hayle (author of How We Became Post-Human), quoted in R. Marie Griffith, *Born Again Bodies: Flesh and Spirit in American Christianity* (Berkeley, University of California Press, 2004), p.249.

248) Klein, 'Fat Beauty', p.3.

249) Marcella Althaus-Reid, *Indecent Theology: Theological Perversions in Sex, Gender and Politics* (London, Routledge, 2001), p.111.

참고문헌

Althaus-Reid, Marcella, *Indecent Theology: Theological Perversions in Sex, Gender and Politics,* London, Routledge, 2001.

Balasuriya, Tissa, *The Eucharist and Human Liberation,* London, SPCK, 1988.

Bell, Rudolf, *Holy Anorexia.* Chicago, University of Chicago Press, 1987.

Benjamin, Jessica, 'Master and Slave: The Fantasy of Erotic Domination' in Ann Snitow (ed.), *Powers of Desire,* New York, Monthly Review Press, 1983, pp.75-127.

Bordo, Susan, *Unbearable Weight: Feminism, Western Culture and the Body,* Berkeley, University of California, 1993.

Braziel, Jana Evans and LeBesco, Kathleen (eds), *Bodies Out of Bounds: Fatness and Transgression.* Berkeley, University of California Press, 2001.

Brock, Rita Nakashima, *Journeys by Heart: A Christology of Erotic Power,* New York, Crossroad, 1988.

Busby, Sian. *A Wonderful Little Girl,* London, Short Books, 2003.

Buss, Doris and Didi, Herman, *Globalizing Family Values: The Christian Right in International Politics,* Minneapolis, University of Minnesota Press, 2003.

Butler, Judith, *Bodies That Matter,* London, Routledge, 1993.

Chernin, Kim, *Womansize: The Tyranny of Slenderness,* London, The Women's Press, 1983.

Critser, Greg, *Fat Land: How Americans Became the Fattest People in the World,* London, Penguin, 2003.

Daly, Mary, *Pure Lust and Elemental Feminist Philosophy,* London, The Women's Press, 1988.

Dinnerstein, Dorothy, *The Rocking of the Cradle and the Ruling of the World,* New York, Harper & Row, 1977.

Eiesland, Nancy L., *The Disabled God: Toward a Liberatory Theology of Disability,* Nashville, Abingdon Press, 1994.

Ensler, Eve, *The Good Body.* London, William Heinemann, 2004.

Falk, Pasi, *The Consuming Body.* London, Sage, 1994.

Fallon, Patricia, Katzman, Melanie A. and Wooley, Susan C.(eds), *Feminist Perspectives on Eating Disorders,* New York, Guilford Press, 1996.

Garrett, Catherine, *Beyond Anorexia: Narrative, Spirituality and Recovery,* Cambridge, Cambridge University Press, 1998.

Griffith, R. Marie, *Born Again Bodies: Flesh and Spirit in American Christianity*, Berkeley, University of California Press, 2004.

Hartley, Cecilia, 'Letting Ourselves God: Making Room for the Fat Body in Feminist Scholarship' in Janan Evans Braziel and Kathleen LeBesco (eds), *Bodies Out of Bounds: Fatness and Transgression*, pp.60-73.

Heyward, Carter, *The Redemption of God,* Washington, University of America Press, 1982.

Huff, Joyce, 'A Horror of Corpulence' in *Braziel and LeBesco (eds), Bodies Out of Bounds,* pp.39-59.

Ind, Jo, *Fat Is a Spiritual Issue*, London, Mowbray, 1993.

Isherwood, Lisa and Stuart, Elizabeth, *Introducing Body Theology, Sheffield*, Sheffield Academic Press, 1998.

Isherwood, Lisa, *Liberating Christ,* Cleveland, Pilgrim Press, 1999.

Isherwood, Lisa (ed.), *The Good News of the Body*, Sheffield, Sheffield Academic Press, 2000.

Isherwood, Lisa, *Introducing Feminist Theologies,* London, Continuum, 2001.

Isherwood, Lisa, 'The Embodiment of Feminist Liberation Theology: The Spiralling of Incarnation' in Beverley Clack (ed.), Embodying *Feminist Liberation Theologies,* London, T&T Clark, 2003, pp.140-56.

Isherwood, Lisa, *The Power of Erotic Celibacy*, London, T&T Clark, 2006.

Jung, L. Shannon, *Food for Life: The Spirituality and Ethics of Eating,* Minneapolis, Fortress Press, 2004.

Klein, Richard, 'Fat Beauty' in J.E. Braziel and Kathleen LeBesco (eds), *Out of Bounds: Fatness and Transgression*, pp.119-38.

Lelwica, Michelle Mary, *Starving For Salvation: The Spiritual Dimension of Eating Problems among American Girls and Women,* Oxford, Oxford University Press, 1999.

Michie, Helena, *The Flesh Made Word: Female Figures and Women's Bodies*, New York, Oxford University Press, 1987.

Moltmann-Wendel, Elisabeth, *I Am My Body,* London, SCM Press, 1994.

Moore, Stephen, *God's Gym*, London, Routledge, 1996.

Morgan, Robin, *Lady of the Beasts,* New York, Random House, 1976.

Morton, Nelle, *The Journey is Home,* Boston, Beacon Press, 1985.

Nelson, James, *Body Theology*, Louisville, Westeminster John Knox Press, 1992.Orbach, Susie, Fat Is a Feminist Issue, London, Hamlyn Paperbacks, 1979.

Seid, Roberta, 'Too Close to the Bone :The Historical Context for Women's Obsession with Slenderness' in Fallon, Melanie A. Katzman and Susan C. Wooley (eds), *Feminist Perspectives*, pp. 3-16.

Steiner-Adair, Catherine, 'The Politics of Prevention' in Fallon, Katzman and Wooley (eds), *Feminist Perspectives on Eating Disorders,* pp. 381-94.

Stinson, Kandi, *Women and Dieting Culture: Inside a Commercial Weight Loss Group,* New Brunswick, Rutgers University Press, 2001.

Stone, Ken, *Practicing Safer Texts,* London, T&T Clark, 2006.

Stuart, Elizabeth, 'Disruptive Bodies: Disability, Embodiment and Sexuality' in Lisa Isherwood (ed.), *The Good News of the Body,* pp.166-84.

'Teenage Girls "Hate Their Bodies"' at http://news.bbc.co.uk/i/hi/health/3368833.stm, accessed 7 Funerary 2007.

Trask, Haunani-Kay, *Eros and Power: The Promise of Feminist Theory,* Philadelphia, University of Pennsylvania Press, 1986.

Vandereycken, *Walter and Van Deth, Ron, From Fasting Saints to Anorexic Girls: The History of Self-Starvation,* London, Athlone Press, 1996.

Walker Bynum, Caroline, *Jesus as Mother: Studies in the Spirituality of the High Middle Ages,* Los Angeles, University of California Press, 1982.

Walker Bynum, Caroline, *Holy Feast, Holy Fast: The Religious Significance of Food to Medieval Women,* Berkeley, University of California Press, 1987.

Wittig, Monique, 'The Straight Mind,' *Feminist Issues* Vol.1, No.1, Summer 1980.

Wolf, Naomi, 'Hunger' in P. Fallon, M.A. Katzman and S.C. Wooley (eds), F*eminist Perspective,* pp.94-111.

Wooley, Susan, 'Sexual Abuse and Eating Disorders: The Concealed Debate' in Fallon, Katzman and Wooley (eds), *Feminist Perspectives on Eating Disorder*s, pp. 171-211.

www.cust.idl.com.au/fold/Deepthoughts_index.html.

www.rebeccamead.com/2001/2001_01_15_art_slim.htm

www.TrueLoveWaits.com

Young-Eisendrath, Polly, *Women and Desire: Beyond Wanting to Be Wanted,* London, Piatkus, 1999.